DROIT PROFESSIONNEL NOTARIAL

Jean-François Pillebout
Docteur en droit
Notaire honoraire

Jean Yaigre (†)
Docteur en droit
Notaire honoraire

DROIT PROFESSIONNEL NOTARIAL

8e ÉDITION

® LexisNexis®
Litec

LexisNexis SA
141, rue de Javel – 75015 Paris

Siège social : 141, rue de Javel - 75015 Paris

ISBN 978-2-7110-1309-8

Liste des abréviations

A.	Arrêté
Al.	Alinéa
Art.	Article
Bull. civ.	*Bulletin des arrêts des chambres civiles de la Cour de cassation*
Bull. crim.	*Bulletin des arrêts de la chambre criminelle de la Cour de cassation*
CA	Cour d'appel
Cass. civ.	Arrêts des chambres civiles de la Cour de cassation
Cass. com.	Arrêts de la chambre commerciale de la Cour de cassation
Cass. crim.	Arrêts de la chambre criminelle de la Cour de cassation
C. civ.	Code civil
C. com.	Code de commerce
CGI	Code général des impôts
Circ.	Circulaire
C. monét. fin.	Code monétaire et financier
C. not.	Code notarial
COJ	Code de l'organisation judiciaire
CPC	Code de procédure civile
C. pén.	Code pénal
CPP	Code de procédure pénale
C. rur.	Code rural
C. trav.	Code du travail
D.	*Recueil Dalloz-Sirey*
D.	Décret
Defrénois	*Répertoire du notariat Defrénois*
DH	*Recueil hebdomadaire Dalloz*
DP	*Recueil périodique et critique Dalloz*
Gaz. Pal.	*Gazette du Palais*
Instr. DGI	Instruction de la Direction générale des impôts
JCl.	*JurisClasseur*
JCP	*JurisClasseur périodique* (La semaine juridique)

JCP N	*JurisClasseur périodique,* édition notariale
JO	*Journal officiel des lois et décrets*
JOAN Q	*Journal officiel* (réponses ministérielles à questions écrites) Assemblée nationale
Journ. not.	*Journal des notaires et des avocats*
L.	Loi
Mod.	Modifié
NCPC	Nouveau Code de procédure civile
Obs.	Observations
Ord.	Ordonnance
Préc.	Précité
Réd.	Rédaction
Règl. nat.	Règlement national
Rép. min.	Réponse ministérielle
Req.	Requête
Rev. cons. sup. not.	*Revue du Conseil supérieur du notariat*
Rev. sc. crim.	*Revue de science criminelle et de droit pénal comparé*
RTD civ.	*Revue trimestrielle de droit civil*
S.	*Recueil Sirey* (jusqu'en 1964)
t.	tome
TGI	Tribunal de grande instance
V.	Voir

Sommaire

Introduction

- *Qu'est-ce qu'un notaire ?*
- *Quelle est la place de l'acte notarié dans le droit de la preuve ?*
- *Quelles sont les sources du droit professionnel notarial ?*

1. – Le notaire est un officier public chargé de conférer le caractère authentique aux actes et contrats des particuliers. Il est responsable personnellement et exerce ses fonctions de façon indépendante dans le cadre d'une profession libérale. Ce double aspect de la fonction notariale est essentiel. Comme officier public, le notaire offre à sa clientèle la sécurité dans les rapports contractuels. Comme professionnel libéral, il a avec ses clients des relations personnalisées et assure le fonctionnement efficace de son office et une diversification des services rendus.

Le notariat apparaît aussi comme une fonction très ancienne dont il est possible de trouver des antécédents : il y a plusieurs milliers d'années, à Babylone et en Égypte, les scribes et plus près de nous à Rome, les *tabelliones* et les *tabularii*. Le notaire est connu sous l'ancien droit français et prend progressivement un visage proche de ce qu'il est aujourd'hui. Le notariat est en même temps une profession très moderne qui a su évoluer et s'adapter aux besoins actuels du public. Cette évolution se traduit par un aménagement des moyens d'exercice tant sur le plan individuel que collectif. Les offices dont le nombre est limité par la loi se sont développés grâce aux sociétés professionnelles (V. *infra*, n°s 69 à 81). Conscients de la solidarité existant entre eux, les notaires ont également mis en place des moyens collectifs de nature à accroître l'efficacité des actions de chacun d'eux : centres de recherche, d'information et de documentation notariales, dits « Cridon », fichier des dispositions de dernières volontés, fichier immobilier, centres d'adjudication amiable, Unofi, instituts du Conseil supérieur du notariat, Télé@cte, etc.

2. – **Profession de notaire.** Il n'est pas inutile, au début de cet ouvrage destiné principalement aux jeunes qui envisagent d'entrer dans cette profession, d'en présenter brièvement les caractères. En effet, c'est une activité qui est généralement mal connue quand elle n'est pas totalement mystérieuse. Le notaire est sans doute un juriste chargé de la régularité des actes qu'il reçoit à la demande de ses clients et de l'accomplissement des nombreuses formalités préalables et postérieures aux conventions qu'il régularise. À cet égard, l'activité notariale revêt un caractère technique. Le rôle du notaire n'est pas seulement d'assurer la rectitude juridique des actes. Les conseils qu'il donne dans le domaine purement juridique, mais aussi du point de vue économique, financier, social et fiscal, en font un partenaire de ceux qui font appel à lui. La connaissance qu'il a souvent de la famille de ses clients et son expérience pratique lui permettent d'aller encore au-delà d'une assistance technique et de remplir une fonction de confident et de guide personnel de ceux qui ont d'importantes décisions à prendre : choisir un régime matrimonial, mettre au point les clauses d'un pacte civil de solidarité, adopter un enfant, faire un testament, acheter un logement, créer une entreprise ou en préparer la transmission, louer une boutique, un logement, des terres, emprunter, modifier la composition de son patrimoine, recourir à l'assurance sur la vie, préparer sa retraite, assurer la sécurité du conjoint survivant, transmettre son patrimoine à ses enfants et aussi à ses petits-enfants, etc.

Les exemples pourraient être multipliés. Ils suffisent à montrer la variété des fonctions du notaire et à faire comprendre combien son métier est absorbant, difficile, exigeant, mais qu'il est aussi vivant, plein d'imprévus, passionnant.

§ 1. – Le notaire, officier public

3. – Authenticité. La mission principale du notaire est de conférer l'authenticité aux actes et contrats qu'il reçoit. C'est pour cela que l'État lui délègue, en sa qualité d'officier public, une partie de la puissance publique.

La définition du notaire est donnée par l'article premier de l'ordonnance du 2 novembre 1945, reprenant celle de la loi du 25 *ventôse* an XI :

« Les notaires sont les officiers publics établis pour recevoir tous les actes et contrats auxquels les parties doivent ou veulent faire donner le caractère d'authenticité attaché aux actes de l'autorité publique et pour en assurer la date, en conserver le dépôt, en délivrer des grosses et expéditions. »

Notons que les grosses et expéditions sont désormais dénommées copies exécutoires et copies authentiques (V. *infra*, n° 218).

Comme on le verra plus loin, la mission du notaire ne s'arrête pas à la rédaction des actes. Elle comporte aussi un devoir de conseil qui a été largement interprété par les tribunaux et confère à l'intervention du notaire une grande sécurité (V. *infra*, n°s 11 à 16). C'est pourtant comme « authentificateur » des actes que le notaire trouve sa place particulière dans le système juridique français et plus précisément dans le régime de la preuve reposant principalement sur l'*écrit* et non sur le témoignage comme dans les droits anglo-saxons, dits aussi « anglo-américains ». D'après l'article 1319 du Code civil, « l'acte authentique fait *pleine foi* de la convention qu'il renferme ». Ce principe n'est pas propre au notariat français. Il a été aussi exprimé lors d'un congrès international :

« La fonction notariale a sa raison d'être dans la constatation exacte des faits et actes juridiques et dans la fidèle conservation de ces instruments de preuve » (Paul VI, intervention lors du VIIIe Congrès international du notariat latin).

La mission du notaire qui donne à l'acte l'authenticité, c'est-à-dire une force probante particulière, est donc essentielle dans notre droit. Pour le mieux comprendre, il est opportun de rappeler les principes qui régissent le droit de la preuve (A) avant d'expliquer comment l'acte notarié est aussi un élément important du droit de la forme (B).

A. – Le droit de la preuve

1° Notion

4. – Les preuves sont des procédés à l'aide desquels on peut établir l'existence d'un droit ou d'une certaine prétention juridique (*JCl. Civil Code,*

Art. 1315 et 1316, Fasc. 10 ou *Notarial Répertoire,* V° Contrats et obligations, Fasc. 133). Domat disait de la preuve : « Tout ce qui persuade l'esprit d'une vérité » ; quant à Planiol, il écrivait : « On appelle preuves les divers procédés pour convaincre le juge, mais la question de la preuve peut se poser en dehors de toute contestation ».

2° Importance pratique

5. – L'importance de la preuve est capitale. Il ne suffit pas d'être titulaire d'un droit ou de se trouver dans une certaine situation. Pour pouvoir se prévaloir de ce droit ou de cette situation, il est nécessaire d'apporter la preuve de leur existence ; à défaut tout se passera comme si le droit ou la situation n'existait pas.

3° Principe

6. – En matière civile, le juge est neutre ; le rôle essentiel incombe aux parties sous réserve des dispositions du Code de procédure civile (art. 6 à 11). Il en résulte les conséquences suivantes :

– c'est à celui qui allègue un fait contraire aux droits de l'adversaire, un changement dans une situation établie, de rapporter la preuve que ce changement peut être opéré : *Onus probandi incombit actori* ;

– mais si pour se soustraire aux conséquences des preuves apportées par le demandeur, le défendeur fait à son tour valoir une allégation, il lui appartient d'en établir le bien-fondé : *Reus in excipiendo fit actor.*

Exemple : en matière de prêt, le créancier doit prouver l'obligation et, si le défendeur dit qu'il ne doit plus rien, il doit prouver le remboursement (C. civ., art. 1315) ;

– parfois, quand l'existence d'un fait ou d'un acte juridique est trop difficile à établir, la loi dispense la partie de la preuve directe de ce fait ou de cet acte et déduit la vérité du fait, de l'existence d'un autre fait plus facile à démontrer, c'est un déplacement de la preuve ; on dit qu'il y a *présomption légale.* Ces présomptions se rencontrent fréquemment dans l'exercice de la profession notariale.

Exemples :

– présomption d'interposition de personnes qui entraîne la nullité des libéralités, sauf preuve contraire depuis la réforme des successions et libéralités du 23 juin 2006 (C. civ., art. 911) ;

– constructions édifiées sur terrain présumées faites avec les deniers du propriétaire (C. civ., art. 553) ;

– présomption de mitoyenneté (C. civ., art. 653) ;

– présomption de libération résultant de la remise du titre (C. civ., art. 1282) ;

– présomption de connaissance de l'information par le professionnel de l'immobilier d'après la jurisprudence.

On distingue les présomptions simples contre lesquelles la preuve contraire est admise (C. civ., art. 1282 : remise de titre, art. 911 depuis la loi du 23 juin 2006) et les présomptions irréfragables ou absolues (présomption de connaissance de l'information par le professionnel de l'immobilier).

4° Divers modes de preuve

7. – Indépendamment de l'aveu, du serment et de la preuve par indices ou présomptions, on distingue deux modes de preuve : la preuve écrite et la preuve testimoniale.

La preuve par écrit comprend, outre les lettres missives, les registres et papiers domestiques, les écrits mis sur un titre ou une quittance et les livres de commerce, essentiellement les écrits signés ou actes écrits qui peuvent être soit des actes primordiaux, c'est-à-dire dressés à l'origine, soit des actes récognitifs ou confirmatifs. En principe, les originaux doivent être produits mais la production d'une copie « fidèle » et « durable » peut être admise (C. civ., art. 1348, mod. L. n° 80-525, 12 juill. 1980. – F. Chamoux, *La loi du 12 juillet 1980 : une ouverture sur de nouveaux moyens de preuve* : *JCP* N 1981, I, 266).

L'écrit ne suppose plus nécessairement l'usage du papier. L'écrit sous forme électronique est admis en preuve au même titre que l'écrit sur support papier (C. civ., art. 1316-1, réd. L. n° 2000-230, 13 mars 2000. – D. n° 2005-973, 10 août 2005. – Sur Télé@cte, V. *infra*, n° 186).

Les écrits ou actes signés se divisent en deux catégories : les actes authentiques et les actes sous signatures privées, dits aussi sous seing privé.

Les actes authentiques sont ceux reçus par des officiers publics ; il s'agit principalement des notaires, mais aussi des officiers d'état civil, des greffiers, des huissiers de justice, des consuls à l'étranger qui dressent également des actes authentiques. Les actes administratifs sont reçus par le préfet pour le compte de l'État, par les présidents de conseils généraux ou régionaux pour le compte des collectivités qu'ils représentent.

Les actes sous signatures privées sont ceux qui sont signés seulement par les parties ; ils ne sont soumis à aucune formalité de rédaction, sauf celles prévues par les articles 1325 et 1326 du Code civil.

Sur la distinction entre l'acte authentique et l'acte sous signatures privées (V. *infra*, n°s 173 à 181).

Dès à présent, il convient de marquer ce qui différencie la preuve écrite et la preuve testimoniale.

8. – Preuve écrite ou testimoniale. La preuve écrite est essentiellement une *preuve préconstituée* ou *a priori* ménagée à l'avance par les parties alors que les témoignages ainsi que les présomptions, l'aveu et le serment, sont des preuves *a posteriori*, établies non point au moment de l'acte mais au moment du différend. D'où les avantages de la preuve écrite qui est antérieure à toute contestation, ce qui augmente sa *crédibilité*. La preuve écrite est *objective*, les complications des rapports sociaux augmentent, pour la preuve testimoniale, les chances d'erreur de mémoire ou de corruption ; enfin fondée sur la mémoire des hommes qui sont mortels, la preuve testimoniale *disparaît* avec le temps.

C'est ce qui a amené le législateur à n'admettre la preuve testimoniale que dans des *limites* très étroites.

1° Il doit être passé acte de toutes choses excédant une somme ou valeur fixée par décret (C. civ., art. 1341) ; ce montant est actuellement de 1 500 € (D. n° 80-533, 15 juill. 1980).

2° Il est interdit de prouver contre et outre le contenu d'un écrit ; cependant, dans les cas où l'aveu et le serment sont admissibles, il est toujours possible de suppléer l'écrit ou de le combattre au moyen de l'aveu ou du serment.

3° La preuve par témoins est cependant admise :

– en matière commerciale ;

– en cas de commencement de preuve par écrit ; *écrit* qui peut être un acte sous signature privée non signé ou nul pour défaut de la formalité du double, un acte authentique irrégulier, un projet, même la comparution personnelle consignée au greffe (CPC, art. 184 à 198) mais cet écrit doit émaner de celui contre qui la demande est formée ou de celui qu'il représente et doit rendre vraisemblable le fait allégué ;

– dans le cas où il est impossible de se procurer un écrit : incendie, impossibilité morale, perte (Ph. Malinvaud, *Impossibilité de la preuve écrite* : *JCP* N 1972, I, 2468) ;

– en cas de fraude à la loi ou de dol (C. civ., art. 1353) ;

– au cas où les tiers veulent faire la preuve contre et outre le contenu des actes (simulation) ;

– lorsqu'il s'agit de prouver des faits.

Quoi qu'il en soit, le mode de preuve par excellence est la preuve littérale, preuve préconstituée, dans laquelle l'acte notarié occupe une place de choix.

B. – Le droit de la forme

9. – L'acte notarié n'est sans doute pas le seul élément de formalisme de notre droit. Il existe d'autres actes authentiques comme les actes de l'état civil, les actes d'huissiers, les actes administratifs. D'autres règles de forme que l'authenticité sont parfois exigées pour la validité de l'acte (testament olographe qui doit être écrit à la main par le testateur, daté et signé ; promesse de vente sous seing privé obligatoirement enregistrée dans les dix jours ; effets de commerce ; chèques, etc.) ou pour son efficacité (actes soumis à publicité foncière).

Il n'en reste pas moins que l'acte notarié est l'application la plus caractéristique du formalisme même si l'intervention du notaire ne se limite pas à cette mission (V. *supra*, n° 2 et *infra*, n° 13).

10. – Formalisme et consensualisme. L'acte notarié doit obéir à diverses prescriptions relatives à l'intervention du notaire et aux solennités requises. L'authenticité résulte aussi de l'application d'un certain formalisme dans lequel le législateur voit une garantie de régularité et de véracité des actes juridiques, ou encore de protection du consentement (V. *infra*, n°s 183 et 208).

Ce formalisme a pu paraître contraire au principe du consensualisme reconnaissant une efficacité juridique à la volonté des parties quel qu'en soit le mode d'expression pourvu que la preuve en soit rapportée, mais comme l'expliquait dès le début du vingtième siècle le doyen Gény dans *Science et technique en droit privé positif* :

« Si le formalisme a pu varier dans ses manifestations, il semble en lui-même devoir compter toujours parmi les éléments indispensables d'une bonne technique juridique » (lire à ce sujet dans l'ouvrage précité, éd. 1927, IIIe partie, p. 121 et 122).

1° Avantages du formalisme

11. – Le formalisme est en effet une garantie de régularité et s'il ralentit par exemple le commerce juridique, si dans certains cas il fait prévaloir la lettre sur l'esprit, il a aussi d'importants avantages :

– il constitue pour les parties une *protection* contre leurs propres entraînements, d'abord par le ralentissement qu'il apporte à la conclusion des affaires, ensuite par l'intervention d'un officier public qui les protège contre les pressions des adversaires ;

– l'acte, s'il est rédigé par les parties peu familiarisées avec les principes et les termes juridiques est exposé à une rédaction défectueuse ou inexacte ne reflétant pas les véritables intentions des contractants ; on ne s'improvise pas rédacteur d'acte alors que le notaire est spécialisé dans cette activité ;

– le formalisme est une *garantie de sécurité* ; les actes notariés prémunissent les parties contre les risques de perte, d'altération ou de destruction.

2° Tendance législative

12. – Ces raisons ont conduit le législateur à entourer de formalisme les actes particulièrement importants comme les actes dits « solennels », dont la validité est subordonnée à des conditions de forme, mais aussi à doter l'acte authentique d'avantages (force probante et force exécutoire) supérieurs à ceux de l'acte sous signatures privées.

Il faut en outre reconnaître que le formalisme connaît à notre époque une certaine renaissance (V. à ce sujet : Geny, *Science et technique en droit privé positif*. – Bonnecase, *L'essence du formalisme* (supplément au Baudry). – J. Flour, *Quelques remarques sur l'évolution du formalisme, in Droit privé du milieu du* XXe *siècle* dans *Mél. Ripert*, p. 93. – Sur une notion nouvelle de l'authenticité : *Defrénois* 1972, art. 30159, p. 977. – R. Savatier, *Métamorphoses économiques et sociales du droit civil d'aujourd'hui*, p. 81 et s. – Mœneclaey, *De la renaissance du formalisme dans les contrats en droit civil et commercial*. – Note J. Ghestin, sous Cass., 14 juin 1972 : *JCP* N 1974, II, 17627. – *Le formalisme. Journée Jacques Flour* : *Defrénois* juill.-août 2000, n° spécial).

L'évolution législative récente confirme cette tendance. Ainsi la protection du consommateur a paru justifier de nouvelles règles de forme (V. *JCl. Notarial Formulaire*, V° Avant-contrat, Fasc. 14, V °Cautionnement, V° Prêt à intérêt, Fasc. 30). L'important acte de renonciation anticipée à l'action en réduction doit être reçu par deux notaires, dont l'un est désigné par le président de chambre (C. civ., art. 930. – V. *infra*, n° 188).

Une loi réglemente l'exercice du droit. Seuls des professionnels offrant des garanties de compétence et de solvabilité peuvent, à titre habituel et rémunéré, donner des consultations juridiques ou rédiger des actes sous seing privé pour autrui (L. n° 71-1130, 31 déc. 1971, art. 54, modifié L. n° 90-1259, 31 déc. 1990).

§ 2. – Le notaire, conseil des parties

A. – Principe

13. – Le rôle d'authentificateur, s'il constitue une mission importante du notaire, n'est pas la seule des missions qu'il doit accomplir. Dans l'exposé des motifs de la loi du 25 *ventôse* an XI, le conseiller Real déclarait :

> « À côté des fonctionnaires qui concilient et qui jugent les différends, la tranquillité appelle d'autres fonctionnaires qui, **conseils désintéressés des parties** aussi bien que rédacteurs impartiaux de leur volonté, **leur faisant connaître toute l'étendue des obligations qu'elles contractent**, rédigeant les engagements avec clarté, leur donnant le caractère d'un acte authentique et la force d'un jugement en dernier ressort, perpétuant leur souvenir et conservant leur dépôt avec fidélité, empêchent les différends de naître entre les hommes de bonne foi et **enlèvent aux hommes cupides avec l'espoir de succès, l'envie d'élever une injuste contestation**.
>
> Ces conseils désintéressés, ces rédacteurs impartiaux, cette espèce de juges volontaires qui obligent irrévocablement les parties contractantes sont les notaires : cette institution est le notariat. »

Le règlement national du notariat, approuvé par arrêté du 24 décembre 1979 et daté aujourd'hui du 4 mars 2004, complète ainsi la définition :

> « Il est l'arbitre impartial des contrats qu'il reçoit et le conseil des personnes, des entreprises et des collectivités ; il assure la moralité et la sécurité de la vie contractuelle. »

Comme l'écrit Saint-Geniest dans son rapport au IIIe Congrès du notariat latin (*Actes du congrès*, t. I, p. 345 et s.) :

« L'obligation de conseil paraît être incluse dans le pouvoir conféré au notaire de recevoir les actes et se trouver inséparable de ce pouvoir, le droit notarial impliquant par sa nature le conseil et l'arbitrage. » (V. aussi A. Lambert, cité *infra*, n° 326).

La loi ayant confié au notaire l'emploi du moyen juridique qui permet de constater les conventions des parties, cet officier public est tenu de fournir un acte valable ne contenant que des conventions permises et produisant les résultats que les parties en attendent. Le notaire, rédacteur de l'acte, doit avoir préalablement donné le conseil approprié non seulement pour la validité mais aussi du point de vue de l'opportunité pour que soit réalisé ce que demande le client. Cette mission est aujourd'hui particulièrement difficile à remplir en raison de l'instabilité des lois et des fluctuations de la jurisprudence. Lorsque le résultat attendu d'un acte n'est pas certain, le notaire doit en informer son client et conserver une trace écrite du conseil qu'il a donné (V. *infra*, n°s 300 et 301).

14. – Développement de l'activité de conseil. Le notaire, comme d'autres praticiens du droit, est amené à remplir un rôle plus actif dans l'élaboration des conventions des parties. Le choix des modalités d'une acquisition, la transmission d'une entreprise, la préparation d'une succession, la réalisation d'un ensemble immobilier requièrent une connaissance globale des problèmes et supposent une expérience que les intéressés attendent du notaire.

Ce que l'on appelle aujourd'hui la gestion de patrimoine est une manifestation de ce besoin de conseils d'autant plus vivement ressenti que le droit, la fiscalité et les techniques financières sont complexes et instables. Pour permettre aux notaires de faire face aux difficultés de ce service, un organisme collectif, l'Union notariale financière (Unofi, 7 et 7 *bis*, rue Galvani, 75017 Paris), à l'origine destiné aux opérations de crédit hypothécaire, s'est vu assigner une mission de conseils en matière financière et économique. Ainsi, à côté des Cridon qui le font en matière juridique et fiscale, l'Unofi remplit un rôle d'assistance technique dans le domaine des affaires. L'institut notarial du patrimoine et de la famille du Conseil supérieur du notariat a pour fonction d'encourager et de coordonner les actions de formation en matière de gestion de patrimoine (J. Bernard de Saint-Affrique, *La responsabilité professionnelle du gestionnaire de patrimoine au regard de l'abus de droit : Defrénois* 1998, art. 36825, p. 769).

B. – Jurisprudence

15. – Les tribunaux ont très tôt et très fermement affirmé ce devoir de conseil :

« Les notaires sont les conseils que la loi elle-même a donnés aux parties qui sont obligées de se confier à eux » (CA Rouen, 21 janv. 1841 : *S.* 1841, 2, 253).

Plus d'un siècle après, la Cour de cassation souligne :

« Les notaires n'ont pas seulement pour mission de donner l'authenticité aux actes qu'ils rédigent, dans son esprit et dans ses motifs mêmes, la loi qui les institue a entendu leur conférer un rôle plus digne et plus élevé, elle les considère comme des conseils désintéressés des parties » (Cass., 3 août 1958 : *S.* 1959, 1, 350. – V. aussi Cass. 1re civ., 18 févr. 2003 : *JurisData* n° 2003-017960. – Cass. 1re civ., 21 févr. 2006 : *JurisData* n° 2006-032341. – Cass. 3e civ., 28 nov. 2007 : *JurisData* n° 2007-041625 ; *Resp. civ. et assur.* 2008, comm. 63. – V. à ce sujet, R. Savatier, *Le devoir de conseil des notaires dans la jurisprudence contemporaine* :

Defrénois 1927, art. 21347. – J.-L. Aubert et R. Crône, *La responsabilité civile des notaires*, Defrénois, 5e éd. 2008. – J.-P. Decorps, *Le devoir de conseil du notaire en matière d'urbanisme : JCP* N 1973, I, 2583. – J.-F. Pillebout, *La responsabilité notariale, Ombre et lumière : Liber amicorum G. Daublon*, Defrénois, 2001, p. 17).

Ce devoir de conseil se développe dans la pratique tous les jours davantage à mesure, semble-t-il, que la législation, devenant plus abondante et plus confuse, rend plus complexe et plus difficile la défense des intérêts de la clientèle dont le notariat assume la charge.

L'obligation de conseil pèse sur le notaire alors même qu'il n'est chargé que de régulariser un acte dont les conditions ont été arrêtées sans son concours (Cass. 1re civ., 5 juill. 1989 : *JurisData* n° 1989-702690 ; *JCP* N 1990, II, p. 21. – Cass. 1re civ., 3 avr. 2007 : *JurisData* n° 2007-038318 ; *Bull. civ.* I, n° 143 ; *Resp. civ. et assur.* 2007, comm. 218. – V. *infra*, n° 297).

C. – Rôle de médiation

16. – Souvent le notaire remplit une fonction plus large que celle de rédacteur de la convention.

Ainsi, au moment de la mise au point du contrat dont les dispositions ne sont pas entièrement arrêtées, le notaire essaie de rapprocher les points de vue et de suggérer la solution la plus conforme aux intérêts bien compris des parties. Il joue ainsi un rôle de conciliateur. On comprend alors pourquoi le droit notarial ne peut se limiter à être un simple droit de la forme.

§ 3. – Le notaire, chef d'entreprise

17. – Le notaire exerce ses fonctions comme un professionnel libéral, c'est-à-dire qu'il a le choix et la responsabilité des moyens à mettre en œuvre pour répondre aux besoins de sa clientèle. En effet, il assume le service public dont il est chargé « dans le cadre d'une activité libérale » (Règl. nat. 4 sept. 2004). Même si son activité relève du domaine juridique et suppose une relation personnelle avec la clientèle, les contraintes économiques lui imposent une attitude de chef d'entreprise. Il doit avoir le souci de la gestion de son office, choisir son personnel avec discernement, veiller à l'organisation du travail, faire les investissements en locaux et en matériels qu'impose la réponse aux besoins de la clientèle, surveiller les frais généraux, calculer ses prix de revient, déterminer le coût des services qu'il rend indépendamment des actes relevant du tarif obligatoire, déterminer les secteurs juridiques et économiques où il envisage de développer ses activités. Pour améliorer l'organisation de leur office et les services rendus à la clientèle, de nombreux notaires se sont engagés dans la démarche qualité (*V. JCl. Pratique notariale, L'entreprise notariale,* V° Démarche qualité).

En qualité de professionnel libéral, le notaire relève du régime de protection sociale des travailleurs non salariés (V. *JCl. Notarial Formulaire,* V° Notariat, Fasc. 300).

La possibilité pour les notaires d'exercer leur profession dans le cadre de sociétés (même de forme commerciale) permettant une organisation plus rationnelle est encore un facteur de modernisation des offices (V. *infra*, nos 69 à 81).

A. – Gestion

18. – Tout cela suppose le recours aux méthodes de gestion qui sont familières aux chefs d'entreprise. Le premier instrument d'analyse est la comptabilité qui dans tous les offices doit être tenue suivant des règles rigoureuses destinées à assurer la sécurité des clients (V. *infra*, n°s 164 à 167). À partir des chiffres révélés par la comptabilité qui doit être tenue suivant les règles du plan comptable pour tous les offices depuis le 1er janvier 1990, il est possible d'établir des *ratios* permettant de connaître le fonctionnement de l'office. Le montant des produits et des charges correspondant aux différents secteurs d'activités peut être déterminé afin de faciliter les décisions relatives au développement de nouveaux services comme la négociation, le conseil en gestion de patrimoine, l'expertise. La connaissance de ces diverses techniques est si importante que les candidats à la profession sont invités à participer à des stages de formation organisés par les chambres et les conseils régionaux des notaires (V. *JCl. Pratique notariale, L'entreprise notariale,* V° Gestion financière, V° Stratégie).

B. – Restriction

19. – Cette liberté d'entreprendre qui est le propre des professionnels libéraux trouve une limite dans le caractère d'officier public du notaire et dans la nature de son activité. Tout d'abord, comme officier public, le notaire est soumis à diverses obligations et prohibitions qu'il doit remplir et respecter scrupuleusement (V. *infra*, n°s 132 à 140). Ainsi, alors même que la rémunération d'un acte dont l'émolument est fixé par le tarif obligatoire lui paraîtra insuffisante eu égard au coût qu'il entraîne, il doit respecter la réglementation et ne pas réclamer de somme en dehors de ce que celle-ci prévoit (D. n° 78-262, 8 mars 1978, art. 17). Le notaire ne peut faire de commerce, d'opérations spéculatives, emprunter ou prêter sur billet (V. *infra*, n°s 136 et 137).

Si le notaire peut se livrer à titre accessoire à des activités de nature commerciale pour répondre à la demande de sa clientèle, il ne peut légitimement céder séparément une branche d'activité commerciale (Cass. 1re civ., 30 mars 2005 : *JurisData* n° 2005-027801 ; *JCP* N 2005, n° 51-52, 1495, avis J. Sainte Rose).

C. – Importance du notariat

20. – Le notariat est en France une importante profession juridique avec environ 45 % du chiffre d'affaires de l'activité juridique. Au 1er janvier 2009, il y a 8 822 notaires, dont 7 049 associés, 2 229 femmes et 593 notaires salariés ; les notaires emploient environ 50 000 salariés, soit un total de près de 60 000 personnes, pour 70 000 chez les avocats y compris les anciens conseils juridiques. Il y a 4 507 offices et 1 313 bureaux secondaires répartis sur tout le territoire ; près de 80 % des notaires exercent dans le cadre de sociétés professionnelles. L'activité notariale concerne principalement le droit de l'immobilier et le droit de la famille, mais, depuis plusieurs années, elle se développe beaucoup dans le droit de l'entreprise, le conseil dans divers domaines et notamment en matière de gestion de patrimoine. Comprenant en majorité des entreprises de dimension moyenne, le notariat peut faire face aux difficultés croissantes du droit et de la fiscalité grâce aux instruments collectifs qu'il a mis en place tels les centres de recherche, d'information et de documentation notariales (Cridon), l'Union notariale financière (Unofi), les instituts du

Conseil supérieur du notariat consacrés aux études juridiques, au droit des affaires, à l'immobilier et à la gestion de patrimoine, les actions de formation permanente de l'Institut national de formation notariale (Inafon), l'Université du notariat qui se tient chaque année et réunit plus de 500 notaires et collaborateurs. Le congrès annuel des notaires de France traite de façon approfondie un thème d'intérêt général et contribue à l'amélioration de la pratique juridique et fiscale tout en éclairant le législateur sur les lacunes et les insuffisances du droit positif. Certains notaires ont constitué des réseaux ou des groupements permettant la mise en commun d'une documentation importante et de combiner les compétences particulières des uns et des autres. On peut citer le groupe Monassier, le réseau Patrimoine, Althémis, Pharmétudes, Jurisvin.

Ces différents caractères du notariat français sont des atouts pour faire face aux nécessités d'une concurrence que l'évolution de l'Europe doit rendre plus vive (sur le notariat dans le monde et en Europe, V. *infra*, n°s 333 à 340).

§ 4. – Le droit notarial

A. – Définition

21. – L'expression « droit notarial » a deux significations différentes. Traditionnellement, dans les facultés de droit et, en particulier, dans les cours destinés à la capacité, le droit notarial est une partie du droit privé intéressant particulièrement le notariat : droit des successions, des libéralités et des régimes matrimoniaux. Cette terminologie est doublement discutable. Tout d'abord, les questions qui relèvent de ces matières intéressent d'autres juristes que les notaires (magistrats, avocats, juristes d'entreprises, etc.). Ensuite le notaire, comme on l'a vu, intervient dans bien d'autres domaines, droit immobilier, construction, urbanisme, location, droit de l'entreprise, gestion de patrimoine.

En tout cas, le droit notarial tel qu'il est entendu dans le présent ouvrage a une toute autre signification. Il s'agit de l'ensemble des règles qui s'appliquent aux notaires eux-mêmes dans l'exercice de leurs fonctions, et spécialement dans leur rôle d'authentificateur ainsi que dans leurs rapports avec leurs clients.

22. – **Caractères généraux.** Le droit notarial, pour certains auteurs, aurait même une certaine autonomie. Ainsi, d'après Colin et Capitant, « les attributions des notaires, leurs obligations, leur responsabilité font l'objet d'un ensemble de règles assez importantes et assez touffues pour constituer une branche spéciale du droit » (*Cours de droit civil français*, 1924). D'autres auteurs font observer que pour qu'un ensemble de règles juridiques puisse être considéré comme autonome, il faut qu'elles aient des sources particulières et un domaine propre. Le droit notarial trouve sans doute sa source dans la loi de *ventôse* et les textes subséquents mais la définition et les effets de l'acte notarié ont leur siège dans le Code civil. Il faut remarquer que le problème de l'autonomie du droit notarial ne revêt qu'un intérêt pratique limité et n'a pas fait obstacle à la création par LexisNexis-Litec, sous l'égide du Conseil supérieur du notariat, d'un Code notarial (C. not.) qui regroupe tous ces textes classés suivant des thèmes en facilitant la recherche.

B. – Sources du droit notarial

23. – Suivant la conception classique, les sources du droit sont la loi et la coutume d'une part, la doctrine et la jurisprudence d'autre part. Ces dernières sont qualifiées de sources d'interprétation ou sources secondaires. Elles n'ont pas la même valeur juridique mais leur connaissance est indispensable à l'application du droit.

1° La loi

a) Code civil

24. – Il s'agit essentiellement des articles 1317 à 1321 sur l'acte authentique. Divers articles concernent les actes qui doivent être reçus par un notaire :
- acte de donation (C. civ., art. 931) ;
- testament authentique ou mystique (C. civ., art. 969, 971 et 976) ;
- donation-partage (C. civ., art. 1075) ;
- subrogation conventionnelle (C. civ., art. 1250, al. 2) ;
- cession de créances (C. civ., art. 1690) ;
- contrat de mariage (C. civ., art. 1394) ;
- privilèges et hypothèques, constitution et mainlevée (C. civ., art. 2374, 2418, 2441) ;
- révocation du mandat légal entre époux (C. rur., art. L. 321-3) ;
- consentement à procréation médicalement assistée (C. civ., art. 311-20) ;
- renonciation des héritiers au régime de la prestation compensatoire due par le défunt à son ex-conjoint (C. civ., art. 280-1, réd. L. n° 2004-439, 26 mai 2004) ;
- déclaration d'insaisissabilité du logement ou de certains biens immobiliers par le chef d'entreprise (C. com., art. L. 526-1) ;
- décision des héritiers de maintenir les modalités de règlement de la prestation compensatoire (C. civ., art. 280-1) ;
- bail rural cessible (C. rur., art. L. 418-1) ;
- testament authentique par lequel l'époux prive son conjoint du droit viager au logement (C. civ., art. 764, réd. L. n° 2001-1135, 3 déc. 2001) ;
- renonciation anticipée à l'action en réduction ou à l'action en retranchement (C. civ., art. 930 et 1527, 3e al., réd. L. n° 2006-728, 26 juin 2006).

b) Code de procédure civile

25. – L'administration judiciaire de la preuve fait l'objet de diverses dispositions du Code de procédure civile (art. 9 à 11, 132 à 142). Les contestations relatives à la preuve littérale sont régies par les articles 285 à 316, l'inscription de faux contre les actes authentiques, par les articles 303 à 316 du Code de procédure civile.

Diverses dispositions intéressent particulièrement la pratique notariale :
- régimes matrimoniaux (CPC, art. 1286 à 1303-6) ;
- inventaires (CPC, art. 1328 à 1333) ;
- ventes judiciaires et de biens de mineurs (CPC, art. 1271 à 1281) ;
- partages, licitations (CPC, art. 1358 à 1381).

c) Autres textes concernant l'organisation notariale et la rédaction des actes

26. – Ils font l'objet du Code notarial (C. not.) publié par LexisNexis-Litec, sous l'égide du Conseil supérieur du notariat ; les textes sont regroupés par thème et classés par ordre chronologique avec tables analytique et alphabétique.

Citons les plus importants :

1) Textes sur le statut du notariat :

– loi du 25 *ventôse* an XI (16 mars 1803) modifiée par de nombreuses lois, ordonnances et décrets ;

– loi du 28 avril 1816, sur les finances : article 91, reconnaissant l'exercice du droit de présentation ;

– ordonnance du 2 novembre 1945, modifiée notamment par la loi n° 90-1259 du 31 décembre 1990 introduisant le salariat dans le notariat (avec son décret d'application n° 93-82 du 15 janvier 1993, mod. D. n° 2006-1299, 24 oct. 2006) et la loi n° 2004-130 du 11 février 2004, et décret n° 45-0117 du 19 décembre 1945 modifiés par de nombreux textes ultérieurs et, notamment, par le décret n° 2004-259 du 23 mars 2004 ;

– loi n° 66-879 du 29 novembre 1966 et décret d'application n° 67-868 du 2 octobre 1967 relatifs aux sociétés civiles professionnelles, ladite loi modifiée notamment par les lois n° 72-1151 du 23 décembre 1972 et n° 90-1258 du 31 décembre 1990, et le décret, par les décrets n° 87-172 du 13 mars 1987 et n° 93-64 du 20 janvier 1992 ;

– décret n° 71-941 du 26 novembre 1971 relatif aux actes établis par les notaires, modifié notamment par le décret n° 73-1202 du 28 décembre 1973 et le décret n° 2005-973 du 10 août 2005 ;

– décret n° 71-942 du 26 novembre 1971 relatif à l'implantation des offices et à la compétence d'instrumentation (celle-ci est nationale depuis le décret n° 86-728 du 29 avril 1986) ;

– décret n° 73-609 du 5 juillet 1973 et arrêté du même jour, décret et arrêté modifiés ultérieurement par divers textes, les derniers arrêtés en date du 7 mars 2002 et du 30 septembre 2003 ;

– loi n° 90-1258 du 31 décembre 1990 relative aux sociétés d'exercice libéral modifiée par les lois n° 99-515 du 23 juin 1999 et n° 2001-1168 du 11 décembre 2001, complétée par les décrets n° 92-704 du 23 juillet 1992 et n° 93-78 du 13 janvier 1993, ce dernier complété par le décret relatif aux sociétés de participations financières n° 2004-856 du 23 août 2004 (D. 1993, art. 79-1 à 79-16) ;

– loi n° 90-1259 du 31 décembre 1990 portant réforme de certaines professions judiciaires et juridiques.

2) Textes concernant la discipline :

– ordonnance n° 45-1418 du 28 juin 1945, modifiée par la loi n° 73-546 du 25 juin 1973 ;

– décret n° 73-1202 du 28 décembre 1973 ;

– règlement national approuvé par arrêté du 24 décembre 1979 complété par l'arrêté du 27 mai 1982 relatif à la négociation et modifié notamment par les arrêtés du 20 avril 1988 et du 24 décembre 1993 ; ce règlement a été ultérieurement daté du 4 mars 2004.

3) Textes concernant la comptabilité et son contrôle :

– décret du 2 février 1890 relatif au dépôt de fonds ;

– décret n° 45-0117 du 19 décembre 1945 précité, art. 15 à 20 c, modifié notamment par les décrets du 2 avril 1955, du 3 novembre 1967, du 2 janvier 1978 et du 30 novembre 2000 ;

– décret et arrêté du 12 août 1974, circulaire du 29 janvier 1975, arrêté du 17 novembre 2005 ;

– arrêté du 26 mai 1984 relatif aux comptabilités informatisées, modifié par les arrêtés du 28 décembre 1988, du 5 novembre 1996 et du 27 janvier 2006 ;

– arrêté du 22 juillet 1988 relatif au plan comptable notarial.

4) Textes concernant les émoluments, les honoraires et leur recouvrement :
– loi du 24 décembre 1897 (prescription de cinq ans) ;
– décret n° 78-262 du 8 mars 1978, modifié notamment par les décrets n° 86-358 du 11 mars 1986, n° 93-1069 du 9 septembre 1993 et n° 94-170 du 25 février 1994, n° 2002-210 du 18 février 2002, n° 2003-661 du 15 juillet 2003 et n° 2004-836 du 20 août 2004.
5) Textes concernant la garantie collective :
– décret du 20 mai 1955, modifié notamment par les décrets n° 71-1114 du 30 décembre 1971 et n° 73-51 du 10 janvier 1973 ;
– décret d'application n° 56-220 du 29 février 1956 modifié notamment par le décret n° 67-998 du 17 novembre 1967 et par le décret n° 71-1114 du 30 décembre 1971.

De nombreux autres textes concernent les clercs et employés, l'organisation du régime de retraite des notaires, les conditions d'accès à la profession, le statut des notaires d'Alsace Moselle.

Le statut du notariat s'applique dans les départements d'outre-mer en vertu de la loi n° 73-1 du 2 janvier 1973.

2° La coutume

27. – C'est le droit qui n'a fait l'objet d'aucune promulgation écrite. Il est des usages qui s'imposent à tous. Parmi le droit coutumier notarial, citons les règlements intérieurs qui furent d'abord codifiés sur l'initiative de quelques chambres d'arrondissement puis départementales.

Ces règlements sont désormais soumis à l'approbation du garde des Sceaux ; le règlement national a été approuvé par arrêté du 24 décembre 1979, complété par l'arrêté du 27 mai 1982 relatif à la négociation et modifié notamment par les arrêtés du 20 avril 1988 et du 24 décembre 1993, du 3 mars 2003 et du 4 mars 2004. Il est désormais daté du 4 mars 2004 et est en cours de révision.

3° La doctrine

28. – La doctrine notariale se trouve dans les traités mis à la disposition des notaires et des candidats à la fonction notariale, dans certaines thèses et dans les articles publiés dans les revues professionnelles.

• *Traités*

– LexisNexis JurisClasseur, notamment pour les notaires le *JCl. Notarial Formulaire* et le *JCl. Notarial Répertoire* ;
– *JCl. Pratique notariale*, V° L'entreprise notariale et V° Les actes ;
– Roulois, *Ouvrage de droit pratique* en quatre volumes, LexisNexis JurisClasseur ;
– G. Rouzet, *Précis de déontologie notariale*, PUF-Bordeaux, 3e éd. 1999 ; *Mémento sur le secret professionnel notarial*, PUF-Bordeaux, 1999.

• *Thèses et mémoires*

Il ne peut être question de citer les thèses innombrables qui ont été écrites sur des questions intéressant le notariat. Le Conseil supérieur accorde un prix à la meilleure publiée dans l'année. Depuis quelques années, les éditions Defrénois publient des thèses dans une collection « Doctorat et notariat » dirigée par le doyen Bernard Beignier.

Les mémoires de diplôme supérieur de notariat sont en plus grand nombre encore. Certains sont couronnés par le prix Jean-Louis Magnan attribué par l'association Rencontres Notariat-Université.

• *Revues*
Citons parmi celles traitant des questions spécifiquement notariales :
– la *Semaine juridique*, édition notariale, LexisNexis (*JCP* N) ;
– la revue *Droit et patrimoine*, ancien *Journal des notaires et des avocats* ;
– *Répertoire général du notariat Defrénois* ;
– *Revue du Conseil supérieur du notariat, Notaires. Vie professionnelle (NVP).*
• *CD-ROM et sites*
– CD-ROM et site LexisNexis JurisClasseur
– Site Defrénois
– Site Notaires de France

4° La jurisprudence

29. – Les recueils de jurisprudence fourmillent de décisions sur des questions intéressant les notaires, en particulier à l'occasion de la mise en cause de leur responsabilité. Dans leurs motifs, certaines énoncent des principes applicables à la profession et rappellent les devoirs incombant à ses membres (V. *JCl. Notarial Formulaire*, V° Responsabilité notariale).

5° Codification du droit notarial

30. – Peut-on arriver à une certaine mise en ordre du droit notarial ? En d'autres termes, la codification est-elle possible et souhaitable ?

C'est une question à laquelle se sont efforcés de répondre divers rapporteurs du IIIe Congrès du notariat latin (V. J. Yaigre, *Codification du droit notarial*, Actes du congrès, t. II). Certains, s'inspirant du plan suivi par le Code civil français inspiré lui-même des *Institutes* de Justinien et de ceux de Gaius, ont proposé d'étudier successivement :

1) les sujets du droit notarial : notaires, sociétés notariales, organismes professionnels, parties et comparants à l'acte notarié ;

2) l'objet du droit notarial qui est l'acte notarié : forme et présentation, rédaction, passation, mise en œuvre et conservation ;

3) les conséquences juridiques de l'acte notarié :
– d'une part, entre les parties ;
– d'autre part, à l'égard des tiers ;
– enfin, dans les rapports entre notaires et parties.

Ces propositions se trouvent satisfaites par l'initiative de LexisNexis-Litec qui publie depuis 2008 un Code notarial (C. not.) sous l'égide du Conseil supérieur du notariat.

Ces différents points feront l'objet des divers chapitres de cet ouvrage.

Chapitre 1

LE NOTAIRE ET LES AUTRES SUJETS DU DROIT NOTARIAL

Section 1

HISTORIQUE DU NOTARIAT

§ 1. – Antiquité

31. – L'histoire du notariat se confond avec celle de la preuve. À la preuve *orale* s'est substituée la preuve *écrite*.

On dit généralement que les scribes sont les ancêtres des notaires, qu'ils soient babyloniens, égyptiens ou hébreux. En réalité, les scribes babyloniens ou égyptiens étaient soit de simples écrivains publics, soit des teneurs de livres des détenteurs du pouvoir.

Les fonctions d'officiers publics de la preuve étaient remplies en Égypte par les *agoranomos*, en Grèce par les *hieromemnes* ou *epistates* qui étaient prêtres.

À *Rome*, les esclaves qui savaient écrire tenaient des notes (d'où le nom de notaires), ils devinrent secrétaires des *tabelliones* écrivains publics faisant métier de rédiger les actes. Il existait en outre les *tabularii* qui rédigeaient certains actes (adoption, inventaires, testament, etc.). Les actes ou *instrumenta*, même publics, n'acquéraient force probante que s'ils étaient transcrits (*insinuatio*) sur des registres publics (*acta publica*). Pour obtenir la force exécutoire, on simulait un procès (*in jure cessio*).

À *Byzance*, les notaires étaient connus sous le nom de *tabularios* et *notarios* (V. *Nouvelles* de Justinien). Ils devaient observer certaines formes pour la rédaction de leurs actes et formaient une corporation.

§ 2. – Ancien droit français

32. – Dans l'ancien droit, il faut distinguer les pays de droit écrit et les pays de coutumes.

• **Pays de droit écrit.** – Les *curiales* deviennent les fonctionnaires chargés de conférer l'authenticité. Au XIIe siècle, l'insinuation réapparaît. La séparation entre la fonction contentieuse et la fonction de rédacteur d'acte se fait vers le XIe siècle.

• **Pays de coutumes.** – On enseigne que Charlemagne, dans une circulaire de 805, institua le premier, des notaires, les *judices cartularii.* Les notaires étaient plutôt des greffiers de juridictions seigneuriales ou royales qui, à l'époque féodale, prirent l'habitude de rédiger eux-mêmes les actes sauf à y faire apposer le sceau pour les rendre obligatoires.

§ 3. – Droit français contemporain

33. – En 1270, Saint Louis crée soixante charges de notaires pour la prévôté de Paris siégeant au Châtelet.

En 1300 et 1302, Philippe le Bel, se réservant le droit de nommer les notaires, l'étend à la France entière et fixe le montant des taxes à percevoir.

L'ordonnance royale de juillet 1304 crée le registre où chaque notaire doit noter les legs, les noms et conditions des contractants ainsi que le montant des taxes perçues.

L'ordonnance de Villers-Cotterêts en août 1539 impose l'emploi du français dans les actes notariés et, sous François Ier et Henri II, les nécessités du Trésor imposent la multiplication des charges et offices en divisant les fonctions notariales. Les notaires rédigent les minutes, les *tabellions* établissent les grosses et les copies, les *garde scels* y apposent le sceau pour les rendre exécutoires et les *garde notes* assurent la conservation des actes.

En 1597, Henri IV et, en 1706, Louis XIV imposent la réunion en un seul office de ces diverses fonctions.

On distinguait les notaires royaux dont la compétence s'étendait aux bailliages et aux sénéchaussées (sauf les notaires de Paris, Orléans et Montpellier qui avaient compétence sur la France entière), les notaires seigneuriaux nommés par les seigneurs justiciers, les notaires apostoliques.

Une loi du 29 septembre et du 6 octobre 1791 supprime la vénalité des offices et établit un seul ressort : le département.

La loi du 25 *ventôse* an XI (16 mars 1803) est promulguée comme loi fondamentale du notariat.

Le droit de présentation est rétabli par l'article 95 de la loi du 28 août 1816.

Depuis, de nombreuses lois, ordonnances et décrets ont été promulgués ou publiés sur le notariat (V. *supra*, n° 26. – Sur l'histoire du notariat, V. A. Moreau, *Les métamorphoses du scribe. Histoire du notariat français*, 1989 ; *Le notaire dans la société française. D'hier à demain*, éd. Économica, coll. « Mieux connaître », 1999. – Pour s'instruire en s'amusant, V. *La grande histoire du notariat,* bande dessinée sur un scénario de M.-L. Queinnec et A. Moreau, éd. Jean-Michel Place).

Section 2

NOMBRE, PLACEMENT, RECRUTEMENT DES NOTAIRES

§ 1. – Nombre et placement des notaires

A. – Le principe

34. – Sous l'Ancien Régime, le nombre des notaires s'était accru considérablement jusqu'à atteindre quarante mille. À la veille de la Révolution, ils étaient encore près de vingt mille, aussi la loi de *ventôse* avait-elle posé deux règles : un notaire par canton et dans les villes de cent mille habitants, un notaire au plus pour six mille habitants.

Le décret du 22 décembre 1958, modifiant l'article 31 de la loi de *ventôse*, dispose que le nombre et la résidence des notaires sont fixés pour chaque ressort du tribunal d'instance par décret sur rapport du garde des Sceaux. Les modalités d'application sont fixées par le décret n° 71-942 du 26 novembre 1971.

Au 1er janvier 2009, on dénombrait 4 507 offices (4 941 en 1990) et 1 313 bureaux annexes, 8 822 notaires (7 458 en 1990) dont 7 049 associés (4 481 en 1990) et 2 229 femmes (426 en 1990). Les notaires salariés institués par la loi du 31 décembre 1990 étaient au nombre de 593, dont 374 femmes.

Par suite de modifications survenues depuis le début du dix-neuvième siècle dans l'économie de la France (exode rural, concentration urbaine, développement économique de certaines régions), la répartition des offices notariaux, telle qu'elle avait été fixée en 1816, ne correspond plus à la situation réelle du pays : dans telles régions, le notaire ne peut plus retirer de son office les produits qui lui permettraient de vivre décemment, dans d'autres il n'y a pas assez de notaires pour un surcroît de population. Une proportion importante de notaires exerce dans des communes rurales alors que dans les grandes villes leur nombre est souvent insuffisant. Ainsi, dans la région parisienne, pour près de dix millions d'habitants et une activité juridique intense, les notaires n'étaient en 1980 que 500 environ ; ce chiffre a plus que doublé par suite des créations et surtout grâce aux accueils de nouveaux associés et devrait encore augmenter dans les prochaines années. À Paris et dans les départements du Val-de-Marne et de la Seine-Saint-Denis, le nombre de notaires était de 527 en 2006 et devrait être porté à 750 en 2011 (G. Canalès, *Entretien* : *JCP* N 2006, n° 26, act. 1227). La répartition géographique des offices peut être modifiée par suppression, transfert et création (L. *ventôse*, art. 31, D. n° 71-942, 26 nov. 1971, art. 2-6).

Au début des années 1980, les pouvoirs publics ont envisagé une réforme qui aurait pu introduire le principe de la liberté d'installation des notaires. Il a semblé préférable de promouvoir une redistribution progressive des offices en établissant des programmes de créations, de suppressions et de transferts. Une commission composée de notaires, d'un clerc de notaire, de magistrats et d'un représentant de la direction de la concurrence au ministère de l'Économie et des Finances a été mise en place auprès du garde des Sceaux afin de faire des recommandations sur la localisation des offices à partir des prévisions concernant l'évolution des besoins du public et de la démographie. Cette Commission de localisation des offices de notaires (CLON) a désormais un rôle essentiel dans la redistribution des offices (D. n° 71-942, 26 nov. 1971, art. 2, réd. D. n° 2005-942, 25 mars 2005. – V. *infra*, n° 37).

Avant même que le rapport Attali ait été rendu public en février 2008, le notariat a réagi très vite en s'engageant à augmenter le nombre des notaires de vingt pour cent dans les années qui viennent pour répondre notamment à la proposition d'instaurer la liberté d'installation (Conseil supérieur du notariat, déc. ass. gén., 30 janv. 2008).

B. – Suppression d'un office

35. – L'arrêté de suppression est pris après avis de la commission de localisation précitée qui doit être donné dans les six mois de sa saisine. Les chambres, conseils régionaux et le Conseil supérieur sont tenus de faire parvenir leurs observations dans les deux mois à compter de leur saisine.

Les suppressions d'offices notariaux ne peuvent intervenir qu'à la suite du décès, de la démission ou de la destitution d'un notaire ou de la société titulaire d'un office. On ne peut contraindre un notaire à démissionner pour supprimer l'office dont il est titulaire mais l'intéressé peut demander la suppression.

Les indemnités qui peuvent être dues à l'ancien titulaire d'un office supprimé, par les notaires bénéficiaires de la suppression, sont évaluées et réparties en fonction du bénéfice résultant pour chacun d'eux de cette suppression ; s'ils ne peuvent se mettre d'accord amiablement, la commission de localisation précitée propose au garde des Sceaux le montant et la répartition de cette indemnité. Étant donné la charge que représente, pour les notaires de régions défavorisées, le paiement d'une indemnité pour la suppression d'un office voisin, il a été institué une prise en charge partielle de cette indemnité par le Conseil supérieur et les conseils régionaux.

En outre, en application de l'article 21 de la loi du 25 juin 1973, le Conseil supérieur du notariat a mis en place une caisse ayant pour objet de consentir des subventions et des avances destinées à assurer l'amélioration des conditions de recrutement, d'exercice de la profession ainsi que la répartition des offices. Cette caisse est financée par les cotisations des notaires.

C. – Transfert d'un office

36. – Au lieu de la suppression de l'office notarial, son transfert peut être décidé dans une zone qui ne peut excéder les limites du département. La procédure est la même que pour la suppression (D. 26 nov. 1971, art. 2-3 et 2-6).

D. – Création d'office

37. – Il peut paraître anormal de voir la population d'une ville ou d'un canton doubler ou tripler sans que le nombre des notaires augmente. D'où le principe de la création d'offices, mais les mesures de cette nature sont délicates car elles risquent de porter atteinte à des droits acquis et aussi de ne réussir qu'imparfaitement, l'expérience prouvant que dans beaucoup de cas la clientèle est lente à venir dans les nouvelles études. Le gouvernement a décidé la création d'un nombre important d'offices dont certains étaient destinés au reclassement de notaires et d'auxiliaires de justice rapatriés à la suite d'événements politiques.

Un décret du 19 mai 1964 a créé 101 nouveaux offices principalement dans la région parisienne et dans la cour d'Aix-en-Provence.

Un plan de restructuration a été établi par cour d'appel. Déjà, durant les années 1973, 1974 et 1975, 128 offices ont été créés.

Depuis la mise en place de la commission de localisation, de nouveaux plans de localisation ont été élaborés et des créations ont été décidées à partir de 1990.

En 2000, 259 offices ont été créés et 128 ont été pourvus (V. U. Jalenques et O. Compère, *Créations d'offices : Notaires. Vie professionnelle, Rev. cons. sup. not.* 2000, n° 4). Fin 2005, 181 offices créés ont été pourvus. Ces créations devraient être plus nombreuses dans les années qui viennent en raison de l'engagement du notariat d'augmenter le nombre de notaires (V. *supra*, n° 34).

L'arrêté portant création d'un nouvel office est pris après avis de la commission de localisation prévue par l'article 2 du décret du 26 novembre 1971 (V. *supra*, n° 34) ; la nomination à un office créé est faite sur concours dans les conditions des articles 49 à 55 du décret n° 73-609 du 5 juillet 1973, modifiés par les décrets n° 93-1137 du 1er octobre 1993, n° 2005-311 du 25 mars 2005 et n° 2008-544 du 9 juin 2008 (V. *infra*, n° 67).

La loi n° 90-1258 du 31 décembre 1990 prévoit deux nouvelles hypothèses où un office peut être créé au profit d'une personne exerçant la profession. L'associé qui se retire en cas de mésentente ou les associés en cas de dissolution peuvent solliciter leur nomination à un office créé à cet effet (L. 29 nov. 1966, art. 18 et 26 mod. par L. 31 déc. 1990, préc. ; D. n° 67-868, 2 oct. 1967, art. 86 à 89 [dissolution] et 89-1 à 89-6 [mésentente], réd. D. n° 92-64, 20 janv. 1992).

Des dispositions analogues sont prévues pour les sociétés d'exercice libéral (L. n° 90-1258, 31 déc. 1990, art. 11 ; D. n° 93-78, 13 janv. 1993, art. 64 à 67 [dissolution] et 68 à 73 [mésentente]).

§ 2. – Résidence et compétence territoriale

38. – Résidence. Le gouvernement fixe la résidence du notaire, c'est-à-dire le lieu où doit se trouver l'étude (L. 25 *ventôse*, an XI, art. 4).

Le décret du 12 juillet 1988 a supprimé l'obligation pour le notaire d'habiter dans le lieu où se trouve l'étude (D. n° 71-942, 26 nov. 1971, art. 12, abr. D. n° 88-815, 12 juill. 1988).

Le notaire ne peut recevoir ses clients à titre habituel dans un local autre que l'étude ; toutefois, le procureur général près la cour d'appel peut, à la demande du titulaire de l'office, autoriser par arrêté l'ouverture d'un ou plusieurs bureaux annexes, soit à l'intérieur du département, soit à l'extérieur de ce département dans un canton ou une commune limitrophe du canton où est établi l'office. Cette autorisation de bureau annexe a lieu très souvent en cas de transfert ou de suppression d'office. Ces bureaux annexes restent attachés à l'office sans qu'il soit besoin de renouveler l'autorisation accordée lors de la nomination d'un nouveau titulaire (D. n° 71-942, 26 nov. 1971, art. 10).

Un bureau annexe peut être transformé en office distinct à la demande du titulaire de l'office principal et du candidat à l'office nouveau ainsi créé (D. 26 nov. 1971, art. 10, dernier al.).

39. – Raison d'être de l'obligation. L'obligation de résidence répond d'abord à l'intérêt des clients qui savent où trouver le notaire. Elle est aussi justifiée par l'intérêt général en limitant les méfaits de la concurrence abusive.

40. – Sanctions. Le notaire qui contrevient à cette obligation peut être frappé de sanctions administratives (il peut être considéré comme démissionnaire), disciplinaires et même civiles car ses confrères peuvent l'assigner en dommages et intérêts.

41. – Compétence territoriale. Autrefois, le ressort dans lequel le notaire pouvait instrumenter était limité, sauf exception, par celui de la juridiction dont dépendait sa résidence. Il y avait trois classes de notaire suivant la compétence territoriale qui leur était reconnue : les notaires résidant au siège de la cour d'appel, ceux qui étaient au siège du tribunal de grande instance et ceux dont le ressort était limité au canton. Ces restrictions ont été progressivement assouplies jusqu'au décret de 1986 qui a instauré la compétence nationale de tous les notaires quelle que soit leur résidence (D. n° 71-942, 26 nov. 1971, art. 8 à 10, mod. D. n° 86-728, 29 avr. 1986). Désormais, les notaires peuvent instrumenter sur tout le territoire métropolitain et dans les départements d'outre-mer. Les territoires d'outre-mer, où le notariat est soumis à des règles particulières, sont exclus du ressort de la compétence des notaires. Il en est de même des collectivités territoriales de Mayotte et de Saint-Pierre-et-Miquelon.

Certaines restrictions avaient été apportées à la compétence nationale afin d'éviter une concurrence trop vive des offices les plus importants. L'une d'elle a été abrogée. Le clerc habilité à recueillir les signatures de certains actes (V. *infra*, n° 99) ne pouvait exercer ses fonctions que dans le ressort de la cour d'appel où est établi l'office et dans le ressort des tribunaux de grande instance limitrophes de celui dans le ressort duquel est établi l'office (D. n° 71-941, 26 nov. 1971, art. 12, III, abr. D. n° 88-815, 12 juill. 1988). La seconde reste applicable. Certains actes faisant partie d'opérations parfois très importantes ne peuvent être reçus que dans l'ancien ressort de compétence du notaire instrumentaire. Il s'agit des actes constituant la première mutation à titre onéreux de biens immobiliers ou la première cession de parts ou actions à titre onéreux d'une société d'attribution après un état descriptif de division ou un arrêté de lotissement (D. n° 71-942, 26 nov. 1971, art. 10, mod. D. n° 86-728, 29 avr. 1986). Cette disposition s'applique même dans l'hypothèse où le bien est situé dans le ressort défini ci-dessus du notaire instrumentaire. Ainsi, le notaire chargé d'une telle opération ne peut faire signer un acquéreur dans un lieu situé hors dudit ressort.

§ 3. – Conditions d'admission aux fonctions de notaire

42. – Les conditions exigées pour être notaire n'avaient guère changé jusqu'à la réforme du 5 juillet 1973. Ce texte, en imposant la licence en droit, devenue ultérieurement la maîtrise et le master, a grandement amélioré le niveau des candidats et a contribué à rehausser le prestige du notariat.

Cependant, après un engouement certain, une diminution du nombre de candidats a été constatée dans la seconde moitié des années 1980. Les difficultés de trouver des stages dans les périodes de ralentissement de l'activité qui se sont succédé à cette époque en sont la cause principale. La réforme du 20 juin 1989 a eu essentiellement pour objectif d'attirer vers le notariat un plus grand nombre de jeunes, tout en leur assurant une formation mieux adaptée. Elle a été accompagnée d'un certain nombre de mesures d'encouragement et d'aides financières destinées à faciliter l'accès des jeunes et l'accueil des stagiaires. À compter du milieu des années 1990, le nombre de candidats a beaucoup augmenté et leur niveau est devenu corrélativement fort élevé.

La nécessité d'assurer des successeurs aux nombreux notaires qui doivent prendre leur retraite dans les années à venir et l'engagement de la profession d'augmenter sensiblement le nombre de notaires imposeront de nouveaux efforts de formation et d'accueil des candidats au notariat (sur l'augmentation du nombre de notaires, V. *supra*, n°s 34 et 37).

Depuis l'entrée en vigueur de la loi du 31 décembre 1990, les jeunes diplômés peuvent devenir notaires tout en restant salariés avant de devenir notaire individuel ou associé (Ord. n° 45-2590, 2 nov. 1945, art. 1er *bis* et 1er *ter*, réd. L. n° 90-1259, 31 déc. 1990 ; D. n° 93-82, 15 janv. 1993, mod. D. n° 2006-1299, 24 oct. 2006). Au 1er janvier 2009, il y avait 593 notaires salariés.

A. – Conditions générales

43. – Pour pouvoir être notaire, il est nécessaire de remplir les conditions suivantes telles qu'elles sont énoncées à l'article 3 du décret du 5 juillet 1973 :

1° être français ;

2° n'avoir pas été l'auteur de faits contraires à l'honneur, à la probité ou aux bonnes mœurs ;

3° n'avoir pas été l'auteur d'agissements de même nature ayant donné lieu à mise à la retraite d'office ou à une sanction disciplinaire ou administrative de destitution, radiation, révocation, retrait d'agrément ou d'autorisation ;

4° n'avoir pas été frappé de la faillite personnelle ou d'une autre sanction en application de la loi n° 85-98 du 25 janvier 1985 ou des textes antérieurs ;

5° avoir obtenu les soixante premiers crédits d'un master en droit ou être titulaire d'une maîtrise en droit ou de l'un des diplômes reconnus équivalents pour l'exercice de la profession de notaire par arrêté conjoint du garde des Sceaux, ministre de la Justice, et du ministre chargé de l'enseignement supérieur ;

6° être titulaire du diplôme d'aptitude aux fonctions de notaire et du certificat de fin de stage, ou du diplôme supérieur de notariat ;

7° avoir suivi, pour une première nomination, la formation en gestion d'un office de notaire, déontologie et discipline notariales dont le programme et les modalités sont définis par arrêté du garde des Sceaux, ministre de la Justice, pris après avis du bureau du Conseil supérieur du notariat et du Centre national de l'enseignement professionnel notarial (créé à compter du 1er janvier 2008, D. n° 2007-1232, 20 août 2007. – V. *infra*, n° 58).

Les femmes n'ont pu accéder aux fonctions de notaire qu'après la loi du 20 mars 1948 qui leur a ouvert cette profession en même temps que celle d'avocat au Conseil d'État et à la Cour de cassation, d'avoué, d'huissier et de greffier. Au 1er janvier 1987, il y avait 312 femmes notaires ; au 1er janvier 2009, leur nombre est de 2 229. L'augmentation est donc rapide même si le pourcentage n'est pas très élevé par rapport au nombre total des notaires (environ 25 % des notaires en exercice au 1er janvier 2009).

B. – Formation professionnelle

44. – Les candidats au notariat titulaires de la maîtrise ou du master en droit doivent recevoir une formation les préparant à l'exercice d'une profession difficile et exigeant des connaissances précises dans de multiples domaines (D. 5 juill. 1973, art. 3, 5° et 6°).

La formation professionnelle est assurée par des enseignements théoriques et pratiques dispensés soit par des centres de formation professionnelle, soit par les universités. Elle est accompagnée ou suivie d'un stage de deux ans au moins, effectué dans un office de notaire. Une partie du stage, dans la limite de six mois, peut être effectuée auprès d'autres professionnels (avocats, experts-comptables, huissier de justice, avoué, administrateur judiciaire, mandataire judiciaire à la liquidation des entreprises, expert-comptable ou commissaire aux comptes), auprès d'une administration publique ou dans le service juridique d'une entreprise, dans un organisme professionnel d'enseignement, d'assistance technique ou de documentation (Cridon) ou encore dans un pays étranger auprès d'une personne exerçant une profession judiciaire ou juridique réglementée (D. 5 juill. 1973, art. 37, réd. D. 20 juin 1989 et D. 13 oct. 1995). L'accomplissement d'une partie du stage en dehors du notariat ne peut qu'être bénéfique à la formation du futur notaire. Un séjour à l'étranger auprès d'un *solicitor* britannique, d'un notaire allemand ou d'un avocat espagnol est aussi une excellente préparation à la pratique du droit dans le cadre de l'Europe.

Nous allons examiner successivement les modalités de la formation notariale assurée par la voie professionnelle, puis celle de la voie universitaire, avant d'étudier les régimes particuliers applicables aux personnes ayant exercé une activité notariale pendant au moins neuf ans ou à celles ayant exercé certaines professions.

1° Voie professionnelle

45. – La formation assurée par les centres de formation est qualifiée de voie professionnelle par opposition à celle qui est gérée par les universités et qui est sanctionnée par le diplôme supérieur de notariat (D. 5 juill. 1973, art. 10 à 32, 41 à 43). Cette formation a été modifiée notamment par le décret du 20 juin 1989. Auparavant, elle comportait trois années de stage accompagné d'un enseignement à temps partiel. Elle était sanctionnée par un examen comportant notamment une épreuve, dite « grand oral », réputée difficile et souvent critiquée.

46. – Depuis le 1er septembre 1990, la voie professionnelle de la formation notariale obéit aux dispositions suivantes, modifiées notamment par le décret n° 2007-1232 du 20 août 2007. Après avoir obtenu les soixante premiers crédits d'un master en droit ou être titulaire d'une maîtrise en droit ou diplôme équivalent, les candidats passent un examen d'entrée au centre de formation professionnelle où ils suivent un enseignement à plein-temps pendant une année (D. 5 juill. 1973, art. 10 à 12 et 25 à 32). Ces matières sont le droit civil, le droit commercial et le droit des affaires pour les épreuves écrites. Les matières de l'exposé-discussion ne sont pas ciblées, l'article 3 de l'arrêté du 30 septembre 2003 énonce que les épreuves orales d'admission comprennent « un exposé de dix minutes, après une préparation d'une heure, sur l'une des deux questions tirées au sort par le candidat et portant sur les sources, les principes généraux et les notions fondamentales du droit, suivi d'une discussion de vingt minutes avec le jury destinée à apprécier la culture générale du candidat et son aptitude à l'expression orale ; l'épreuve est notée sur 20 et affectée d'un coefficient 3 ».

47. – Les épreuves orales comportent un exposé-discussion, trois interrogations et une épreuve de langue. L'exposé concerne la matière non sortie à l'écrit entre le droit immobilier, le droit de la famille ou le droit des affaires. Les trois oraux concernent la déontologie, la comptabilité générale et notariale et la matière renforcée choisie par l'étudiant entre le droit immobilier, des affaires ou de la famille.

48. – Stage. Contrairement à ce que l'expression « diplôme d'aptitude aux fonctions de notaire » pourrait laisser penser, les élèves ayant obtenu ce diplôme ne sont pas encore aptes à être notaires. Portant le titre de « notaire stagiaire », ils doivent accomplir un stage de deux ans comprenant : « des travaux de pratique professionnelle » (D. 5 juill. 1973, art. 35, 36). Le stage est effectué sous le contrôle du centre de formation professionnelle (V. *infra*, n° 55). Des « séminaires » sont organisés par le centre, afin de parfaire et de compléter la formation acquise pendant le stage.

À l'issue du stage, un certificat de stage est délivré au stagiaire qui peut alors devenir notaire après avoir suivi la formation prévue au 7° de l'article 3 du décret (V. *supra*, n° 43 et *infra*, n° 58) ; en attendant, l'intéressé porte le titre de « notaire assistant » s'il exerce dans un office de notaire.

2° Voie universitaire

49. – Le diplôme supérieur de notariat est délivré par les universités ayant passé à cette fin une convention avec le Centre national de l'enseignement professionnel notarial. Il est conféré aux candidats ayant accompli trois années de scolarité, obtenu le certificat de fin de stage délivré par le centre de formation professionnelle et satisfait aux épreuves du contrôle des connaissances organisées par l'université. Pendant la durée du stage, les candidats portent le titre de notaire stagiaire. Les personnes titulaires du diplôme supérieur de notariat qui exercent une activité dans un office de notaire portent le titre de notaire assistant (D. 5 juill. 1973, art. 42).

Cette formation est qualifiée de voie universitaire, car elle est assurée par les universités ayant passé à cette fin une convention avec le Centre national de formation professionnelle notariale et une convention locale avec le centre de formation professionnelle du secteur. En 2009, il existe vingt-cinq universités délivrant le diplôme supérieur du notariat.

50. – Master en droit et stage. Les étudiants qui choisissent cette voie doivent, après le master I, préparer et obtenir un master II de droit notarial d'une durée d'environ neuf mois. Le stage inclus dans la préparation du master en droit a une durée d'au moins un mois dans un office notarial. Peuvent être dispensés de ce stage les candidats justifiant d'une expérience professionnelle dans le notariat. Ce stage fait l'objet d'un rapport. Après obtention de cet examen, le candidat doit accomplir un stage de deux ans au minimum, tout en suivant une scolarité répartie en quatre périodes semestrielles consacrées respectivement à l'étude des thèmes indiqués à l'article 4 de l'arrêté du 5 juillet 1973 modifié par l'arrêté du 28 avril 2008, envisagés sous les divers aspects, juridiques et pratiques, liés à l'exercice de la profession :

1. Actes courants et techniques contractuelles ;
2. Techniques du droit immobilier ;
3. Techniques des liquidations et partages des communautés et successions ;
4. Techniques des structures, relations et mutations des entreprises civiles et commerciales.

L'enseignement est dispensé dans le cadre de séminaires d'études dirigés par une équipe pédagogique constituée de membres des personnels enseignants des universités et de praticiens.

Chacune des quatre périodes semestrielles donne lieu à un contrôle des aptitudes et des connaissances sous la forme, d'une part, de contrôle continu, d'autre part, d'examens périodiques ou terminaux.

À la fin de la scolarité, un rapport de stage est présenté par le candidat. Si ce dernier travail est jugé satisfaisant, le candidat obtient le diplôme supérieur du notariat. Il porte le titre de « notaire assistant » s'il travaille dans un office de notaire. Il peut devenir notaire après avoir suivi la formation prévue au 7° de l'article 3 du décret du 5 juillet 1973 (V. *supra*, n° 43 et *infra*, n° 58).

3° Autres voies d'accès

51. – Recrutement interne. Un moyen d'accéder à la profession est réservé aux collaborateurs du notariat qui, sans avoir de diplôme universitaire, ont acquis « sur le terrain » l'expérience et les connaissances nécessaires à l'exercice de la profession. Il faut être titulaire, conformément au décret du 20 août 2008 :

– du diplôme de premier clerc ou de l'institut des métiers du notariat : diplômé depuis au moins six ans, neuf ans de pratique professionnelle ;

– du diplôme de premier clerc ou de l'institut des métiers du notariat et d'un master ou d'une maîtrise en droit : diplômé depuis quatre ans, sept ans d'expérience professionnelle ;

– d'un master ou maîtrise de droit : six ans de stage et réussite aux écrits du diplôme d'aptitude aux fonctions de notaire.

Cet exercice professionnel peut s'accomplir selon deux modalités :

– entièrement dans un ou plusieurs offices notariaux ;

– ou partiellement, pour cinq ans (ou quatre ans) dans un ou plusieurs offices notariaux et pour quatre ans (ou trois ans) dans un organisme statutaire du notariat.

Ces organismes statutaires peuvent être, par exemple, un conseil régional ou une chambre des notaires, un organisme notarial d'enseignement (centre de formation professionnelle notarial, institut des métiers du notariat) ou de recherche et d'information (Cridon).

52. – Recrutement parallèle. Certaines personnes ayant des connaissances théoriques avérées (professeurs d'université, maîtres assistants) ou ayant exercé certaines professions juridiques (magistrats, avocats, avoués, huissiers, greffiers) peuvent être dispensées de la formation professionnelle à condition de justifier d'une certaine durée de pratique professionnelle dans un office de notaire et, le cas échéant, d'un contrôle de connaissance (D. 5 juill. 1973, art. 4 et 5, modifiés par divers décrets).

La loi du 31 décembre 1990 prévoyant la fusion des professions d'avocats et de conseils juridiques a réservé à ces derniers qui souhaitaient devenir notaires des conditions d'accès plus favorables (L. n° 71-1130, 31 déc. 1971, art. 50, XII, réd. L. n° 90-1259, 31 déc. 1990).

Le décret n° 2005-626 du 30 mai 2005 assouplit les conditions d'accès au notariat des juristes des pays membres de l'Union européenne (D. 5 juill. 1973, art. 7-1).

4° Organismes chargés de l'enseignement professionnel

53. – Universités. Nous l'avons vu, les universités sont chargées d'assurer l'enseignement professionnel et de délivrer le diplôme supérieur du notariat. Elles le font avec le concours de notaires ayant le goût de l'enseignement et les aptitudes nécessaires.

54. – Centre national d'enseignement professionnel notarial. Établissement d'utilité publique placé sous le contrôle du garde des Sceaux, le Centre national d'enseignement professionnel notarial (CNEPN, 35, rue du Général Foy, 75008 Paris) a pour mission principale d'orienter, de coordonner et de contrôler les actions des centres régionaux de formation professionnelle et d'assurer les relations entre les centres et les universités. Il a aussi un rôle dans l'enseignement des collaborateurs (écoles de notariat devenues les instituts des métiers du notariat, école d'enseignement par correspondance). Le centre est géré par un conseil d'administration présidé par un magistrat et comprenant, en outre, deux universitaires, quatre notaires et quatre clercs ; les services sont assurés par quatre collaborateurs diplômés notaires (D. 5 juill. 1973, art. 94 à 104).

55. – Centres régionaux de formation professionnelle. Ces centres, qui ont la responsabilité de la formation à plein-temps prévue par le décret du 20 juin 1989, ont une lourde tâche. Comme le centre national d'enseignement, ce sont des établissements d'utilité publique placés sous le contrôle du garde des Sceaux. Outre la formation professionnelle des futurs notaires, les centres de formation ont pour mission de participer à la formation professionnelle continue des notaires et des clercs et d'organiser tout enseignement et toute formation répondant aux besoins de la profession.

Avant la réforme de 1989, il existait dix-huit centres de formation professionnelle ; le coût et les contraintes de l'école à plein-temps des candidats suivant la voie professionnelle (V. *supra*, n° 46) ont conduit à en restreindre le nombre à onze. Un arrêté en date du 13 avril 1990 en fixe le siège et le ressort. Ces onze centres sont à Aix-en-Provence, Bordeaux, Lille, Lyon, Nancy, Nîmes-Montpellier, Paris, Poitiers, Rennes, Strasbourg et Toulouse (Pour les anciennes écoles de notariat, V. *infra*, n° 97).

5° Financement

56. – Depuis la réforme de 1973, la formation professionnelle notariale est financée par la profession, sous forme de subventions versées aux centres régionaux de formation et au Centre national d'enseignement professionnel notarial (CNEPN). Les frais non couverts par les droits de scolarité, maintenus volontairement à un montant modéré, sont donc supportés par le notariat. La réforme du 20 juin 1989 ne modifie pas le principe malgré la charge accrue que représente une année d'études à plein-temps.

57. – Les frais de scolarité sont payés par les élèves qui peuvent obtenir des prêts dans des conditions très favorables (V. *supra*, n° 42). Le surplus des dépenses des centres est assuré par le Conseil supérieur du notariat suivant des modalités qui sont déterminées par une commission nationale composée de membres du Conseil supérieur et du Centre national d'enseignement professionnel notarial (D. 5 juill. 1973, art. 105 à 109).

§ 4. – Nomination des notaires

58. – Remplissant les conditions d'aptitude exigées pour être nommé notaire, autrement dit ayant reçu le certificat de fin de stage à l'issue de la formation de la voie professionnelle ou ayant obtenu le diplôme supérieur de notariat, le candidat peut devenir notaire soit comme titulaire d'un office individuel, soit comme associé d'une société civile professionnelle. Il peut encore être nommé notaire salarié.

Avant d'être nommé notaire individuel ou associé, le candidat doit suivre une formation en gestion d'un office de notaire, déontologie et discipline notariales (D. 5 juill. 1973, art. 3, 7°, réd. D. n° 2007-1232, 20 août 2007. – V. *supra*, n° 43). Cette formation, qui se déroule sur plusieurs sessions, comprend au moins dix journées d'enseignement organisées par les conseils régionaux des notaires ou, le cas échéant, par la chambre interdépartementale des notaires. Le programme est entièrement consacré à l'installation, la direction et la gestion d'un office notarial, la déontologie et la discipline notariales (A. 27 août 2007).

59. – Valeur patrimoniale des offices. Sauf lorsque le candidat est nommé comme titulaire d'un office créé, il doit verser au précédent titulaire ou à l'associé qui lui cède ses parts un prix correspondant à la valeur de l'office. Cette pratique a été critiquée par certains qui y voyaient la survivance d'une institution très décriée de l'ancien droit : la vénalité des charges.

Cette remarque ne concerne que l'hypothèse de la cession d'un office individuel et, même en ce qui concerne ce dernier, il convient de faire une distinction essentielle : dans tout office de notaire, il y a deux choses : d'une part, le titre, c'est-à-dire le droit d'exercer la fonction publique de notaire, l'attribution du titre appartient au gouvernement seul et, d'autre part, la finance, qui est un élément patrimonial mobilier pouvant être cédé ou transmis sous certaines réserves. La nature de ce droit est d'ailleurs mal définie. Les uns disent que la finance est la valeur du droit de présentation conféré par l'article 91 de la loi du 28 avril 1816 ; d'autres disent que cette finance correspond à la valeur patrimoniale de la clientèle acquise par le précédent titulaire.

60. – Justification. Le législateur de 1816 disait déjà que le droit de présentation apparaît à l'analyse comme la contrepartie du service personnel que rend le notaire à sa clientèle et de la confiance qu'il lui inspire. Certes, seul le gouvernement a le droit d'exercer la puissance publique ; il peut la déléguer mais non l'aliéner et le temps de la vénalité des charges est révolu. Mais ce qui détermine la valeur de l'office, c'est l'importance des produits qu'il permet de réaliser, la qualité de l'organisation, l'efficacité de l'équipe des collaborateurs. Tous ces éléments déterminent la rentabilité de l'office et la fidélité de la clientèle. L'importance de cette clientèle est, pour une large part, le fruit de l'activité du cédant et de sa notoriété, attributs d'ordre strictement privé dont on ne saurait, sans porter atteinte à la notion la plus élémentaire de justice et de propriété, dépouiller le cédant. Supprimer le droit de présentation serait aller d'ailleurs à contre-courant, à une époque où la législation reconnaît et renforce la propriété du commerçant et de l'industriel sur leurs fonds, où il donne une valeur patrimoniale à la clientèle du médecin ou de l'architecte et même du représentant de commerce, où il protège l'agriculteur en lui accordant sur sa terre un droit au renouvellement du bail et un droit de préemption en cas de vente, et en lui permettant de constituer un fonds agricole, en autorisant la cession du bail rural en dehors du cadre familial.

Le droit à la valeur de l'office est la consécration du droit reconnu à tout citoyen de profiter du fruit de son travail et d'en transmettre l'instrument sous les seules réserves, en ce qui concerne les notaires, du caractère public de leurs fonctions.

La valeur patrimoniale des offices constitue en outre un élément tendant à accroître la confiance de la clientèle par la permanence qui se trouve renforcée ;

car le jeu des règles de l'avancement n'oblige pas le notaire à quitter l'étude au moment où il commençait à être connu et estimé de la clientèle, qui d'ailleurs a le libre choix de son notaire, les règles sur la compétence notariale laissant au public le droit de se confier à tel ou tel notaire sans se soucier de la situation des biens et du domicile des parties.

61. – Accès à la profession. Certains prétendent que la patrimonialité réserve l'accès de la profession notariale aux seuls privilégiés de la fortune. La possibilité de devenir notaire salarié offerte par la loi du 31 décembre 1990 dément cette affirmation. Elle n'était d'ailleurs plus exacte depuis plusieurs années car la profession facilite le financement des prix de cession, autrefois au moyen de prêts par la Caisse centrale de garantie, et actuellement en cautionnant des prêts très avantageux consentis par la Caisse des dépôts et consignations, ou le Crédit agricole mutuel (sur la nature du droit de présentation et les traités de cession d'office, V. Scherrer, *Négociation et traité de cession d'office public ou à propos d'un jugement du tribunal de Cusset du 24 avril 1974 : Journ. not.* 1975, art. 52336 et 52338 ; *Statut et organisation du notariat : Journ. not.* 1987, p. 1247. – J. Jégu, note sous Cass. 1re civ., 22 mars 1983 : *Defrénois* 1983, art. 33163. – E. Du Rusquec, *Nature juridique des offices publics ou ministériels : Gaz. Pal.* 1987, 2, doctr. p. 678).

62. – Conseils pratiques. L'avis de la chambre étant nécessaire pour la nomination des notaires, il est conseillé de saisir le secrétariat de cet organisme avant même de conclure une convention entre cédant et successeur. Cela permet d'éviter de s'engager dans une procédure ayant peu de chances d'aboutir. Par ailleurs, la chambre peut commencer ses diligences plus tôt et la procédure se déroule ensuite plus rapidement et sans heurt.

Le Conseil supérieur du notariat se préoccupe d'accélérer la procédure de nomination et de faciliter la recherche des offices ou des parts sociales par les candidats. Des questionnaires et des formulaires sont disponibles sur Internet ainsi qu'un fichier central (*Notaires. Vie professionnelle* mai-juin 2007, p. 18).

Un dossier type est publié par le ministère de la Justice. Les pièces et documents à remplir sont indiqués suivant qu'il s'agit d'un office individuel, d'une société civile professionnelle, d'une société soumise à l'impôt sur les sociétés ou d'une société de participations financières.

Adresse : www.transmission-office-ministeriel.justice.gouv.fr

63. – Plan. Ces observations générales étant faites, nous allons examiner successivement la procédure de nomination applicable en matière d'offices individuels (A), de sociétés professionnelles, civiles ou d'exercice libéral (B), d'offices créés ou vacants (C) et enfin de notaires salariés (D).

A. – Offices individuels

64. – Nomination sur présentation. Le plus souvent, le candidat à un office individuel est nommé sur la présentation que le titulaire de l'office ou ses ayants droit en fait au garde des Sceaux (D. n° 73-609, 5 juill. 1973, art. 45 à 48). Ce droit de présentation est exercé par le titulaire, alors même qu'il est démissionnaire, suspendu ou interdit temporaire. Si le titulaire est décédé, ses héritiers ou légataires exercent le droit de présentation.

Le titulaire n'est privé de l'exercice du droit de présentation que s'il a été destitué (Ord. n° 45-1418, 28 juin 1945, art. 24. – V. *infra*, n° 149). L'office est alors pourvu sur concours (V. *infra*, nos 67 et 149).

La demande de nomination du candidat faite au garde des Sceaux est accompagnée de la démission du cédant et du traité de cession qui peut être à titre onéreux ou à titre gratuit (donation ou donation-partage).

65. – Procédure. Le candidat à la succession d'un notaire sollicite l'agrément du garde des Sceaux ; une demande de nomination est présentée au procureur de la République près le tribunal dans le ressort duquel se trouve l'office, accompagnée de toutes pièces justificatives et notamment des conventions intervenues entre le titulaire de l'office ou ses ayants droit et le candidat. Avis motivé est demandé par le procureur à la chambre sur la moralité, les capacités professionnelles et les possibilités financières du candidat. La chambre recueille tous renseignements auprès de tous organismes et son avis est présumé favorable si elle n'a pas répondu dans les quarante-cinq jours.

Le dossier est transmis ensuite à la chancellerie avec avis motivé du procureur. Le garde des Sceaux demande, le cas échéant, l'avis du Conseil supérieur du notariat et peut imposer une rectification du traité.

Le montant du prix fait l'objet d'un contrôle de la chancellerie, à la différence du prix des cessions de parts de sociétés pour lesquelles il a été supprimé (V. toutefois, CAA Marseille, 20 mars 2006 : *JurisData* n° 2006-301924. – V. *infra*, n° 75). Dans certains cas, une réduction de prix peut être ultérieurement obtenue par le cessionnaire, mais cela suppose une tromperie ou une dissimulation (Cass. 1re civ., 10 juill. 2002 : *JurisData* n° 2002-015150. – V. aussi *infra*, n° 75, Cass. 1re civ., 7 déc. 2004 : *JurisData* n° 2004-026053).

B. – Sociétés professionnelles

66. – Qu'il s'agisse d'une société civile professionnelle titulaire d'office ou d'une société d'exercice libéral, c'est la société qui est nommée notaire titulaire de l'office par arrêté du garde des Sceaux. La procédure est analogue à celle qui est prescrite pour les offices individuels. Copie des statuts de la société et éventuellement des cessions de parts figure au nombre des pièces du dossier (Pour les sociétés civiles, D. n° 67-868, 2 oct. 1967, art. 7 à 10-1, 27 à 37, 40 à 44-1. – Pour les sociétés d'exercice libéral, D. n° 93-78, 13 janv. 1993, art. 7 à 17, 22 à 31). L'avis de la commission de localisation est requis si l'opération entraîne suppression, création ou transfert de siège d'office notarial (D. n° 71-942, 26 nov. 1971, art. 2, 2-3 et 2-5). Les associés sont nommés notaires associés par le même arrêté.

Lorsque la société est déjà constituée, les nouveaux associés sont nommés par arrêté du garde des Sceaux. Il n'y a pas lieu à exercice du droit de présentation puisque la société est titulaire de l'office.

Les sociétés de notaires dont les membres restent titulaires de leurs offices font simplement l'objet d'un agrément par arrêté du garde des Sceaux.

C. – Offices créés ou vacants

67. – La nomination à un office créé ou vacant est faite suivant la procédure du concours (D. 1973, art. 49 à 56, mod. D. n° 93-1137, 1er oct. 1993 et D. n° 2008-544, 9 juin 2008). Le garde des Sceaux nomme le nouveau titulaire sur proposition d'un jury qui classe les candidats au vu des résultats d'un examen. Cette procédure ne s'applique pas lorsque la création est faite au profit d'un ancien associé après dissolution de la société ou ayant demandé son retrait pour mésentente (V. *supra*, n° 37 et *infra*, n° 77).

Lorsqu'il s'agit d'un office vacant, la candidature doit être accompagnée d'un engagement de payer l'indemnité fixée par le garde des Sceaux.

Le notaire nommé à un office créé peut être amené à verser une indemnité aux notaires qui ont subi un préjudice résultant de la création. Cette indemnité est évaluée et répartie à l'expiration de la sixième année civile suivant l'année de la prestation de serment (D. n° 71-942, 26 nov. 1971, art. 5). Les créations réalisées depuis les années 1960 ont été localisées généralement dans des zones en expansion et il est rare qu'une indemnisation ait été demandée et versée.

D. – Notaires salariés

68. – La nomination d'un notaire salarié est prononcée par arrêté du garde des Sceaux sur demande conjointe du titulaire de l'office et de l'intéressé. La demande est accompagnée d'une copie du contrat de travail et de toutes pièces et tous documents justificatifs nécessaires (D. n° 93-82, 15 janv. 1993, art. 9 à 13).

Section 3

SOCIÉTÉS NOTARIALES

69. – La loi n° 66-879 du 29 novembre 1966 a permis aux personnes physiques exerçant une même profession libérale soumise à un statut législatif ou réglementaire ou dont le titre est protégé et notamment aux officiers publics et ministériels de constituer des sociétés civiles professionnelles pour l'exercice en commun de leurs professions. Le décret n° 67-868 du 2 octobre 1967 portant règlement d'administration publique a déterminé les conditions d'application de cette loi à la profession de notaire ; quelques modifications ont été apportées à ces textes, notamment par :

– les lois n° 72-151 du 23 décembre 1972, n° 78-9 du 4 janvier 1978 et n° 90-125 du 31 décembre 1990 ;

– les décrets n° 71-943 du 26 novembre 1971, n° 75-979 du 24 octobre 1975, n° 78-704 du 3 juillet 1978, n° 87-172 du 13 mars 1987, n° 88-815 du 12 juillet 1988, n° 92-64 du 20 janvier 1992 et n° 2004-364 du 22 avril 2004 (Alsace-Moselle).

Deux catégories de sociétés sont prévues : la société titulaire d'un office notarial (L. 29 nov. 1966, art. 1er et 6) et la société de notaire (art. 5 de cette même loi). L'article 36 prévoit en outre les sociétés civiles de moyens.

La loi du 31 décembre 1990 offre enfin aux notaires, comme aux autres professions libérales, de nouvelles possibilités. En principe, depuis le 1er janvier 1992 et en fait depuis la publication du décret du 13 janvier 1993, les notaires peuvent exercer leur profession dans le cadre de sociétés à responsabilité limitée, de sociétés anonymes, de sociétés par actions simplifiées, de sociétés en commandite par actions ou encore de sociétés en participation (L. n° 90-1258, 31 déc. 1990, mod. L. n° 2001, 1168, 11 déc. 2001 ; D. n° 93-78, 13 janv. 1993). Des sociétés de participations financières peuvent aussi être constituées (L. 31 déc. 1990, titre IV, réd. L. 11 déc. 2001, préc. et D. n° 2004-856, 23 août 2004 modifiant D. n° 93-78, 13 janv. 1993, art. 79-1 à 79-16).

L'ordonnance du 2 novembre 1945 a été complétée par la loi du 31 décembre 1990. L'article 1er *bis* nouveau précise dans quel cadre le notaire peut exercer son activité, notamment au sein des sociétés civiles professionnelles ou des sociétés d'exercice libéral, ou encore en qualité de notaire salarié.

Comme tout groupement, les sociétés professionnelles sont soumises au droit des procédures collectives. Par ailleurs, pour ne plus être responsable des dettes, l'ancien associé doit se faire radier du registre du commerce et des sociétés (D. Voinot, *L'associé retrayant doit se faire radier du RCS* : *JCP* N 1998, n° 9, p. 302).

§ 1. – Sociétés civiles de moyens

70. – Ces sociétés ne peuvent avoir pour objet ni l'exercice de la profession ni la mise en commun de bénéfices ; les notaires gardent donc une certaine indépendance quant à la gestion de leurs offices. Ces sociétés ont pour objet exclusif de faciliter à chacun de leurs membres l'exercice de son activité. Les membres de ces sociétés peuvent acheter en commun tels ou tels instruments de travail, utiliser en commun du personnel, s'assurer les services de spécialistes, prévoir des locaux à usage de la société sauf à répartir entre eux la charge de ces services (V. *JCl. Notarial Formulaire,* V° Sociétés, Fasc. S-80. – A. Scherrer, *Journ. not.* 1979, art. 55100).

§ 2. – Sociétés titulaires d'un office notarial

71. – Dans cette hypothèse, de loin la plus fréquente, la société est nommée titulaire de l'office. Les associés sont également nommés notaires.

Ne peuvent constituer de telles sociétés ou en devenir membres que les personnes remplissant les conditions requises pour exercer la profession de notaire. Des notaires en exercice peuvent participer à la constitution d'une telle société. La société est alors nommée titulaire de l'office de l'un des associés, les offices des autres étant supprimés au bénéfice de la société (D. 2 oct. 1967, art. 13).

A. – Cas de constitution

72. – Plusieurs hypothèses peuvent être envisagées :

1° deux ou plusieurs personnes physiques, non titulaires d'un office, constituent une société qui peut être nommée notaire en remplacement du titulaire d'un office existant ;

2° un notaire en exercice s'adjoint un ou plusieurs associés pour constituer une société à laquelle il apporte son droit de présentation pour qu'elle soit nommée notaire en son remplacement ;

3° deux ou plusieurs notaires en exercice dans le même département peuvent constituer entre eux et plusieurs autres personnes une société qui peut être nommée soit dans l'office dont un des associés est titulaire, soit dans un office existant dans le même département, soit dans un office créé.

Ces hypothèses sont prévues par le décret du 2 octobre 1967 (art. 3). La liste n'est pas limitative. On peut signaler, notamment, le cas de la constitution d'une société nommée titulaire d'un office créé.

Aucune limite n'existe en ce qui concerne le nombre des membres d'une société civile professionnelle. La constitution de la société a lieu sous la condition suspensive de son agrément et de la nomination des notaires associés par arrêté du garde des Sceaux (D. 2 oct. 1967, art. 5, 7 et 8).

B. – Apports

73. – D'après l'article 13 du décret du 2 octobre 1967, peuvent faire l'objet d'apports à une société titulaire d'office notarial :

1° l'exercice par un titulaire d'office ou les ayants droit d'un notaire décédé (s'ils sont aptes aux fonctions de notaire) du droit de présentation ;

2° le bénéfice résultant pour la société de la suppression de l'office d'un notaire qui démissionne ;

3° tous droits incorporels et tous meubles pour l'exercice de la profession ;

4° les immeubles pour l'établissement du siège de l'office et ceux destinés au logement du personnel de la société ;

5° toutes sommes en numéraire ;

6° l'industrie des associés, c'est-à-dire le travail des associés. Ainsi, dans les sociétés titulaires d'un office, certains associés peuvent n'apporter que leur seule industrie. Ils n'ont alors nulle part au capital social, il leur est attribué des parts d'industrie. Ces parts sont sans valeur nominale, elles donnent droit à une fraction des bénéfices, elles sont incessibles et annulées lorsque leur titulaire cesse d'être associé.

C. – Fonctionnement de la société

74. – La société est administrée par un ou plusieurs gérants.

Dans les assemblées, le droit de vote est fixé par les statuts, soit par tête, soit d'après le nombre de parts.

Les bénéfices rémunèrent et le travail des associés et le capital social. Leur répartition n'est pas nécessairement effectuée en proportion de la fraction du capital social représentée par chaque associé. Le Conseil supérieur du notariat préconise que 30 % au minimum aillent au capital et 30 % au travail, les 40 % restant pouvant être attribués librement par les statuts. Cette répartition est très importante en pratique et doit être fixée compte tenu des caractéristiques de l'office. Elle doit être suffisamment encourageante pour les jeunes associés, simples apporteurs en industrie ou détenteurs d'une participation en capital réduite, tout en préservant les intérêts du capital. La répartition peut être aménagée au fur et à mesure de l'évolution personnelle des associés (amélioration de la compétence, réputation personnelle, spécialisation, à l'inverse âge, activité réduite, etc.). L'objectif est d'offrir aux jeunes d'intéressantes perspectives de carrière et d'encourager le travail et la compétence (J.-F. Pillebout, *Le « partnership » dans le notariat : JCP* N 1991, n° 41, prat. 1969, p. 511).

D. – Cessions de parts

75. – Sauf convention contraire, les parts sont librement cessibles entre associés. Cependant, le Conseil supérieur du notariat préconise, pour éviter la prédominance d'un associé, que l'accord de tous les associés soit demandé (Statuts types, art. 32. – V. *JCl. Notarial Formulaire*, V° Notariat, Fasc. 210, 215).

Le décret du 24 octobre 1975, modifiant l'article 29 du décret du 2 octobre 1967, a allégé la procédure en matière de cession de parts entre associés, lorsque le cédant reste associé : simple avis au procureur de la République et notification à la chambre.

Les cessions de parts à un tiers sont conclues sous la condition suspensive de la nomination du cessionnaire par le garde des Sceaux (V. *supra*, n° 66). Le cessionnaire doit également être agréé par les autres associés. À cette fin, la cession doit être notifiée à la société et à chaque associé. Si l'agrément est refusé, la société dispose d'un délai de six mois (antérieurement au décret de 1987, ce délai était d'un an) pour notifier, à l'associé qui persiste dans son intention de céder, un projet de cession ou d'achat des parts (D. 2 oct. 1967, art. 27, 28 et 29, mod. D. n° 87-172, 13 mars 1987 et D. n° 92-64, 20 janv. 1992).

Le demandeur en attribution préférentielle doit être agréé par les autres associés et nommé par le garde des Sceaux conformément aux règles sus énoncées (D. 2 oct. 1967, art. 36 renvoyant aux art. 27 et 28).

En cas de retrait d'un notaire membre d'une société civile professionnelle, l'arrêté du garde des Sceaux prend effet, en principe, à la date de la publication au *Journal officiel* (D. 2 oct. 1967, art. 31, al. 3, réd. D. n° 88-814, 12 juill. 1988).

La valeur des apports et le montant du prix des cessions de parts de sociétés ne font plus l'objet d'un contrôle de la chancellerie, à la différence de la valeur des offices individuels (V. *supra*, n° 65). Néanmoins, dans certains cas, une réduction de prix peut être ultérieurement obtenue par le cessionnaire, mais cela suppose une tromperie ou une dissimulation (Pour un office individuel, Cass. 1re civ., 10 juill. 2002 : *JurisData* n° 2002-015150, citée *supra* n° 65). La jurisprudence tend à appliquer le droit commun de la vente (Cass. 1re civ., 7 déc. 2004 : *JurisData* n° 2004-026053). Cela n'exclut pas une réduction de prix en cas de tromperie et de dol.

E. – Exercice de la profession

76. – Le sceau de chaque associé indique le nom de celui-ci et sa qualité d'associé. Dans les actes reçus par lui, chaque associé indique son titre de notaire, sa qualité d'associé d'une société titulaire d'un office notarial et l'adresse du siège social. Chaque associé doit consacrer à la société toute son activité professionnelle. La société peut faire l'objet de poursuites disciplinaires indépendamment de celles intentées contre les associés. Un associé condamné à plus de trois mois d'interdiction peut être contraint, à l'unanimité des autres associés, de se retirer (D. 2 oct. 1967, art. 45 à 61).

Un notaire associé ayant détourné des fonds au préjudice des clients de l'office est coupable d'un abus de confiance (Cass. crim., 28 mai 2008 : *JurisData* n° 2008-044739).

La société est responsable solidairement avec le notaire associé des conséquences des actes passés par celui-ci, même si des changements sont intervenus dans la composition de la société (Cass. 3e civ., 24 avr. 2003 : *JurisData* n° 2003-018760).

F. – Fusion – Scission

77. – Les textes modifiés en 1972 et 1975 prévoyaient spécialement la possibilité de fusion et de scission pour les sociétés civiles professionnelles (L. 29 nov. 1966, art. 2-1, ajouté L. n° 72-1151, 23 déc. 1972 ; D. 2 oct. 1967, art. 10-2 et 10-7, ajoutés D. n° 75-979, 24 oct. 1975, mod. D. n° 87-172, 13 mars 1987).

La lecture de l'article 2-1 de la loi du 29 novembre 1966 pouvait laisser penser que la fusion entraînait nécessairement dissolution de toutes les sociétés concernées. Le procédé de fusion-absorption pouvait néanmoins être utilisé conformément au droit commun des sociétés (en ce sens, B. Maubru, *La fusion-absorption des sociétés civiles professionnelles et son application aux sociétés titulaires d'un office notarial* : *JCP* N 1989, I, 333). L'abrogation de l'article 2-1 de la loi de 1966 lève toute incertitude en rendant le droit commun applicable aux sociétés civiles professionnelles (L. n° 90-1258, 31 déc. 1990, art. 30).

La scission d'une société titulaire d'un office notarial se heurte à une difficulté pratique. Elle suppose la création d'un ou de plusieurs offices qui normalement doivent être pourvus sur concours (V. *supra*, n° 67). Les associés, n'étant pas assurés d'être nommés dans l'office créé, renoncent à l'opération. Toutefois, il peut en être autrement si la société a été autorisée à ouvrir un ou plusieurs bureaux annexes. En effet, les bureaux annexes peuvent être transformés en offices distincts depuis le décret de 1986. Dans ce cas, le bureau annexe est attribué au demandeur, avec l'accord du titulaire de l'office principal, sans qu'il y ait lieu de recourir à la procédure du concours (D. n° 71-942, 26 nov. 1971, art. 10, mod. D. n° 86-728, 29 avr. 1986).

La loi du 31 décembre 1990 prévoit aussi que l'associé se retirant pour mésentente ou les associés après la dissolution de la société peuvent solliciter leur nomination à un office créé à cet effet (L. n° 66-879, 29 nov. 1966, art. 18 et 26, mod. L. n° 90-1258, 31 déc. 1990 ; D. n° 67-868, 2 oct. 1967, art. 86 à 89, réd. D. n° 92-64, 20 janv. 1992).

§ 3. – Sociétés de notaires

78. – La société de notaires n'est pas titulaire d'un office. Elle associe des notaires dont chacun exerce ses fonctions dans l'office dont il est titulaire (D. 2 oct. 1967, art. 90 à 134-1).

Le décret précise que seuls peuvent s'associer les notaires résidant dans le ressort d'un même tribunal de grande instance. Dans cette catégorie de société, bien que chaque associé reste titulaire de son office, il y a possibilité d'une comptabilité unique ou d'une comptabilité par office. Les associés doivent s'informer mutuellement de leur activité professionnelle et les produits de cette activité sont acquis de plein droit à la société.

Chaque associé tient un répertoire et reste détenteur des minutes des actes qu'il reçoit. Chaque associé peut se retirer mais ne reprend l'exercice individuel de ses fonctions qu'à compter de la publication de l'arrêté du garde des Sceaux.

Les cessions de parts sont soumises aux mêmes règles que dans les sociétés titulaires de l'office. De nouveaux notaires peuvent aussi être admis dans les sociétés de notaires mais ils doivent être titulaires d'un office. Les sociétés de notaires peuvent procéder à des fusions ou à des scissions (V. *supra*, n° 77). La dissolution n'est effective qu'après avoir été prononcée par arrêté du garde des Sceaux.

Les sociétés de notaires dont le nombre est modeste (une dizaine depuis vingt ans) pourraient connaître un regain de faveur car elles rendent plus aisé le retour à l'exercice individuel (J.-F. Pillebout, *Les sociétés de notaires : vers un renouveau* : *JCP* N 1994, n° 18-19, I, p. 172). Pour l'instant, leur nombre reste limité à une dizaine, bon an, mal an.

§ 4. – Sociétés d'exercice libéral

79. – Instituées par la loi du 31 décembre 1990, les sociétés d'exercice libéral sont réglementées, en ce qui concerne le notariat, par le décret n° 93-78 du 13 janvier 1993. Il peut s'agir d'une société à responsabilité limitée, d'une société anonyme, d'une société par actions simplifiée ou d'une société en commandite par actions. Leur organisation est calquée sur celle des sociétés civiles titulaires d'un office notarial. Les règles particulières qui les régissent concernent essentiellement la détention du capital par les associés qui n'y exercent pas leur profession. Ces derniers sont exclusivement les personnes visées à l'article 5 de la loi (notaires exerçant leur activité dans une autre structure, anciens associés pendant un délai de dix ans, personnes exerçant une autre profession juridique) ; ils ne peuvent détenir qu'une fraction du capital inférieure à la moitié.

Les litiges relèvent des juridictions civiles (COJ, art. L. 411-6. – CA Chambéry, 2 juill. 2002 : *JurisData* n° 2002-203928. – CA Paris, 3e ch. A, 24 juin 2008 : *JurisData* n° 2008-367709).

§ 5. – Sociétés en participation

80. – La loi du 31 décembre 1990 a aussi prévu la possibilité de constituer des sociétés en participation (art. 22). Le décret du 13 janvier 1993 précise que de telles sociétés ne sont pas titulaires d'office notarial et ne peuvent regrouper que des notaires titulaires d'office, c'est-à-dire des notaires individuels. L'intérêt pratique de telles sociétés paraît limité.

§ 6. – Remarques sur les sociétés professionnelles

81. – Les sociétés civiles professionnelles ont connu un succès très rapide dans le notariat qui est la première profession ayant obtenu le décret d'application nécessaire (D. n° 67-818, 2 oct. 1967). Les sociétés de notaires, imaginées pour apaiser les craintes de ceux qui pouvaient préférer conserver leurs offices, ont été pratiquement ignorées.

Au 1er janvier 2009, il y avait 2 175 sociétés titulaires d'office dont 2 070 sociétés civiles professionnelles, 105 sociétés d'exercice libéral ; il y avait seulement 9 sociétés de notaires.

Les avantages présentés par les sociétés titulaires d'office sont nombreux :

– elles permettent de décongestionner les offices surchargés ;

– elles aident à la spécialisation des notaires et à une gestion améliorée ;

– elles facilitent l'accès à la profession en augmentant le nombre des notaires ; le nombre des notaires est de 8 822 au 1er janvier 2009 alors qu'il n'était que de 6 300 environ en 1967 ;

– elles permettent une transmission plus souple de l'office entre prédécesseurs et successeurs ;

– elles dégagent les notaires associés des contraintes d'une gestion solitaire ;

– pour les études rurales, en regroupant les études, elles pallient les inconvénients des suppressions, tout en maintenant un notariat de proximité notamment par l'ouverture de bureaux annexes ;

– ces sociétés constituent tout naturellement des structures d'accueil lorsque seront envisagées des sociétés interprofessionnelles.

Les sociétés de notaires, dont le succès est très relatif, permettent de travailler en commun tout en maintenant une certaine autonomie des offices et en facilitant, en principe, le retour à un exercice individuel.

L'inconvénient principal des sociétés, quel qu'en soit le type, apparaît lorsque, des difficultés survenant entre eux, les associés décident de se séparer. Il est très délicat de remettre en cause une unité de travail progressivement constituée. Par ailleurs, les moyens juridiques sont insuffisants pour résoudre les problèmes soulevés par la séparation des associés. Depuis plusieurs années, le notariat demande un aménagement des textes : faculté d'exclusion, scission avec création d'offices attribués aux anciens associés sans application de la règle du concours (V. *supra*, n° 67).

Les dispositions introduites par la loi du 31 décembre 1990, nomination à un office créé de l'associé ayant exercé son retrait pour mésentente ou des anciens associés d'une société dissoute (L. 29 nov. 1966, art. 18), ne répondent pas à ce problème et soulèvent au contraire bien des difficultés d'application (J.-F. Pillebout, *Les conflits entre notaires associés. Prévention et remèdes* : *JCP* N 1994, n° 4, prat. 2856, p. 41). La situation pourrait s'améliorer si les notaires avaient recours à la clause compromissoire désormais autorisée dans les sociétés civiles professionnelles comme dans les sociétés d'exercice libéral. En effet, une telle clause peut être prévue dans les contrats conclus à raison d'une activité professionnelle (C. civ., art. 2061, réd. L. n° 2001-420, 15 mai 2001). Elle est applicable aux contrats antérieurs à la loi du 15 mai 2001 (Cass. 1re civ., 22 nov. 2005 : *JurisData* n° 2005-030814 ; *JCP* G 2006, n° 5, II, 10015, p. 199, note E. Cornut).

Quant aux sociétés de forme commerciale introduites par la même loi du 31 décembre 1990, l'avenir dira si elles répondent effectivement à l'attente des notaires (V. *supra*, n° 69). Au 1er janvier 2009, les sociétés d'exercice libéral sont au nombre de 105, à comparer aux dix sociétés de notaires qui fonctionnent, bon an mal an, depuis 1970.

Les sociétés de participations financières, à ne pas confondre avec les sociétés en participation, devraient permettre de mettre en place des holdings de nature à renforcer la compétitivité des offices (V. *supra*, n° 69).

Section 4

DE QUELQUES RÈGLES COMMUNES AUX NOTAIRES INDIVIDUELS, ASSOCIÉS OU SALARIÉS

§ 1. – Investiture et entrée en fonctions

82. – Les nominations de notaires sont prononcées par arrêté du garde des Sceaux au vu du dossier dont la composition est indiquée ci-dessus (D. n° 88-814, 12 juill. 1988. – V. aussi *supra*, nos 64 à 68).

Le notaire nouvellement nommé doit prêter serment dans le mois de sa nomination devant le tribunal de grande instance du siège de l'office (D. 5 juill. 1973, art. 57). Toutefois, en cas de constitution de société, l'associé précédemment titulaire d'un office notarial, qui a fait apport de son droit de présentation à la société, n'a pas à renouveler son serment (D. 2 oct. 1967, art. 17, al. 2).

La formule du serment est la suivante :

« Je jure de loyalement remplir mes fonctions avec exactitude et probité, et d'observer en tout les devoirs qu'elles m'imposent. »

Procès-verbal de la prestation de serment est dressé et le notaire est tenu de déposer au secrétariat du tribunal de grande instance du siège de l'office sa signature et son paraphe (D. 5 juill. 1973, art. 58).

Le nouveau notaire doit verser à la Caisse centrale de garantie une cotisation remboursable en fin d'exercice. Il doit en justifier avant de prêter serment (D. n° 55-604, 20 mai 1955, art. 15 et D. n° 56-220, 29 févr. 1956, art. 16).

Une copie sommaire de l'état des minutes est déposée à la chambre et un arrêté de comptabilité est effectué sous le contrôle de la chambre.

Le nouveau notaire renouvelle son serment devant la première assemblée à laquelle il participe (Règl. nat., art. 1er).

Le décret d'application des dispositions de la loi du 31 décembre 1990 relatives au notaire salarié en détermine les modalités de nomination (V. *supra*, n° 68). Une règle particulière s'applique lorsqu'un notaire salarié ayant cessé ses fonctions reprend son activité de notaire salarié dans un délai d'un an. Dans ce cas, une nouvelle nomination n'est pas nécessaire sauf opposition du procureur de la République ; une simple déclaration est faite auprès de ce dernier et une copie est adressée à la chambre. Le procureur de la République peut faire opposition par décision motivée dans le délai d'un mois ; en cas d'opposition, le candidat doit demander sa nomination dans les conditions de droit commun ou obtenir une dispense du garde des Sceaux. L'intéressé peut exercer son activité à compter de l'expiration du délai d'un mois à défaut d'opposition ou à compter de la décision de dispense du garde des Sceaux ; il n'est pas tenu de prêter serment s'il exerce ses nouvelles fonctions dans le ressort du même tribunal de grande instance (D. n° 93-82, 15 janv. 1993, art. 17, réd. D. n° 2006-1299, 24 oct. 2006).

§ 2. – Prérogatives et attributs des notaires

83. – Les notaires bénéficiaient de différents privilèges dans l'ancienne législation, comme l'exemption du logement des gens de guerre ou la dispense d'être tuteurs, qui ont été supprimés. Ils avaient droit au port d'un costume qui est tombé en désuétude, sauf pour les notaires de Paris qui portent encore, dans certaines circonstances, l'habit à la française, la culotte courte et le bicorne.

L'article 20 du règlement national prévoit que les notaires doivent obligatoirement signaler leurs études ou leurs bureaux annexes par des panonceaux, au nombre de quatre au plus, portant le type de la République sans autre légende que le mot « notaire ».

Les notaires individuels, associés ou salariés sont tenus également de posséder un sceau particulier, portant leurs nom, qualité et établissement et, d'après un modèle uniforme, l'effigie de la République française (D. n° 71-941, 26 nov. 1971, art. 7). Ce sceau est apposé sur les copies authentiques, les copies exécutoires et les brevets. Chaque notaire associé doit posséder un sceau qui précise sa qualité d'associé (D. n° 67-868, 2 oct. 1967, art. 45). Le sceau des notaires salariés précise le nom ou la dénomination de la personne physique ou morale titulaire de l'office au sein duquel il exerce. Depuis le décret n° 2006-1299 du 24 octobre 2006, le notaire salarié n'est plus tenu d'indiquer sa qualité de notaire salarié (D. n° 93-82, 15 janv. 1993, art. 3).

84. – Protection du notaire. Les notaires sont protégés contre les outrages qui leur sont faits dans l'exercice de leurs fonctions par les dispositions de l'article 433-3 du Code pénal. Ils peuvent également invoquer les dispositions sur la presse et celles de l'article R. 621-1 du Code pénal sanctionnant la diffamation (CA Aix-en-Provence, 7e ch. corr., 6 avr. 1998 : *JurisData* n° 1998-041445. – CA Bordeaux, ch. corr., 2 juill. 1998 : *JurisData* n° 1998-048562. – V. J.-P. Kuhn, *Le notariat se défend contre les diffamateurs : JCP* N 1999, 2042, p. 1515).

Ils sont aussi protégés dans l'exercice des activités qui leur sont réservées. L'article 433-13 du Code pénal sanctionne d'une peine d'un an d'emprisonnement et de 15 000 € d'amende le fait d'exercer une activité dans des conditions de nature à créer dans l'esprit du public une confusion avec l'exercice d'une activité réservée au ministère des officiers publics ou ministériels.

Une association de conseils juridiques a été condamnée au titre de la concurrence déloyale pour avoir fait passer sous la rubrique « notaires » d'un annuaire un encart publicitaire destiné à mettre en valeur la profession de conseil juridique existant encore à l'époque (Cass. com., 16 janv. 1985 : *JurisData* n° 1985-000226).

Enfin, aux termes de l'article 433-18 du Code pénal est sanctionné l'usage irrégulier de qualité, notamment celle d'un officier public ou ministériel ; ainsi, est condamnable l'emploi de l'expression « diplômé notaire » par le dirigeant d'un cabinet de conseils juridiques (CA Aix-en-Provence, 5e ch., 9 nov. 1995 : *JurisData* n° 1995-048606).

85. – Honorariat. Le titre de *notaire honoraire* peut être conféré par le procureur général, après avis de la chambre des notaires et du conseil régional, aux notaires qui ont exercé leurs fonctions pendant au moins vingt années consécutives (D. 19 déc. 1945, art. 27). L'honorariat peut être aussi conféré aux anciens notaires qui, après avoir exercé leurs fonctions durant au moins dix ans, ont ensuite occupé à plein-temps un emploi dans un organisme notarial (statutaire ou d'enseignement ou de recherche). L'honorariat confère au notaire le droit d'assister aux assemblées générales et le soumet au pouvoir disciplinaire de la chambre.

L'article 4 du décret du 19 décembre 1979, complétant l'article 27-1 du décret du 19 décembre 1945, donne aux notaires honoraires la possibilité d'exercer certaines fonctions ; ainsi, lorsque la participation d'un notaire à une commission administrative ou à un jury de concours ou d'examen est prévue par une disposition législative ou réglementaire, il est possible de choisir un notaire honoraire pour remplir cette mission.

§ 3. – Durée des fonctions

86. – Les notaires sont nommés à vie, ils ne peuvent être privés de leur titre ou déplacés contre leur gré sauf les cas de sanctions prononcées contre eux. Toutefois, une limite d'âge (soixante dix ans) existe pour les notaires des départements de l'Est (Alsace-Moselle). Cette limitation s'applique aux notaires salariés exerçant dans ces départements (D. n° 93-82, 15 janv. 1993, art. 25).

Les fonctions des notaires peuvent être interrompues ou cesser définitivement ; l'interruption résulte soit d'une interdiction temporaire, soit d'une suspension provisoire (V. *infra,* n°s 149 et 150). Une impossibilité momentanée d'instrumenter pour cause de maladie ou d'éloignement (guerre, mobilisation) n'interrompt pas l'exercice des fonctions, le notaire ayant la faculté de se faire substituer ou suppléer.

La cessation provient soit du décès (dans ce cas, minutes et répertoires sont mis sous scellés jusqu'à la désignation d'un suppléant), soit de destitution (V. *infra,* n° 149), soit de la démission.

Le notaire, qui ne prête pas serment dans le mois de sa nomination, sauf cas de force majeure, est déclaré démissionnaire d'office. Peut également être déclaré démissionnaire d'office le notaire qui est empêché ou s'avère inapte à exercer ses fonctions. L'empêchement ou l'inaptitude doit avoir été constaté par le tribunal (Ord. n° 45-1418, 28 juin 1945, art. 45. – V. *infra,* n° 153).

La cessation de fonctions est volontaire le plus souvent. La démission est faite, soit en faveur d'un successeur, soit en raison d'une impossibilité de trouver un successeur, jointe à une impossibilité d'exercer. Elle n'est définitive qu'à compter de son acceptation par le garde des Sceaux.

La démission prend effet à compter de la prestation de serment du successeur ou du suppléant s'il s'agit d'un office individuel, soit à la date de publication de l'arrêté du garde des Sceaux lorsqu'il s'agit du retrait d'un notaire associé (D. n° 88-814, 12 juill. 1988, art. 2).

Les règles applicables à la cessation de fonctions du notaire salarié, et en particulier à son licenciement, sont précisées par décret (Ord. n° 45-2590, 2 nov. 1945, art. 1er *ter,* réd. L. n° 90-1259, 31 déc. 1990 ; D. n° 93-82, 15 janv. 1993, art. 17 à 22). Une procédure particulière est prévue en cas de litige, avec médiation du président de chambre (art. 14 à 16). La démission ou le licenciement du notaire salarié est porté à la connaissance du procureur de la République qui transmet le dossier au garde des Sceaux (art. 18, 22). L'exercice de ses fonctions par le notaire salarié démissionnaire ou licencié est suspendu à compter du jour de la cessation du contrat de travail (art. 17, al. 1er). Pendant une durée d'une année, l'intéressé peut reprendre ses fonctions de notaire salarié sans nouvelle nomination sauf opposition du procureur de la République destinataire de la déclaration de la déclaration de reprise d'activité (art. 17, al. 2 à 4. – V. *supra,* n° 82).

Le décret prévoyait une disposition particulière imposant un délai de deux mois au notaire salarié pour saisir le conseil de prud'hommes. Le texte a été annulé par le Conseil d'État (art. 23 annulé par CE, 29 juill. 1998 : *JurisData* n° 1998-050649).

§ 4. – Régimes spéciaux

A. – Notariat d'Alsace-Moselle

87. – Les dispositions des lois et règlements français relatifs à l'organisation, la discipline et la comptabilité notariales, ont été introduites dans les départements du Haut-Rhin, du Bas-Rhin et de la Moselle par la loi du 17 juillet 1925 à l'exception notamment des dispositions relatives au droit de présentation et à la cession à titre gratuit ou onéreux des offices et à l'admission aux fonctions de notaire. Les nominations se font sur présentation d'une commission dont la composition est déterminée par décret (nombre égal de magistrats ou fonctionnaires d'une part, et de notaires d'autre part). La commission, pour chaque poste vacant, propose les candidats par ordre de préférence en tenant compte de l'ancienneté, de la valeur professionnelle et de l'ancienneté des candidats déjà notaires en exercice ; pour les détails, on peut se reporter au décret du 5 juillet 1973 qui, dans ses articles 110 à 121, précise les conditions d'aptitude et la procédure de nomination pour les notaires du Haut-Rhin, du Bas-Rhin et de la Moselle.

Le décret n° 2004-364 du 22 avril 2004 a modifié divers textes pour éviter la dissolution de la société en cas de retrait ou de décès d'un associé (D. n° 67-868, 2 oct. 1967, art. 139-1 et 139-2 nouveaux). Des dispositions analogues sont prévues par le décret n° 93-78 du 13 janvier 1993 relatif aux sociétés d'exercice libéral (art. 83, 83-1, 83-2).

B. – Départements et territoires d'outre-mer

88. – Dans les départements de la Martinique, de la Guadeloupe (y compris dans les nouvelles collectivités d'outre mer de Saint-Martin et Saint-Barthélémy), de la Guyane et de la Réunion, l'organisation du notariat est semblable à celle du notariat français. Le droit de présentation existe et la garantie de la responsabilité professionnelle a été rendue applicable dans ces départements par la loi du 2 janvier 1973, complétée par un décret n° 73-1216 du 29 décembre 1973, avec entrée en vigueur le 1er janvier 1974.

Dans les territoires d'outre-mer, les fonctions de notaire sont remplies généralement par les greffiers des tribunaux, sauf en Nouvelle-Calédonie et en Polynésie où il existe des notaires nommés par les gouvernements locaux.

Section 5

LES AUTRES SUJETS DE DROIT NOTARIAL

89. – Indépendamment du notaire instrumentant – qu'il exerce la profession individuellement, en société ou en qualité de salarié – le droit notarial s'applique à d'autres sujets de droit.

Tout d'abord les *parties à l'acte*, c'est-à-dire ceux qui concourent à la convention soit par eux-mêmes en leur propre nom, soit pour autrui comme mandataires, représentants, tuteurs, etc., soit même simplement pour autoriser l'acte. Il convient de remarquer que le droit professionnel notarial ne prétend pas étudier les rapports de droit qui naissent entre les parties en raison des conventions qui interviennent entre elles (en d'autres termes en raison du *negotium*), mais les conséquences résultant pour les parties de la rédaction de l'acte notarié (de l'*instrumentum*). L'étude de l'acte notarié, objet du chapitre 3, permettra de revenir sur ces questions.

Le droit notarial comporte encore d'autres sujets de droit : tout d'abord les auxiliaires du notaire puis ses suppléants et ses assistants.

§ 1. – Les auxiliaires du notariat

90. – Ces auxiliaires, dont le nombre varie avec l'importance de l'office, peuvent être répartis en deux catégories :

a) les clercs, soit futurs notaires, soit spécialistes des questions notariales, qui sont les collaborateurs immédiats du notaire pour l'élaboration et la rédaction des conventions ;

b) les employés, qui comprennent le personnel affecté à la caisse et à la comptabilité et aussi les secrétaires.

La démarche qualité qui se développe dans le notariat doit avoir pour effet d'améliorer les services rendus les offices avec le concours actif de l'ensemble du personnel (Règl. national, art. 18).

A. – Le personnel

1° Les cadres, techniciens et employés

91. – Outre les notaires salariés qui sont des officiers publics, il existe dans les études, en particulier dans les offices importants, une certaine hiérarchie. Dans la précédente convention collective, on distinguait le principal clerc, le clerc hors rang, les clercs de première, seconde et troisième catégorie et les autres employés.

La convention collective du 8 juin 2001 prévoit une classification du personnel en employés, techniciens et cadres, avec pour chaque catégorie trois ou quatre niveaux. Ainsi, à titre d'exemple, le premier niveau pour les employés suppose la capacité d'exécuter des tâches simples sans mise en œuvre de connaissances particulières et ne nécessitant qu'une initiation de courte durée, le deuxième niveau celle d'organiser et d'exécuter des travaux relevant de spécialités bien définies, à enchaîner de manière cohérente. Le quatrième niveau des cadres suppose une participation à la détermination et à la mise en œuvre de la stratégie de l'office.

Un entretien annuel d'évaluation du personnel est prévu par l'article 16 de la convention.

2° Les candidats à la profession

92. – Parmi le personnel des offices, on compte en nombre croissant les candidats à la profession de notaire. Depuis la réforme du 20 juin 1989 (V. *supra*, n°s 45 à 50), ils portent le titre de notaire stagiaire pendant le cours de leurs études professionnelles puis celui de notaire assistant lorsqu'ils ont obtenu le diplôme supérieur de notariat ou, à la fin de leur stage accompli dans le cadre de la voie professionnelle, le certificat de fin de stage. Les notaires assistants peuvent continuer pendant quelques années à travailler comme salariés avant de devenir notaires, éventuellement comme associés dans la société dont ils sont les salariés. Certains deviennent notaires salariés (V. *supra*, n° 42).

3° Caissiers et employés

93. – Parallèlement à la hiérarchie ci-dessus, on trouve le *caissier* chargé de la comptabilité de l'étude. Il est assisté du *comptable taxateur*, parfois d'autres collaborateurs.

Enfin, il existe dans les études un grand nombre d'auxiliaires, secrétaires, dactylographes, archivistes, etc.

Les techniques nouvelles, photocopie, télécopie, informatique, Internet, ont profondément modifié les méthodes de travail dans les études et la qualification du personnel.

B. – Convention collective nationale du notariat

94. – La réglementation du travail résulte du Code du travail et des dispositions de la convention collective du notariat. Cette convention collective est régulièrement modifiée. Elle résultait d'un accord du 17 novembre 1989 qui a été dénoncé le 29 janvier 1999. Une nouvelle convention collective a été signée le 8 juin 2003 et divers avenants y ont été apportés, notamment les avenants 12 et 14 du 14 février 2008 (V *supra*, n° 91). Outre la classification nouvelle du personnel, la convention édicte les règles relatives au contrat de travail : embauche, rupture (congés, préavis, démission, licenciement), à la durée du travail, aux congés, à la rémunération du travail, aux conflits du travail collectifs ou individuels. Des commissions paritaires régionales de conciliation et un conseil paritaire national de conciliation sont chargés de tenter de résoudre amiablement les conflits.

C. – Protection sociale

95. – La protection sociale des clercs et employés de notaires est assurée par :

a) les services médicaux du travail ;

b) la caisse de retraite et de prévoyance des clercs et employés de notaires alimentée par des cotisations versées par l'employeur calculées en partie sur les produits, en partie sur les salaires, et des cotisations prélevées sur les salaires des clercs et employés ;

c) un contrat d'assurance groupe décès-invalidité ;

d) une assurance chirurgicale ;

e) une assurance chômage ;

f) une cotisation pour faciliter l'accession à la propriété du logement.

D. – Devoirs et responsabilité

96. – Les collaborateurs des notaires doivent observer la plus absolue discrétion sur les faits dont ils ont pu avoir connaissance en raison de leurs fonctions ou même de leur simple présence à l'étude.

Ils sont soumis aux interdictions et incompatibilités prévues par les textes en vigueur ; ils ne peuvent être avocats, greffiers, administrateurs de sociétés.

Ils ne peuvent représenter les parties à un acte reçu par le notaire qu'en vertu d'un mandat écrit qui doit être suivi d'une décharge de mandat.

Les notaires stagiaires, qui viennent à manquer à la discipline ou à enfreindre les règles auxquelles ils sont astreints, peuvent être radiés du stage par décision du conseil d'administration du centre de formation professionnel.

Les clercs non inscrits au stage et les employés sont soumis pour les infractions qu'ils commettent à la juridiction prud'homale.

Les notaires sont responsables de leurs clercs à l'occasion des actes dans lesquels ceux-ci ont agi comme représentants de leur patron en vertu de l'article 1384 du Code civil (V. *infra*, n° 314).

E. – Formation professionnelle du personnel

97. – Formation initiale. Le notariat a une longue tradition en matière de formation du personnel dont les possibilités de promotion ont toujours été importantes. L'évolution des techniques et du droit qui est sans cesse plus complexe rend cette formation indispensable à tous les niveaux de compétence.

Les membres du personnel qui, en principe, ne se destinent pas à devenir notaires reçoivent une formation professionnelle dispensée, sous le contrôle du Centre national d'enseignement professionnel notarial (CNEPN), soit par les instituts des métiers du notariat, auparavant écoles de notariat, soit par l'École nationale d'enseignement par correspondance, soit par les instituts universitaires de technologie. La réglementation applicable à la formation professionnelle des clercs et employés de notaires résulte des articles 59 à 93 du décret du 5 juillet 1973.

Les écoles de notariat sont devenues les instituts des métiers du notariat (D. n° 2007-1232, 20 août 2007, art. 15). Il en existe dix-huit en 2009. Chaque institut est géré par un conseil d'administration comprenant un magistrat, un professeur de droit ou maître de conférences, trois notaires et trois collaborateurs des offices de notaire titulaires du diplôme de premier clerc. Les études sont divisées en deux cycles.

Les conditions d'accès, d'enseignement et de contrôle des connaissances applicables à compter du 1er septembre 2009 sont précisées par les articles 74 à 79 du décret du 5 juillet 1973 (réd. D. n° 2007-1232, 20 août 2007).

98. – Formation permanente. Depuis l'entrée en vigueur de la loi n° 71-575 du 16 juillet 1971 relative à la formation continue, les actions de formation sont financées par une cotisation obligatoire à laquelle sont assujettis tous les offices. Pour éviter toute discrimination, les salariés des offices non assujettis peuvent bénéficier de la formation professionnelle. La formation continue est assurée par l'Institut national de formation notariale (INAFON) et ses centres régionaux.

Les collaborateurs du notaire peuvent participer à l'Université du notariat qui se tient chaque année au début septembre depuis près de vingt ans. Dans de nombreux départements, des journées de formation sont organisées chaque année à l'intention des notaires et de leurs collaborateurs. La journée organisée par les notaires de Paris et de l'Île-de-France réunit chaque année plusieurs milliers de notaires et de collaborateurs. Les praticiens du notariat peuvent aussi suivre l'enseignement et passer les épreuves permettant d'obtenir des diplômes de spécialisation en droit de l'entreprise agricole, en gestion de patrimoine ou en droit des affaires, qui sont délivrés par certaines universités depuis quelques années. Lors des inspections de comptabilité, les notaires doivent justifier des séances de formation suivies par eux-mêmes et leurs collaborateurs.

F. – Habilitation des clercs

99. – La loi n° 73-546 du 25 juin 1973, validant un décret antérieur, autorise l'habilitation des clercs à l'effet de donner lecture des actes et de recueillir la signature des parties (L. 25 *ventôse* an XI, [16 mars 1803], art. 10. – D. n° 71-941, 26 nov. 1971, art. 10).

Le clerc habilité peut donc recevoir les clients pour la régularisation des actes. Toutefois, si l'une des parties le demande, le notaire est tenu de recevoir les parties et de recueillir lui-même leurs signatures. Lorsque la signature des parties a été recueillie par un clerc, l'acte doit en outre être signé par celui-ci, porter la mention de son identité et de l'habilitation qu'il a reçue à cet effet, et il doit être fait mention à la fin de l'acte de la signature des parties, des témoins (le cas échéant), du clerc habilité et du notaire. L'acte n'est définitif et valable comme acte authentique que lorsqu'il est signé par le notaire (Pour la nullité d'un acte non signé par le notaire, Cass. 1re civ., 29 nov. 1989 : *Defrénois* 1990, art. 34802-51, obs. J.-L. Aubert, citée aussi *infra*, n° 178. – N. Dutour et F. Vignal, *Le moment de la signature de l'acte authentique* : *JCP* N 1998, n° 7, p. 222).

Il convient de remarquer que les fonctions du clerc habilité s'exerçant sous la responsabilité du notaire, c'est bien ce dernier qui, dans ce cas encore, est le véritable sujet de droit notarial (V. *infra*, n° 314).

Certaines conditions sont exigées du clerc habilité (D. n° 71-941, 26 nov. 1971, art. 38). Il doit être ou diplômé notaire, ou diplômé premier clerc ou avoir six ans de cléricature. Ce délai de six ans peut être réduit à deux ans (titulaires de la maîtrise en droit), trois ans (après premier cycle école de notariat ou d'études juridiques) ou quatre ans (capacitaires en droit ou diplômés d'école notariat ancien régime).

Il peut y avoir habilitation d'un clerc pour signer les copies authentiques.

§ 2. – Notaire en second

100. – En principe, le notaire reçoit seul les actes notariés (L. 25 *ventôse*, art. 9, mod. 12 août 1902), sauf dans deux cas où un deuxième notaire ou deux témoins doivent intervenir.

A. – Présence imposée pour la validité de l'acte

101. – La loi impose la présence d'un second notaire (ou à défaut de deux témoins instrumentaires. – V. *infra*, n° 103) pour les testaments authentiques et mystiques, les actes contenant révocation de testament et les procurations données pour révocation de testament.

L'article 9 de la loi de *ventôse* modifiée par la loi du 28 décembre 1966 ajoute que les actes dans lesquels les parties ou l'une d'elles ne sauront ou ne pourront signer seront soumis à la signature d'un second notaire ou de deux témoins. Une interprétation littérale du texte conduisait à estimer qu'il suffit que la signature du second notaire soit apposée sur l'acte après coup ; mais dans une réponse ministérielle du 24 mai 1969 (*JOAN* Q, 19 juill. 1969), le garde des Sceaux note que la raison d'être de ces dispositions est de permettre au second notaire, ou aux deux témoins, de constater personnellement que la personne qui ne sait ou ne peut signer a bien consenti à l'acte, et cela impose la présence réelle du second notaire lors de la lecture de l'acte à la personne qui ne peut signer. Malgré une jurisprudence incertaine, il paraît nécessaire que le second notaire (ou les témoins) assiste au moins à la signature afin de constater la réalité du consentement donné (Cass. 1re civ., 12 mai 1987 : *JCP* N 1987, II, 309, note J.-F. Pillebout ; *Defrénois* 1987, art. 34147, note Vion). En ce qui concerne les testaments authentiques et mystiques, le second notaire (ou les témoins) doit être présent pendant la rédaction et la dictée de ces actes.

Un formalisme particulièrement rigoureux est imposé pour certaines renonciations à des actions successorales. Il s'agit de la renonciation anticipée à l'action en réduction et de la renonciation à exercer l'action en retranchement avant le décès du conjoint survivant (C. civ., art. 929 et 1527). L'acte doit être reçu par deux notaires dont l'un est désigné par le président de la chambre (C. civ., art. 930 et L. 25 *ventôse* an XI, art. 11).

B. – Deuxième notaire appelé par l'une des parties

102. – Dans ce cas, il coopère effectivement à la rédaction et à la réception de l'acte. On dit que le notaire est en concours avec son confrère. Il ne peut y avoir plus de deux notaires en concours. L'acte peut être reçu simplement en présence du notaire ou de l'un de ses collaborateurs ou encore avec la participation du second notaire. Le notaire en second a les mêmes devoirs et responsabilité pour le contrôle de l'acte que le notaire en premier et a droit au partage des émoluments dans les proportions fixées par les règlements (Règl. nat., 4 mars 2004 : C. not.).

§ 3. – Témoins

A. – Témoins instrumentaires

103. – Ils peuvent remplacer le second notaire dans les cas prévus ci-dessus. Tout témoin instrumentaire dans un acte notarié doit être majeur ou émancipé et avoir la jouissance de ses droits civils ; la qualité de français n'est plus nécessaire. Le mari et la femme ne peuvent être témoins dans le même acte (D. n° 71-941, 26 nov. 1971, art. 4).

Ne peuvent non plus être témoins les parents et alliés soit du notaire, soit de l'associé du notaire, soit des parties contractantes au degré prohibé, c'est-à-dire en ligne directe à tous les degrés, et en ligne collatérale jusqu'au degré d'oncle et neveu inclusivement (D. n° 71-941, 26 nov. 1971, art. 3).

L'acte doit contenir les noms, prénoms, qualités et demeures des témoins. L'incapacité d'un témoin entraîne la nullité de l'acte sauf s'il s'agit d'une erreur résultant d'une possession d'état publique et non équivoque (V. *JCl. Notarial Formulaire*, V° Acte notarié, Fasc. 30 et 32).

Depuis la réforme du 3 décembre 2001, la notoriété successorale ne comporte plus l'intervention de témoins. La dévolution fait l'objet d'une déclaration par les héritiers eux-mêmes, avec éventuellement la confirmation d'un tiers ayant connu le défunt (C. civ., art. 730 à 730-5, réd. L. n° 2001-1135, 3 déc. 2001).

B. – Témoins certificateurs

104. – Auparavant, quand le notaire ne connaissait pas les parties à l'acte, il devait exiger que leurs nom, état et demeure soient attestés par des personnes connues de lui (L. *ventôse*, art. 11 anc., remplacé par D. n° 71-941, 26 nov. 1971, art. 5).

Désormais, l'identité, l'état et le domicile des parties, s'ils ne sont pas connus du notaire, sont établis par la production de tous documents justificatifs : carte d'identité, passeport, complétés par une quittance de loyer. Le notaire peut cependant recourir à deux témoins, mais seulement exceptionnellement en cas d'impossibilité de production d'un document justificatif ; dans ce cas, les témoins doivent remplir les conditions indiquées ci-dessus et connaître les parties (V. *supra*, n° 103).

§ 4. – Indisponibilité ou décès du notaire

105. – Il convient d'envisager différentes hypothèses où le notaire, qui doit personnellement instrumenter, en est empêché soit par une absence momentanée, soit par la maladie ou un état physique déficient, soit par des mesures disciplinaires, soit par son décès en cours d'exercice.

On fait appel alors à d'autres personnes qui sont, elles aussi, sujets de droit notarial.

A. – Substitution

106. – C'est le remplacement momentané d'un notaire par un de ses confrères pour la réception d'un acte ou la délivrance d'une copie authentique. Le notaire qui remplace momentanément son confrère s'appelle notaire substituant. Cette pratique n'était prévue par aucun texte. Elle a été légalisée par la loi n° 73-546 du 25 juin 1973 (art. 23) et sommairement réglementée par le décret n° 73-1202 du 28 décembre 1973 (art. 46) et le règlement national du 4 mars 2004 (art. 30).

La substitution peut avoir lieu pour toutes sortes d'actes sauf lorsque le notaire substitué a reçu une commission de justice. La substitution est impossible pour l'établissement d'un testament authentique qui, en cas d'urgence, doit être reçu par un autre notaire disponible si le testateur y consent. On ne peut non plus délivrer une copie exécutoire par substitution.

Les actes reçus par substitution doivent figurer au répertoire des notaires substituant et substitué. La minute reste dans l'office du notaire substitué (Règl. nat., 4 mars 2004, art. 30). Le procureur de la République doit être informé si l'absence du notaire substitué dure plus de quinze jours (D. n° 73-1202, 28 déc. 1973, art. 46).

B. – Suppléance

107. – La suppléance est la gestion de l'office pendant une certaine période, généralement par un autre officier public, alors que le titulaire est décédé ou dans l'impossibilité de le gérer.

C'est l'article 5 du décret du 20 mai 1955 qui indique qu'il y a lieu à désignation d'un suppléant lorsque l'office est vacant (décès, démission pure et simple ou d'office pour abandon de résidence) ou en cas de force majeure (maladie grave, blessure ou infirmité, service militaire ou civil). Le décret n° 56-221 du 29 février 1956 réglemente la suppléance.

Le suppléant est nommé par le tribunal de grande instance sur requête soit du procureur de la République, soit du titulaire ou de ses ayants droit. La décision est susceptible d'appel (Cass. 2e civ., 4 déc. 1974 : *JurisData* n° 1974-099322 ; *D.* 1975, inf. rap. p. 47). Éventuellement l'appel peut être interjeté par le notaire suppléé s'il prétend être apte à assurer ses fonctions (CA Nîmes, 1re ch., 27 janv. 1982 : *JurisData* n° 1982-600057).

Le suppléant peut être ou un notaire en exercice soit à titre individuel, soit associé, ou une société titulaire d'un office public ou un ancien notaire, qu'il ait exercé à titre individuel ou en qualité d'associé, ou encore un clerc ou ancien clerc de notaire répondant aux conditions d'aptitude exigées pour être nommé notaire. Le clerc nommé suppléant conserve sa qualité de salarié (D. 29 févr. 1956, art. 2, dernier al.).

La durée de la suppléance est en principe d'un an ; elle peut être renouvelée pour un an.

Le suppléant assure sous sa responsabilité la gestion de l'office dès sa désignation ou sa prestation de serment (s'il n'est pas en exercice) ; il utilise son propre sceau. Les produits sont partagés par moitié sauf accord entre les parties dans les limites de deux tiers pour l'une ou l'autre d'entre elles (D. 29 févr. 1956, art. 9). Éventuellement, le Conseil supérieur du notariat, le conseil régional ou la chambre peut allouer au suppléant une rémunération complémentaire.

En Alsace-Moselle, lorsque l'office est vacant à la suite du décès ou de la démission du titulaire, l'intégralité des produits est acquise au suppléant.

C. – Administration

108. – En cas de destitution, d'interdiction temporaire ou de suspension provisoire (V. *infra*, n°s 147 à 160), le jugement prononçant la sanction commet un administrateur qui remplace dans ses fonctions l'officier public suspendu, interdit ou destitué (Ord. 28 juin 1945, art. 20 et 33, mod. L. 28 juin 1973). L'administrateur est choisi parmi les personnes indiquées ci-dessus en matière de suppléance (D. n° 73-1202, 28 déc. 1973, art. 21).

S'il s'agit d'une société titulaire de l'office, la gestion est assurée par l'associé ou les associés pourvu qu'ils ne soient pas concernés par la décision disciplinaire (D. n° 67-868, 2 oct. 1967, art. 57). Lorsqu'il s'agit d'une société de notaires, l'administration de l'office du notaire interdit, destitué ou suspendu est dévolue de plein droit à l'associé ou aux autres associés (D. préc., art. 122). Des règles analogues s'appliquent aux sociétés d'exercice libéral (D. n° 93-98, 13 janv. 1993, art. 44).

L'administrateur perçoit à son profit les émoluments relatifs aux actes de l'étude et paie, à concurrence des produits de l'étude, les charges afférentes au fonctionnement de cette étude ; en cas d'insuffisance, ces dépenses sont prises en charge par les organismes professionnels. Le président du tribunal peut décider la fermeture de l'étude déficitaire et l'administrateur peut recevoir une rémunération supplémentaire versée par un des organismes statutaires.

Section 6

ORGANISMES PROFESSIONNELS

109. – Il convient de s'occuper maintenant d'autres sujets du droit notarial qui existent sous la forme collective, qu'ils soient prévus ou non par le statut du notariat.

§ 1. – Organismes prévus par le statut du notariat

110. – L'organisation collective du notariat, originairement réglementée par la loi de *ventôse* qui ne prévoyait que des chambres de discipline d'arrondissement (devenues les chambres départementales ou interdépartementales), résulte aujourd'hui de l'ordonnance n° 45-2590 du 2 novembre 1945 modifiée, notamment, par la loi n° 2004-130 du 11 février 2004 ayant transféré une partie des pouvoirs disciplinaires aux conseils régionaux et du décret n° 45-0117 du 19 décembre 1945 modifié fréquemment et notamment par les décrets n° 86-728 du 29 avril 1986, n° 88-815 du 12 juillet 1988 et n° 2004-259 du 23 mars 2004.

Les notaires d'un même département ou de plusieurs départements (Paris I, Versailles, Vesoul, Limoges, Bourges, Reims, Pau, Agen, Angers, Pringy [Haute-Savoie]) sont groupés en compagnies soumises à un règlement ; ils se réunissent en assemblées générales ordinaires au moins deux fois par an au cours des mois de mai et novembre. Chaque notaire associé ou exerçant à titre individuel vote en son nom personnel. Auparavant, les sociétés civiles professionnelles étaient représentées par un associé (D. 2 oct. 1967, art. 51, mod. D. n° 75-979, 24 oct. 1975). L'assemblée générale a pour attribution d'élire les membres de la chambre, les membres du conseil régional, voter le budget de la caisse commune, donner son avis sur les questions se rattachant à la profession notariale, émettre des vœux.

111. – Les organismes professionnels prévus par le statut du notariat sont les chambres des notaires, les conseils régionaux et le Conseil supérieur du notariat.

Leurs caractéristiques communes sont d'être des organismes électifs et d'avoir le caractère d'établissement d'utilité publique.

En adjoignant à leur bureau un nombre égal de clercs et employés, la chambre, le conseil régional et le Conseil supérieur du notariat siègent en comité mixte.

A. – Chambres des notaires

1° Composition

112. – Elles sont composées de cinq à vingt-sept notaires suivant le nombre de notaires de la compagnie. Les membres de la chambre sont nommés pour trois ans par les assemblées générales de mai et renouvelables par tiers tous les ans. Les membres sortants ne sont rééligibles qu'après un intervalle d'un an. La moitié au moins des membres de la chambre est choisie parmi les notaires ayant exercé la profession pendant au moins cinq ans ou figurant dans les deux premiers tiers de la liste du ressort, dressée par ordre d'ancienneté, un quart est choisi parmi le dernier tiers de cette liste. Le décret du 24 octobre 1975 a abrogé l'article 51 du décret du 2 octobre 1967 qui interdisait aux chambres et conseils régionaux de comprendre plus d'un notaire associé faisant partie d'une même société titulaire d'office. Les fonctions sont gratuites. Toutefois, sur décision de l'assemblée générale, une indemnité peut être versée aux président, vice-président et premier syndic dans les limites fixées par le Conseil supérieur du notariat.

Certaines chambres ont un ressort correspondant à plusieurs départements. Il en est ainsi depuis plusieurs années de Paris I (Seine, Seine-Saint-Denis, Val-de-Marne), de Versailles (Yvelines et Val-d'Oise), de la Guyane et de la Martinique. Le décret du 29 avril 1986 dispose d'une façon générale que si les circonstances le justifient, les chambres de notaires peuvent être communes à plusieurs départements (D. 19 déc. 1945, art. 1er, al. 2, mod. D. n° 86-728, 29 avr. 1986). Des chambres interdépartementales ont été créées à Vesoul, Limoges, Bourges, Reims, Pau, Agen, Angers et Pringy (Haute-Savoie). D'autres regroupements devraient avoir lieu (Pour les conseils régionaux, V. *infra*, n° 115).

2° Bureau

113. – Les membres de la chambre des notaires désignent parmi eux un président, un vice-président ou des vice-présidents pour les chambres interdépartementales, un ou plusieurs syndics (suivant le nombre de notaires de la compagnie), un rapporteur, un secrétaire et un trésorier.

Lorsque le nombre des notaires de la compagnie est de quatre-vingt-dix au moins, un secrétaire adjoint et un trésorier adjoint peuvent être désignés.

Le président est nommé pour deux ans avec prolongation d'un an de son mandat de membre de la chambre s'il est élu un an avant l'expiration de son mandat de membre de la chambre. Toutefois, dans les chambres de dix-sept membres au moins, le président peut déclarer qu'il n'exercera son mandat que pendant une année (onze départements dont Paris I, le Nord, le Rhône).

Depuis la présidence de Gérard Canalès (2006-2007), le président de la chambre interdépartementale de Paris n'invoque plus cette particularité et exerce ses fonctions pendant deux ans, ce qui assure une plus grande efficacité à son action.

3° Attributions de la chambre

114. – Les attributions légales des chambres sont précisées par l'article 4 de l'ordonnance du 2 novembre 1945. Elles ne sont pas exclusives d'autres actions que les chambres mènent de plus en plus afin d'améliorer la situation de la profession : formation des notaires et de leurs collaborateurs, relations publiques, communication, etc.

Sous réserve de cette observation, voici les missions que doit remplir la chambre :

1° elle établit le règlement de la compagnie qui est soumis à l'approbation du garde des Sceaux ;

2° elle dénonce les infractions disciplinaires (V. *infra*, n°s 142 à 157) ;

3° elle prévient, concilie et tranche les différends d'ordre professionnel entre notaires d'un même ressort (rôle prépondérant du président) ;

4° elle examine toutes les réclamations de la part des tiers contre les notaires dans l'exercice de leur profession (rôle important du président et du syndic) ;

5° elle vérifie la tenue de la comptabilité ainsi que le fonctionnement et l'organisation des offices des notaires de la compagnie (V. *infra*, n°s 168 à 171) ;

6° elle donne son avis si elle en est requise à propos des actions en dommages-intérêts dirigées contre les notaires et les difficultés qui peuvent surgir à propos des émoluments réclamés par les notaires ;

7° elle donne son avis motivé en cas de demande de nomination de notaire ;

8° elle prépare le budget comprenant les cotisations du conseil régional et du Conseil supérieur ainsi que les recettes de la bourse commune de la compagnie et en propose le vote à l'assemblée générale ;

9° elle donne son avis sur les projets de création, de transfert ou suppression d'office et sur l'état des prévisions que la commission prévue par l'article 2 du décret du 26 novembre 1971 doit donner au garde des Sceaux en ce qui concerne la localisation des offices (Commission de localisation des offices de notaires ou CLON, D. n° 71-942, 26 nov. 1971, art. 2, mod. D. n° 86-729, 29 avr. 1986) ;

10° elle donne son avis sur les propositions d'honorariat ;

11° elle statue sur les demandes de remise partielle d'émoluments ;

12° siégeant en comité mixte, elle a pour attribution diverses questions relatives aux salariés du notariat.

Le président de la chambre est saisi pour médiation des conflits nés à l'occasion du contrat de travail du notaire salarié (Ord. 2 nov. 1945, art. 1er *ter*, V. *supra*, nos 41 et 86).

Depuis 1995, les chambres sont appelées à conclure des contrats de développement avec les partenaires financiers du notariat et à mettre en œuvre les actions de formation, d'équipements collectifs et de communication dont le financement est ainsi assuré. Elles incitent fortement les notaires à mettre en œuvre la démarche qualité.

Enfin, les chambres participent aux actions visant à l'équipement des offices en informatique, à l'utilisation des CD-ROM, à la mise en place du réseau notarial REAL et à la fourniture des cartes REAL nécessaires au fonctionnement de Télé@cte.

La loi n° 2004-130 du 11 février 2004 transfère l'essentiel des pouvoirs disciplinaires au conseil régional siégeant pour ce faire en chambre de discipline. Les nouvelles dispositions sont entrées en vigueur au fur et à mesure du renouvellement des chambres et conseils régionaux (V. *infra*, n° 119).

B. – Conseils régionaux

115. – Un conseil régional existe, en principe, dans chaque cour d'appel (D. n° 45-017, 19 déc. 1945, art. 30). À Paris, la chambre interdépartementale dite de Paris I (Seine, Seine-Saint-Denis et Val-de-Marne) remplit le rôle de conseil régional. Les autres départements de la cour d'appel de Paris (Essonne, Seine-et-Marne et Yonne) dépendent du conseil régional de Paris II (2e section). Le conseil interrégional des cours d'appel de Colmar et Metz regroupe les notaires de ces deux cours d'appel. La chambre interdépartementale des notaires de Savoie et de Haute-Savoie exerce les fonctions de conseil régional des notaires de la cour d'appel de Chambéry. Dans les départements d'outre-mer, la chambre exerce les fonctions de conseil régional (D. n° 73-1216, 29 déc. 1973). Depuis le décret du 29 avril 1986, un conseil interrégional commun à plusieurs départements peut être institué par décret si les circonstances le justifient (D. 19 déc. 1945, art. 30, mod. D. n° 86-728, 29 avr. 1986 ; pour les chambres, V. *supra*, n° 112).

La plupart des conseils régionaux jouent un rôle de plus en plus important dans l'animation et la promotion de la profession, en allant au-delà des missions qui leur sont assignées par la loi. Ils contribuent à l'information et à la formation permanente des notaires et de leurs collaborateurs, au développement de l'activité des notaires, à l'organisation et à la gestion des offices (Cartes Réal, Télé@cte, etc.). Ils mènent de multiples actions pour faciliter les relations interprofessionnelles, pour faire connaître le notariat aux différents agents économiques et au grand public. Le plus souvent, ils ont des relations suivies avec la presse par l'intermédiaire de notaires chargés de l'information.

1° Composition

116. – Les conseils régionaux sont composés des présidents des chambres de notaires et de délégués élus par les assemblées générales des compagnies dans les mêmes conditions que celles fixées pour les élections des membres des chambres de notaires et dans la limite d'un à quatre par compagnie suivant le nombre de notaires que celles-ci comprennent, avec au moins sept délégués par conseil régional. En outre, les compagnies qui comprennent plus de cinquante notaires élisent des délégués pris dans le dernier tiers de la liste d'ancienneté à raison d'un par cinquante notaires ou fractions de cinquante notaires au-dessus de l'effectif de cinquante notaires. Les fonctions sont gratuites sauf indemnité versée à certains délégués (D. 19 déc. 1945, art. 32).

Les délégués sont élus pour quatre ans, rééligibles après un intervalle d'un an et renouvelables par moitié tous les deux ans.

2° Bureau

117. – Tous les deux ans, après renouvellement partiel, les membres du conseil régional désignent parmi eux un président, un vice-président, un secrétaire et un trésorier qui composent le bureau (D. 19 déc. 1945, art. 32, mod. D. n° 2004-259, 23 mars 2004).

3° Attributions administratives

118. – L'ordonnance du 2 novembre 1945 précise, dans son article 5, les attributions du conseil régional. Il représente l'ensemble des notaires du ressort de la cour d'appel en ce qui touche à leurs droits et intérêts communs.

Il prévient, concilie, tranche tout différend d'ordre professionnel entre les chambres du ressort ou encore entre les notaires n'exerçant pas dans un même département.

Il donne son avis sur les règlements établis par les chambres. Il établit le règlement inter-chambre destiné à régir des notaires et fait ses observations à la commission de localisation des offices de notaires (D. n° 71-942, 26 nov. 1971, art. 2-4, réd. D. n° 2005-311, 25 mars 2005). Il établit le règlement inter-chambre ou règlement de cour destiné à régir les rapports des membres des compagnies différentes, appartenant à la même cour d'appel.

Il peut transmettre toutes suggestions ou propositions au Conseil supérieur du notariat relativement à l'implantation des offices de son ressort (D. 26 nov. 1971, art. 25).

Il désigne les membres du conseil d'administration de la caisse régionale de garantie, le délégué appelé à faire partie du Conseil supérieur du notariat et remplit les fonctions réservées à la commission de contrôle de la comptabilité des notaires.

Il assure dans son ressort l'exécution des décisions du Conseil supérieur. Il établit son budget et en répartit les charges.

Le conseil régional se réunit au moins une fois par trimestre. Il ne peut valablement délibérer que si les deux tiers des membres sont présents. Le délégué au Conseil supérieur participe aux réunions avec voix consultative.

Le conseil régional siège également en comité mixte et s'occupe principalement de la formation du personnel des études, des institutions et des œuvres sociales.

4° Pouvoirs disciplinaires

119. – Depuis la loi n° 2004-130 du 11 février 2004 entrée en application sur ce point au fur et à mesure des renouvellements des chambres et conseils régionaux, les pouvoirs disciplinaires sont dévolus pour l'essentiel aux conseils régionaux siégeant alors en chambre de discipline (Ord. 2 nov. 1945, art. 5-1 nouveau et D. n° 45-0117, 19 déc. 1945, art. 14-1 à 14-6, réd. D. n° 2004-1304, 26 nov. 2004). Les chambres conservent certaines attributions disciplinaires : dénonciation des infractions disciplinaires, contrôle des comptabilités, traitement des plaintes (V. *supra*, n° 114).

C. – Conseil supérieur du notariat

1° Composition

120. – Le Conseil supérieur est composé de délégués élus à raison d'un délégué par conseil régional ; toutefois, les conseils régionaux comptant au moins dix-huit membres (Aix-en-Provence, Rennes) et la chambre interdépartementale de Paris, qui remplit le rôle de conseil régional, désignent deux délégués.

Les délégués sont élus pour quatre ans par les membres du conseil régional et par les membres des chambres des notaires du ressort de ce conseil. Les délégués sont renouvelés par moitié tous les deux ans. Les délégués sortants ne sont rééligibles qu'après un intervalle d'un an.

Les fonctions de délégué au Conseil supérieur sont incompatibles avec celles de membre de la chambre et du conseil régional. Lorsque les conseils régionaux doivent élire deux délégués, chacun d'eux est désigné alternativement tous les deux ans. Le Conseil supérieur se réunit au moins une fois par trimestre. Il ne peut délibérer que si les deux tiers des membres sont présents (D. 19 déc. 1945, art. 35 et 36, mod. D. n° 2004-259, 23 mars 2004).

2° Bureau

121. – Le bureau du Conseil supérieur, qui doit comprendre un des délégués désignés par la chambre de Paris, se compose de sept membres dont un président, deux ou trois vice-présidents, un trésorier et un secrétaire. Le comité, composé du président et des deux ou trois vice-présidents, se réunit très fréquemment, généralement deux ou trois jours par semaine.

Le président, les vice-présidents et les membres du bureau sont élus, tous les deux ans, par la première assemblée générale qui suit l'élection des nouveaux délégués.

Le président et deux membres au plus peuvent être élus parmi les délégués dont le mandat vient d'expirer, les autres membres du bureau ne pouvant être élus que parmi les délégués en fonction. Le président sortant n'est rééligible à cette fonction qu'après un intervalle d'une année au moins. Lorsque le président est choisi parmi les délégués en fonction, il cesse d'exercer la fonction de délégué dès son élection et est remplacé par un délégué nommé dans les conditions ci-dessus indiquées (D. 19 déc. 1945, art. 37, mod. D. n° 86-728, 29 avr. 1986 et D. n° 88-815, 12 juill. 1988).

Les fonctions sont gratuites, sauf remboursement des frais de mission. Toutefois, sur décision de l'assemblée, une indemnité peut être versée au président et aux membres du bureau, dans les limites fixées par le garde des Sceaux.

3° Attributions

122. – **Attributions légales.** Les attributions du Conseil supérieur du notariat sont fixées par l'article 6 de l'ordonnance du 2 novembre 1945. Sa première et principale attribution est de représenter l'ensemble de la profession auprès des pouvoirs publics et de donner au garde des Sceaux son avis chaque fois qu'il en est requis. Sa mission de représentation comporte aussi la faculté d'intervenir spontanément auprès des pouvoirs publics pour défendre les intérêts de la profession et suggérer toute mesure législative ou réglementaire de nature à améliorer la pratique juridique et la situation économique et fiscale des Français.

D'autres attributions lui sont assignées :
– il tranche les différends entre les chambres dépendant de conseils régionaux différents ainsi qu'entre notaires de ressorts de cours d'appel différentes ;
– il établit un règlement national et intercours (D. n° 71-942, 26 nov. 1971, art. 26) ; le règlement national actuel est daté du 4 mars 2004 (C. not.) ;
– il organise et assure sous le contrôle du garde des Sceaux une mission permanente d'inspection des études de notaire au moyen d'un corps d'inspecteurs agréés par le ministre de la Justice. Il peut également confier des missions particulières d'inspection à des notaires en exercice ou honoraires.

Il propose au garde des Sceaux, après avoir consulté les chambres et les conseils régionaux concernés, toutes mesures propres à améliorer l'implantation des offices et fait ses observations à la commission de localisation des offices des notaires (D. n° 71-942, 26 nov. 1971, art. 2-4, 26, 2e al.).

Il établit son budget et en répartit les charges. Siégeant en comité mixte, le Conseil supérieur du notariat règle les questions d'ordre général concernant la discipline, l'admission au stage, les œuvres sociales, etc. Remarquons que depuis la loi du 11 février 1950, les questions de salaires, conventions collectives, procédure de règlement des conflits collectifs du travail, relèvent de la commission mixte instituée par cette loi (C. trav., art. L. 133-1 ou L. 2231-1 du code de 2007.).

123. – Actions volontaires. Depuis plusieurs années, le Conseil supérieur du notariat a beaucoup développé ses actions dans tous les domaines où il est apparu nécessaire de promouvoir le notariat. Une organisation précise et un personnel important lui permettent de répondre aux demandes des chambres, conseils régionaux et des notaires eux-mêmes. De création plus ou moins récente, des instituts ont pour mission d'exprimer l'opinion de la profession sur les problèmes juridiques (Institut d'études juridiques), de promouvoir l'activité notariale en droit des affaires (Institut notarial de l'entreprise et des sociétés), en droit immobilier (Institut notarial de l'immobilier), en droit rural (Institut notarial de l'espace rural et de l'environnement), en droit des collectivités (Institut notarial des collectivités locales) ou en conseil en gestion de patrimoine (Institut notarial du patrimoine et de la famille). Des plans de développement ont été mis en œuvre dans la plupart des régions. La démarche qualité est encouragée par des actions de communication et des aides financières. Le Conseil supérieur du notariat a lui-même engagé cette démarche ainsi que de nombreuses chambres et conseils régionaux.

L'association pour le développement du service notarial est chargée des actions économiques du notariat. La société Publi.not assure diverses publications, notamment la revue *Notaires. Vie professionnelle* et la revue d'information *Conseils par des notaires* destinée au public.

L'équipement des offices en informatique, leur accès à Internet et la mise en place du réseau notarial (Intranet REAL, cartes REAL, Télé@cte) ont été encouragés énergiquement par le Conseil supérieur du notariat dès la fin des années 1990.

Le président Alain Lambert a instauré dans les années 1990 des plans de développement permettant de financer dans les régions des actions de formation des notaires, d'équipement des offices notamment en matière informatique et pour la mise en œuvre de Télé@cte, des actions de communication. En 2005, ces plans de développement étaient généralisés (*Notaires. Vie professionnelle* sept.-oct. 2005, p. 18).

Un projet des notaires de France a été également élaboré avec le concours de tous les notaires. Il évolue avec les changements que connaît le pays et les critiques qui peuvent être adressées au notariat (Rapp. Attali. – V. *supra*, n° 34).

D. – Discipline des organismes professionnels

124. – Les organismes professionnels, comme les notaires eux-mêmes, peuvent faire l'objet de sanctions disciplinaires. En cas de manquement grave à leurs devoirs, ils peuvent être interdits temporairement pour une durée ne pouvant excéder six mois ou dissous par arrêté du garde des Sceaux (Ord. n° 45-1418, 28 juin 1945, art. 42 à 44. – Pour la discipline des notaires, V. *infra*, n°s 142 à 160). Ces dispositions n'ont jamais eu à s'appliquer en ce qui concerne les organismes de la profession.

E. – Caisses de garantie

125. – Il existe dans chaque ressort de cour d'appel une caisse régionale de garantie de la responsabilité des notaires et, à l'échelon national, une caisse centrale. Ces organismes, dotés de la personnalité civile, régis par les décrets du 20 mai 1955 et du 29 février 1956, modifié par le décret du 30 décembre 1971, seront étudiés plus loin (V. *infra*, n°s 319 à 324).

§ 2. – Organismes non prévus par le statut du notariat

126. – Avant même que les textes aient réglementé l'organisation actuelle, le notariat avait spontanément créé des conseils régionaux et un comité des notaires des départements, devenu ultérieurement le bureau de l'association des notaires de France. Ce dernier, sous le nom de Conseil supérieur du notariat, et les conseils régionaux ont été légalisés par les textes énoncés ci-dessus.

À côté de ces organismes officiels, le notariat a mis en place différents syndicats, associations et mouvements qui contribuent à assurer la communication entre les notaires et à promouvoir diverses actions d'intérêt général ou utiles au notariat.

Les centres de recherche, d'information et de documentation notariales (Cridon), au nombre de cinq (Lyon, Paris, Bordeaux-Toulouse, Nantes, Lille), créés par grande région par les conseils régionaux, ont pour mission de recueillir toutes documentations, de faire toutes recherches, de répondre aux questions posées par les notaires, de diffuser toutes informations utiles aux notaires et d'organiser toutes actions d'information et de recyclage.

L'Union notariale financière est à la disposition de tous les notaires pour les aider dans leurs missions de conseil en matière de placement et de gestion de patrimoine (Unofi, 7 et 7 *bis*, rue Galvani, 75017 Paris). L'Unofi constitue une sorte de Cridon économique et financier.

A. – L'Assemblée de liaison

127. – L'Assemblée de liaison a été créée en 1951, avec pour objectif la discussion des questions professionnelles qui jusqu'alors étaient débattues pendant le congrès, en même temps que des problèmes juridiques d'intérêt général (V. *infra*, n° 128). Elle est composée de notaires en exercice désignés par les compagnies départementales ou interdépartementales et pris dans leur sein ; le nombre des délégués varie suivant l'importance de chaque compagnie. Elle se réunit une fois par an et son objet est d'assurer une liaison étroite entre tous les notaires et le Conseil supérieur du notariat, de fournir à ce dernier des avis et propositions et recevoir de lui des informations, de présenter toutes les suggestions, d'étudier et discuter toutes questions d'ordre professionnel et d'émettre des vœux à ce sujet.

Des délégués de l'Assemblée de liaison participent avec voix consultative aux travaux des commissions du Conseil supérieur.

B. – Le Congrès des notaires de France

128. – Le Congrès des notaires de France est une institution très ancienne puisque le premier s'est tenu à Grenoble en 1891. Depuis la création de l'Assemblée de liaison, le congrès est consacré à un thème d'intérêt général. Il se tient tous les ans, généralement au mois de mai, dans une ville de France ayant une capacité d'accueil suffisante (le nombre de participants approche ou dépasse 4 000 suivant les années).

La préparation du congrès dure près de deux ans. Des rapports sont établis et des vœux ou propositions sont préparés afin d'être soumis à l'assemblée du congrès.

D'importantes questions y sont étudiées et les thèmes choisis sont souvent d'une grande actualité. Ainsi, les problèmes de l'entreprise ont été abordés à Avignon en 1983, à Toulouse en 1986, à Lille en 1990, à Cannes en 2002, à Lille en 2009. L'Europe a été au centre des travaux du congrès de Paris en 1974, de Strasbourg en 1989 et de Nantes en 2005. Le droit de la famille a été souvent abordé, en dernier lieu à Tours en 1995, à Marseille en 1999, à Strasbourg en 2006 et à Bordeaux en 2009. La fiscalité a été étudiée à Montpellier en 1991, à Lille en 2000. L'urbanisme, dont la réglementation est foisonnante, a été étudié à Aix-en-Provence en 1963, à Clermont-Ferrand en 1965, à Vichy en 1980 et à Cannes en 1993. Certains thèmes sont prospectifs, comme l'environnement à Nantes en 1994, le développement durable à Lyon en 2008. La vente immobilière fut étudiée par les congrès de Montpellier en 1981 et de Deauville en 2003. Beaucoup de propositions émises par le notariat lors de ses congrès ont abouti à des modifications législatives et parfois à des réformes d'envergure telles que la loi du 31 décembre 1976 sur l'indivision après le congrès de Saint-Malo de 1967, celle du 2 janvier 1978 sur les sociétés civiles après le congrès de Biarritz de 1970, celle du 23 décembre 1985 relative aux régimes matrimoniaux après le congrès de La Baule de 1978 ; le droit de l'urbanisme a été quelque peu simplifié par la loi n° 94-112 du 9 février 1994. Les personnes protégées ou vulnérables ont fait l'objet des congrès de Versailles en 1984 et de Strasbourg en 2006.

Le 100e congrès s'est tenu à Paris en 2004 ; il a été l'occasion de célébrer le bicentenaire du Code civil.

C. – Syndicats et Mouvement Jeune Notariat

129. – Le Syndicat national des notaires a été créé en 1949 afin de défendre, dans le cadre du droit commun et avec le maximum de liberté d'action et d'expression, les intérêts professionnels des notaires. En raison de l'article 7 de l'ordonnance du 2 novembre 1945 précité et de la représentativité de la profession revendiquée par le syndicat, les relations entre ce dernier et le Conseil supérieur n'ont pas été, à leurs débuts, des plus faciles. À l'heure actuelle, ces questions de principe se sont estompées et les relations entre ces deux organismes sont empreintes de compréhension réciproque.

Le Syndicat des notaires de France a été fondé en 1984 alors que la crise économique mettait en péril le notariat.

Le Mouvement Jeune Notariat, dont l'objet est plutôt la promotion du notariat que la défense des intérêts des notaires, a été fondé dans les années 1950 par Louis Reillier, notaire à Pompadour. Il est ouvert aux collaborateurs du notariat. Il est à l'origine de réalisations importantes comme les rencontres notariales de Maillot et l'université du notariat dont l'idée a été émise lors du congrès du mouvement tenu à Marbella en 1983. Il a aussi créé le jogging des notaires qui, à compter de 1987 et pendant de nombreuses années, a rassemblé plusieurs milliers de coureurs dans le parc de Vincennes à Paris, sous la bannière du notariat.

D. – Union internationale du notariat latin

130. – Fondée en 1948 à Buenos Aires, l'Union internationale du notariat latin a pour objet de contribuer à la diffusion des législations des pays membres et à la connaissance de leurs institutions. Son action a aussi pour effet de promouvoir le notariat dans les pays où il est peu développé, voire inconnu. Ainsi, la Chine populaire, le Vietnam, les pays de l'Europe de l'Est sont intéressés par l'organisation du notariat dans les pays occidentaux. Une commission est chargée des problèmes européens et peut avoir une influence sur le droit des communautés européennes (V. aussi, *infra*, n°s 335 à 338). Le premier Congrès des notaires de l'Union européenne s'est tenu à Rome en novembre 2005 (*Entretien avec le président Claude Jaquet* : *JCP* N 2005, n° 44, 1440. – V. *infra*, n° 337).

Chapitre 2

DÉONTOLOGIE NOTARIALE

131. – Sujets de droit, les notaires, qu'ils exercent individuellement, en société ou en qualité de salarié, sont soumis à des devoirs et obligations. C'est l'ensemble de ces devoirs et obligations que l'on étudiera dans ce chapitre dont le titre vient de deux mots grecs : *Deontos*, ce qu'il faut faire, *Logos*, science ou étude.

Les notaires, en raison de leur ministère, assument des obligations :
- à l'égard de leurs clients ;
- envers leurs confrères ;
- en tant que notaires.

Les rapports entre le notaire et ses confrères et entre le notaire et sa clientèle seront plus spécialement étudiés dans le chapitre 4.

On retiendra surtout ici les obligations et interdictions faites au notaire en raison de sa qualité d'officier public, et les conditions d'exercice de son ministère (section 1). Nous examinerons ensuite les règles particulières de responsabilité pénale qui peuvent s'appliquer au notaire (section 2), puis la responsabilité disciplinaire (section 3). L'étude de la responsabilité civile que peut aussi entraîner l'activité notariale sera faite ultérieurement (V. *infra*, chapitre 4).

Section 1

LES OBLIGATIONS DU NOTAIRE

§ 1. – Obligations positives

132. – Le notaire est soumis à de nombreuses obligations qui concernent la forme des actes authentiques qu'il est appelé à recevoir (V. *infra*, n°s 172 à 181) ou les rapports qu'il doit avoir avec ses confrères ou avec la clientèle (V. *infra*, n°s 245 à 287).

En sa qualité d'officier public, il est en outre tenu d'une obligation générale dont le contenu est difficile à définir et qui dépend pour une large part des usages.

L'article 2 du règlement national définit ainsi le devoir du notaire :

« Chaque notaire, par son comportement, doit s'attacher à donner la meilleure image de sa profession. »

On peut tirer de ce principe quelques prescriptions qui restent très générales. Le notaire doit faire preuve de dignité, de discrétion et de délicatesse dans ses rapports avec les clients et avec ses confrères. Il doit aussi avoir, dans sa vie privée, un comportement à l'abri de toute critique. On peut citer à titre d'exemple de manquement à la délicatesse :

– le cas d'un notaire condamné à réparer le préjudice causé à la femme au cours d'une procédure de divorce ; il avait adressé à l'avocat du mari une attestation qui a été considéré comme diffamatoire (Cass. 1re civ., 27 juin 2006 : *JurisData* n° 2006-034245 ; *JCP* N 2006, n° 29, act. 497, p. 1395) ;

– le cas d'un notaire ayant commis diverses infractions routières et ayant fait preuve d'agressivité envers des témoins lors d'un accident de la circulation (CA Amiens, 20 déc. 2007 : *JurisData* n° 2007-356423).

Pour exercer correctement ses fonctions, le notaire est également tenu de parfaire ses connaissances et de les mettre à jour.

L'article 2 du règlement national le rappelle en ces termes :

« Il a le devoir d'entretenir et de renouveler ses connaissances et de se tenir informé de l'évolution du droit, de l'économie et de la société. Il participe aux actions collectives de formation permanente. »

Lors des inspections de comptabilité, les notaires doivent justifier de la participation à des séances de formation.

Le notaire doit aussi contribuer à la formation des notaires stagiaires et aux enseignements dispensés dans les centres de formation professionnelle et les écoles de notariat (Règl. nat., art. 15, réd. A. 24 déc. 1993).

Enfin, le notaire « élu ou désigné pour assumer une fonction ou pour accomplir une mission (...) doit consacrer à ces fonctions et missions tout le temps nécessaire au bénéfice de la profession tout entière » (Règl. nat., art. 2, dernier al.).

Le notaire est tenu de procéder, le cas échéant, à la déclaration de soupçon de blanchiment d'argent (C. monét. fin., art. L. 562-1. – Y. Gautier, *Espace de liberté, de sécurité et de justice. Lutte contre la criminalité* : *Europe* 2002, n° 2, comm. 50, p. 19. – Pour le secret professionnel, V. *infra*, n° 275).

§ 2. – Interdictions faites aux notaires

133. – À la différence de l'obligation générale qui pèse sur les notaires, les interdictions et prohibitions sont précises et résultent de textes nombreux. Outre les incompatibilités avec certaines fonctions, le notaire doit s'abstenir d'exercer des activités ou de s'immiscer dans des opérations présentant un danger pour lui-même et pour ses clients. La connaissance parfaite de ces règles s'impose à tout notaire car les infractions sont sanctionnées sévèrement (V. *infra*, nos 142 à 160).

134. – **Incompatibilités.** D'après l'article 7 de la loi de *ventôse* :

« Les fonctions de notaire sont incompatibles avec celles de juges, commissaires du Gouvernement près les tribunaux, leurs substituts, greffiers, avoués, huissiers, préposés à la recette des contributions directes et indirectes, juges, greffiers et huissiers de justice de paix (des tribunaux d'instance), commissaires de police et commissaires aux ventes. »

Cette énumération n'est pas exhaustive et certaines fonctions comme celles d'administrateurs liquidateurs sont elles-mêmes incompatibles avec l'exercice d'autres professions. Par ailleurs, certaines activités sont interdites au notaire comme nous le verrons plus loin.

En revanche, il est permis aux notaires de briguer ou d'accepter des fonctions électives : municipales, conseil général, députation, Sénat. Un notaire peut être membre du gouvernement, membre d'un conseil de direction d'une caisse d'épargne, d'une commission administrative des hospices, professeur dans une école de droit ou enseignant d'université, séquestre, tuteur, propriétaire exploitant agricole, à condition qu'il s'agisse d'une activité accessoire.

135. – Conjoint du notaire. Les incompatibilités qui viennent d'être énoncées et les prohibitions indiquées ci-après ne s'appliquent pas au conjoint du notaire à condition qu'il ne soit pas personne interposée. Ainsi, il n'est pas interdit au conjoint du notaire d'être fonctionnaire ou magistrat. Il n'existe pas de prohibition générale et absolue pour le conjoint du notaire d'exercer personnellement un commerce ou une industrie, ou encore d'être dirigeant d'une société commerciale. Mais la situation ne doit pas être de nature à compromettre la dignité ou l'indépendance du notaire. Il ne faut pas non plus que la responsabilité de celui-ci puisse être engagée en raison de son régime matrimonial (Circ. 15 juill. 1948).

Cela conduit à déconseiller le régime de communauté aux notaires ou aux candidats à la profession. Le régime de la séparation de biens ou de la participation aux acquêts paraît préférable ; sous ce dernier régime, certaines clauses permettent de protéger l'outil de travail en cas de divorce (*JCl. Notarial Formulaire*, V° Participation aux acquêts, Fasc. 10).

136. – Activités interdites. D'une façon générale, toute activité commerciale est interdite au notaire en raison des risques que cela peut entraîner. L'article 13 du décret du 19 décembre 1945 dispose, entre autres prohibitions, que le notaire ne peut directement ou indirectement :

– se livrer à aucune spéculation de bourse ou opération de commerce, banque, escompte et courtage ;

– s'immiscer dans l'administration d'aucune société ou entreprise de commerce ou d'industrie, sauf sociétés d'exercice libéral dont pourtant la forme est commerciale (V. *supra*, n° 79) ;

– faire des spéculations relatives à l'acquisition et à la revente des immeubles, à la cession des créances, droits successifs, actions industrielles et autres droits incorporels.

Malgré l'interdiction de s'immiscer dans l'administration d'aucune société commerciale, le notaire peut, depuis le décret du 29 avril 1986, être administrateur ou membre du directoire d'une société par actions (D. 19 déc. 1945, art. 13-1, ajouté D. n° 86-728, 29 avr. 1986). Cette règle doit être interprétée restrictivement et un notaire ne peut être président-directeur général d'une société anonyme ayant un objet commercial (Cass. com., 10 oct. 1995 : *JurisData* n° 1995-002548. – Pour le contrôle de fait d'une société commerciale, TGI Paris, 25 févr. 1998 : *JurisData* n° 1998-043606). Le siège d'une société commerciale ne peut être fixé dans un office de notaire, en raison de la confusion que cela peut entraîner (Rép. min. n° 32920 : *JOAN* Q, 30 mars 2004, p. 2687 ; *JCP* N 2005, n° 20, act. 213).

Par ailleurs, la prohibition et l'immixtion ne vont pas jusqu'à l'interdiction de percevoir des loyers, les intérêts de prêts faits à l'étude, fermages, de transmettre des ordres de vente ou d'achats de titres à l'occasion du règlement d'une succession.

L'interdiction faite au notaire de faire des spéculations immobilières est à rapprocher des dispositions de l'article 1597 du Code civil qui lui interdit notamment de devenir cessionnaire des procès, droits et actions qui sont de la compétence du tribunal dans le ressort duquel il exerce ses fonctions. Mais si le notaire ne peut spéculer en Bourse, il peut faire des placements boursiers quand il s'agit de son propre patrimoine.

Le notaire peut se livrer à titre accessoire à des activités de nature commerciale, comme la négociation immobilière, la gestion d'immeuble (V. *infra*, n° 244). Toutefois, un notaire ne peut légitimement céder séparément une branche d'activité commerciale (Cass. 1re civ. 30 mars 2005 : *JurisData* n° 2005-027801 ; *JCP* N 2005, n° 51-52, 1495, avis J. Sainte Rose).

137. – Réglementation des prêts. La pratique des prêts a été à l'origine de graves difficultés rencontrées par certains notaires ayant agi avec légèreté. Elle s'apparente d'ailleurs à l'activité bancaire qui est prohibée (Cass. 1re civ., 30 juin 1987 : *JCP* N 1988, II, p. 56, obs. J.-F. P.). En raison des risques résultant des prêts, le législateur a prévu des règles restrictives qui doivent être strictement respectées. Les articles 13 et 14 du décret du 19 décembre 1945 modifiés par le décret du 20 juillet 1964 et celui du 3 novembre 1967 édictent :

a) un notaire ne peut se constituer garant ou caution, à quelque titre que ce soit, des prêts à la négociation desquels il aurait participé comme aussi de ceux dont les actes seraient dressés par lui ou avec sa participation (art. 13, 6°) ;

b) il ne peut consentir, avec ses propres deniers, des prêts qui ne seraient pas constatés par acte authentique reçu, bien entendu, par un autre notaire (art. 13, 8°) ;

c) le notaire ne peut contracter pour son propre compte aucun emprunt par souscription de **billet sous seing privé** (art. 13, 9°) ;

d) il ne peut employer, même temporairement, les sommes ou valeurs dont il est constitué détenteur à un titre quelconque à un usage auquel ils ne seraient pas destinés et notamment en son nom personnel ; il ne peut pas non plus retenir les sommes qui devraient être versées par lui à la Caisse des dépôts et consignations (art. 14, 1°) ;

e) il est interdit aux notaires de recevoir ou conserver aucune somme en vue de son placement par prêt si celui-ci ne doit pas être constaté par acte authentique (art. 14, 3°) ;

f) les notaires ne peuvent négocier, rédiger, faire signer des billets ou reconnaissances sous seing privé et s'immiscer de quelque manière que ce soit dans la négociation, l'établissement ou la prorogation de tels billets ou reconnaissances (art. 14, 4°) ;

g) les notaires ne peuvent non plus négocier de prêts autres qu'en la forme authentique et qu'assortis de sûretés réelles (art. 14, 5°).

Pour que les prêteurs aient une sécurité totale, les notaires ne peuvent négocier de prêts non assortis d'une garantie bancaire, dès lors que le montant dépasse un certain seuil (environ 15 000 €).

138. – Intérêt personnel. Le notaire doit s'abstenir de dresser un acte renfermant des dispositions en sa faveur ou présentant pour lui un intérêt personnel.

Ce n'est pas seulement les avantages gratuits retirés par le notaire qui sont visés. Le notaire doit s'abstenir lorsque, de l'acte qu'il reçoit, résulte une modification ou amélioration de sa propre situation juridique vis-à-vis de l'une des parties.

La question se pose également à propos des personnes morales : communes, établissements publics, sociétés. Dans une lettre du 15 octobre 1963, adressée au président du Conseil supérieur du notariat, le garde des Sceaux indique que les dispositions de l'article 432-12 du Code pénal (ancien art. 175) semblent mettre obstacle à ce qu'un notaire exerce son ministère au profit de la commune qu'il administre, car les émoluments reçus par le notaire sont fonction de l'importance du contrat, dont il est chargé, en sa qualité de maire, d'assurer la surveillance et l'administration des affaires de la commune. L'intérêt personnel du notaire se trouve alors en opposition avec celui de la commune (V. Rép. min. : *JOAN* Q, 23 févr. 1974, p. 861-862 ; *JCP* N 1974, prat. 5677-4. – L. Dejoie, *Le notaire élu local au service de la sécurité juridique et du renouveau contractuel* : *JCP* N 2001, n° 19, p. 852). On imagine les difficultés que peut soulever la délibération du conseil municipal sur la déclaration d'intention d'aliéner émise par le notaire rédacteur de l'acte et maire de la commune (TA Nancy, 19 déc. 2000 : *JurisData* n° 2000-138136 ; *Constr.-urb.* 2001, n° 4, somm. p. 99, obs. P. Cornille). Pour le maire adjoint ou le conseiller municipal, la question est plus discutable, au moins si le notaire ne participe pas à la délibération du conseil municipal, mais la prudence est vivement conseillée (Rép. min. : *JOAN* Q , 30 mai 1974, p. 2446 ; *JCP* N 1974, prat. p. 220. – Rép. min. : *JOAN* Q, 31 mars 1980, p. 1334 ; *JCP* N 1980, prat. p. 229. – Rép. min. : *JOAN* Q, 24 avr. 2000, p. 2636). La délibération du conseil municipal ayant décidé l'acquisition d'un immeuble a été annulée car le maire adjoint, notaire du vendeur, y avait participé (CE, 5e et 3e ss-sect. réunies, req. n° 122044, 27 juin 1997 : *JurisData* n° 1997-050894).

Un notaire associé est soumis aux mêmes interdictions que chacun des membres de la société (D. n° 67-868, art. 48, al. 3). Il en est de même du notaire salarié dans l'office où il exerce ses fonctions (D. n° 93-82, 15 janv. 1993, réd. D. n° 2006-1299, 24 oct. 2006). Ainsi, l'associé du notaire vice-président d'un organisme HLM est condamné pour complicité d'infraction aux dispositions de l'article L. 423-11 du Code de la construction et de l'habitation (Cass. crim., 2 mai 2001 : *JurisData* n° 2001-009783). Quant aux sociétés, un notaire ne peut recevoir d'actes pour une société dont il est membre (constitution, augmentation de capital, autres actes de la vie civile des sociétés). Certains pensent cependant que dans une société anonyme, si le notaire est simple actionnaire, il pourra, au cours de la vie sociale, recevoir un acte auquel est intéressée la société. La prudence commande, cependant, de s'en abstenir.

Ces interdictions se trouvent renforcées par les dispositions de l'article 13 du décret du 19 décembre 1945, modifié par le décret du 20 juillet 1964 :

> « Il est interdit aux notaires (...) de s'intéresser dans aucune affaire pour laquelle ils prêtent leur ministère » (CA Bordeaux, 1re ch., 9 juin 1992 : *JurisData* n° 1992-044952).

On peut rapprocher cette prohibition de l'interdiction du *prête-nom* (D. 19 déc. 1945, art. 13).

Toutefois, cette prohibition ne joue pas au cas de dépôt d'un testament olographe contenant un legs au profit de parent ou allié du notaire (lettre de la Direction des affaires civiles du 17 janvier 1980 ; pour l'hypothèse d'un testament intéressant un clerc de l'étude, Cass. 1re civ., 9 nov. 1993 : *JurisData* n° 1993-002655 ; *JCP* N 1994, II, p. 111).

139. – Parenté et alliance. L'article 2 du décret n° 71-941 du 26 novembre 1971, reprenant les termes de l'article 8 de la loi de *ventôse* auquel il a été substitué, dispose :

> « Les notaires ne peuvent recevoir des actes dans lesquels leurs parents ou alliés en ligne directe, à tous les degrés, et en ligne collatérale jusqu'au degré d'oncle ou de neveu inclusivement, sont parties, ou qui contiennent quelques dispositions en leur faveur. »

L'interdiction concerne aussi bien la parenté légitime que la parenté naturelle ou adoptive.

Le parent au degré le plus proche pour lequel un notaire puisse instrumenter est son cousin germain. Quant à l'empêchement tenant à l'alliance, il est limité à l'allié lui-même et non aux parents de l'allié : un notaire pourrait recevoir un acte pour la belle-sœur de sa femme.

Pour qu'il y ait prohibition, il faut que le parent ou allié du notaire soit partie à l'acte, c'est-à-dire y stipule ou promette quelque chose ou même comparaisse à l'acte pour le compte d'autrui, comme mandataire par exemple.

La prohibition joue également lorsque l'acte reçu par le notaire contient une disposition en faveur des parents ou alliés du notaire au degré prohibé, notamment un testament contenant un legs en leur faveur.

Cette prohibition s'applique aux associés du notaire dont le parent ou l'allié est partie à l'acte (D. 26 nov. 1971, art. 2, al. 2). Elle s'applique aussi aux notaires salariés travaillant dans le même office (D. n° 93-82, 15 janv. 1993, réd. D. n° 2006-1299, 24 oct. 2006).

Naturellement, le notaire n'ayant pas respecté la prohibition reste responsable lorsqu'il a failli à son devoir de conseil (CA Paris, 20 mai 1994 : *JurisData* n° 1994-022224).

140. – Interdictions diverses. Sans prétendre être complet, citons encore diverses interdictions comme le fait de faire intervenir à un acte un clerc comme mandataire sans mandat écrit (D. 19 déc. 1945, art. 14) ou de faire de la publicité personnelle (Règl. nat., art. 13).

Section 2

RESPONSABILITÉ PÉNALE

141. – Le notaire est un citoyen français et, comme tel, responsable de ses actes envers la société et soumis comme tous les citoyens à la juridiction pénale de son pays pour les crimes, délits ou contraventions qu'il peut commettre.

Cependant, le Code pénal consacre plusieurs articles aux peines encourues par le notaire dans l'exercice de ses fonctions et aggrave les sanctions encourues dans un certain nombre de cas. Il y a élévation d'un degré dans la désignation de la juridiction compétente et dans l'échelle des peines.

1° L'article 441-4 du Code pénal punit d'une peine de quinze ans de réclusion criminelle et de 225 000 € d'amende les faux en écriture publique commis par un notaire dans l'exercice de ses fonctions.

Le faux peut être matériel. Il consiste alors en de fausses signatures, dans l'altération des actes, écritures ou signatures, dans le fait d'intercaler des écritures dans les actes ou même dans la supposition de personnes, c'est-à-dire la substitution d'une autre personne à celle qui aurait dû intervenir et ce en connaissance de cause.

Dans le faux intellectuel, qui est également sanctionné, l'altération porte non sur la forme de l'acte, mais sur sa substance ou sur ses circonstances. Le notaire transforme, par exemple en vente, ce qui n'était qu'une affectation hypothécaire, et il écrit des conventions différentes de celles qui ont été passées. Même les omissions volontaires, qui ont pour effet de changer la nature de l'acte, peuvent être considérées comme des faux (V. à ce sujet Cass., 30 déc. 1958 : *S.* 1959, 1, 639. – Pour la falsification de livres de comptabilité, Cass. crim., 15 juin 1982 : *JurisData* n° 1982-008038. – CA Agen, 29 janv. 1987, citée par P. Bouzat, *Infractions contre les biens* : *Rev. sc. crim.* 1988, p. 91).

En revanche, l'article 441-4 ne punit que d'une peine de dix ans d'emprisonnement et 150 000 € d'amende les faux en écriture authentique et publique commis par une autre personne.

Comme on l'a vu, l'usage de faux par le notaire est puni d'une peine de quinze ans de réclusion criminelle et d'une amende de 225 000 € comme le faux lui-même.

2° L'article 432-10 du Code pénal punit de cinq ans d'emprisonnement et de 75 000 € d'amende le notaire concussionnaire qui a reçu ou exigé ce qui n'était pas dû pour droits d'enregistrement ou contributions. Si le notaire a réclamé pour émoluments une somme supérieure à ce qui lui était dû, il n'est passible que de sanctions disciplinaires (Cass. 1re civ., 11 févr. 1958 : *JCP* N 1958, II, 10653).

3° L'article 432-15 du Code pénal punit d'une peine de dix ans d'emprisonnement et de 150 000 € d'amende la destruction volontaire, la suppression et le détournement de titres par le notaire alors que l'auteur de ces infractions, non notaire, n'est puni que de trois ans d'emprisonnement et de 45 000 € d'amende (C. pén., art. 322-2. – Cass. crim., 13 févr. 1985 : *Bull. crim.* 1985, n° 182). Si le notaire dépositaire d'un titre l'a perdu par sa négligence, il peut être puni d'un an d'emprisonnement et de 15 000 € d'amende (C. pén., art. 432-16).

4° Tout officier public qui, soit ouvertement, soit par actes simulés, soit par interposition de personnes, aura pris ou reçu quelque intérêt que ce soit dans les actes, adjudications, entreprises dont il avait, au temps de l'acte, l'administration, est passible de cinq ans d'emprisonnement et de 75 000 € d'amende (C. pén., art. 432-12). Si un notaire est maire d'une commune, ce texte peut s'appliquer à lui en tant que maire et lui interdit donc de recevoir les actes de la commune (V. *supra*, n° 138).

5° Il est bien évident que ce sont *l'escroquerie, l'abus de confiance et l'abus de blanc-seing* qui sont particulièrement sanctionnés quand ils sont commis par un notaire. Une personne privée, coupable de ces infractions, relève du tribunal correctionnel et encourt de deux mois à deux ans de prison et une amende, alors qu'un notaire est justiciable de la cour d'assises et peut être condamné à cinq ou dix ans de réclusion criminelle (Pour des cas de destitution, Cass. 1re civ., 3 févr. 1998 : *JurisData* n° 1998-000426 ; *JCP* N 1998, n° 14, p. 508. – CA Paris, 1re ch. A, 7 févr. 1983 : *JurisData* n° 1983-020486. – CA Versailles, 1re ch. B, 20 mars 1998 : *JurisData* n° 1998-043136).

Sont coupables d'escroquerie deux notaires associés ayant employé des manœuvres frauduleuses pour déterminer une cliente à consentir un acte désavantageux dans leur propre intérêt (Cass. crim., 6 avr. 2005 : *JurisData* n° 2005-028521). Une escroquerie est constituée par le recours à un prêt fictif (CA Douai, 1re ch., 8 mars 1999 : *JurisData* n° 1999-045215). Des prélèvements excessifs par un notaire susceptibles de mettre en péril les fonds des clients sont justiciables des peines de l'abus de confiance (Cass. crim., 17 nov. 2004 : *JurisData* n° 2004-026321). Un notaire associé ayant détourné des fonds au préjudice de clients est coupable d'abus de confiance (Cass. crim., 28 mai 2008 : *JurisData* n° 2008-044739). Un notaire est coupable d'abus de confiance aggravé pour avoir détourné une somme au préjudice des héritiers d'une succession (Cass. crim., 17 mai 2007 : *JurisData* n° 2006-034192). Le fait de solder des comptes de clients sous couvert d'honoraires de l'article 4 est constitutif d'abus de confiance (Cass. crim., 21 sept. 2007 : *JurisData* n° 2005-030487).

L'établissement d'une fausse procuration a été considéré comme un abus de confiance (Cass. crim., 30 sept. 2003 : site LexisNexis JurisClasseur).

6° Dans l'exercice de la profession notariale, certaines fautes relèvent du tribunal correctionnel comme la complicité en matière de dissimulation, les infractions aux lois sur les lotissements, sur la construction, sur les chèques, etc.

En résumé, la qualité même de notaire entraîne à l'encontre de ce dernier, lorsqu'il se rend coupable d'une infraction sanctionnée par la loi pénale, une sévérité accrue qui s'explique par sa qualité d'officier public et par les exigences de la sécurité dont il doit être le garant.

Section 3

RESPONSABILITÉ DISCIPLINAIRE

§ 1. – Les règles de la discipline notariale

142. – Surveillance permanente. Les notaires sont sous le contrôle du parquet et de la chambre qui veillent de façon continue à l'exécution correcte de leurs obligations. Les plaintes adressées par les clients soit au procureur de la République, soit au président de la chambre, sont suivies par les services de la chambre. Le notaire concerné est invité à répondre à la demande d'explication du président de chambre dans un délai de quinze jours (Circ. n° 61-21, 7 oct. 1961). Le contrôle du fonctionnement des offices est assuré également par les inspections de comptabilité (V. *infra*, nos 168 à 171).

143. – Sanctions disciplinaires. Le droit disciplinaire, au sens strict du terme, comporte l'étude des infractions aux règles déontologiques et celle des sanctions qui leur sont attachées. Le conseil régional siégeant en chambre de discipline est chargé des sanctions disciplinaires.

L'ordonnance du 28 juin 1945 dispose dans son article 2 :

« Toute contravention aux lois et règlements, toute infraction aux règles professionnelles, tout fait contraire à la probité, à l'honneur ou à la délicatesse commis par un officier public, même se rapportant à des faits extra-professionnels, donne lieu à sanction disciplinaire. »

Les notaires salariés sont soumis aux dispositions relatives à la déontologie et à la discipline (D. n° 93-82, 15 janv. 1993, art. 1er).

144. – Différence avec la responsabilité pénale. Il convient de signaler immédiatement une différence essentielle entre l'action pénale et l'action disciplinaire. En matière pénale, l'infraction doit être prévue et sanctionnée par un texte, alors que l'action disciplinaire est recevable pour des infractions commises contre des règles qui n'ont reçu de la loi ni définition, ni sanction expresse. Dans un arrêt du 7 mars 1927 (*D.* 1931, I, p. 284), la Cour de cassation dit notamment :

« La loi n'a pas déterminé les faits qui peuvent être de nature à rendre un notaire passible d'une peine disciplinaire. En cette matière, la répression peut atteindre non seulement les infractions au texte précis d'une loi ou d'un règlement mais tous les faits quelle qu'en soit la nature qui apparaissent comme contraires à la dignité et à la correction professionnelles. Le pouvoir d'appréciation le plus large est laissé en effet aux chambres de notaires et aux tribunaux statuant disciplinairement » (V. aussi Cass. 1re civ., 17 nov. 1924 : *D.* 1926, 1, p. 203).

Le choix de la sanction est laissé à l'appréciation des juges du fonds qui tiennent compte de la gravité des faits reprochés (Cass. 1re civ., 27 mars 1998 : *JurisData* n° 1998-002399).

L'action disciplinaire est d'ailleurs indépendante de l'action pénale. Des faits qui ne tombent pas sous le coup d'une sanction pénale peuvent donner lieu à une action disciplinaire (Cass. 1re civ., 23 janv. 1962 : *Bull. civ.* I, n° 49). L'indépendance des sanctions pénales et disciplinaires a pour conséquence que leur cumul n'est pas contraire à la Convention européenne des droits de l'homme (Cass. 1re civ., 3 févr. 1998 : *JurisData* n° 1998-000246 ; *JCP* N 1998, n° 14, p. 508, déjà citée *supra*, n° 141. – Cass. 1re civ., 27 mars 2001 : *JurisData* n° 2001-008910). La peine disciplinaire d'interdiction temporaire n'a pas la même nature que la peine complémentaire d'interdiction d'exercer une fonction publique ou une activité professionnelle ou sociale prévue par l'article 131-27 du Code pénal ; elle n'est donc pas soumise à la limitation de cinq ans édictée par ce texte (Cass. 1re civ., 18 oct. 2005 : *JurisData* n° 2005-030300 ; *JCP* N 2007, n° 1, 1000, note J. de Poulpiquet).

Malgré l'absence de définition précise de la faute disciplinaire, le contrôle de la Cour de cassation donne une garantie sérieuse aux justiciables. En effet :

> « La justice disciplinaire ne peut rechercher ni punir des faits ou des actes qui n'ayant ni par eux-mêmes ni par les circonstances qui les accompagnent rien de contraire à la probité, à la délicatesse ou à l'honneur, ne sont que l'exercice d'un droit ou d'une faculté légitime » (Cass. 1re civ., 17 févr. 1902 et 26 janv. 1909).

145. – Différence avec la responsabilité civile. La faute disciplinaire doit être distinguée d'un manquement quelconque aux obligations professionnelles pesant sur le notaire. Toute faute peut entraîner la responsabilité civile du notaire si un dommage en résulte (V. *infra*, nos 288 à 315). Une négligence, une erreur n'entraînent pas de sanction disciplinaire sauf si la multiplication des fautes dénote une inaptitude à l'exercice de la profession, ce qui d'ailleurs justifie plutôt une démission d'office qui est une mesure de sûreté et non une sanction disciplinaire (V. *infra*, n° 153). La sanction disciplinaire suppose généralement une faute intentionnelle (Cass. 1re civ., 14 oct. 1968 : *Bull. civ.* I, n° 178). Elle frappe spécialement les attitudes portant atteinte à l'honorabilité de l'intéressé et, par là même, à la réputation de la profession ; ainsi en est-il d'un acte de malhonnêteté commis au détriment de mineurs (Cass. 1re civ., 25 oct. 1960 : *Journ. not.* 1963, p. 150, obs. Nerson).

La destitution est prononcée contre un notaire ayant commis de graves infractions aux règles professionnelles et ayant persisté malgré les mises en garde qu'il avait reçues (Cass. 1re civ., 27 mai 1998 : *JurisData* n° 1998-002399).

146. – Sources du droit disciplinaire. Malgré la définition large de l'infraction disciplinaire, de nombreux textes peuvent être invoqués pour constater une attitude contraire aux obligations pesant sur le notaire. Ainsi le droit disciplinaire peut avoir, notamment comme sources écrites :

– le Code civil lui-même ;

– la loi du 25 *ventôse* an XI ;

– le décret du 19 décembre 1945 ;

– les règlements de chambres et le règlement national du 24 décembre 1979.

L'application de la discipline est réglementée par l'ordonnance n° 45-1418 du 28 juin 1945 et le décret n° 73-1202 du 28 décembre 1973.

§ 2. – Les peines disciplinaires

147. – Indépendamment des peines disciplinaires ci-après énumérées, il convient de remarquer que la discipline notariale comporte également un pouvoir d'*admonestation du président de la chambre* à l'égard de ses confrères dont le comportement n'est pas conforme aux principes et aux usages de la profession. Moins grave et moins lourde quant à ses conséquences que les peines disciplinaires, cette manière de procéder suffit la plupart du temps à remettre dans le droit chemin les notaires qui s'en seraient écartés.

Le droit disciplinaire est réglementé par l'ordonnance n° 45-1428 du 28 juin 1945, modifiée par la loi n° 73-546 du 25 juin 1973. Le décret n° 73-1202 du 28 décembre 1973 fixe les règles de procédure et les modalités d'application. Une circulaire du garde des Sceaux du 21 février 1974 donne aux parquets les instructions nécessaires à la mise en œuvre de ces textes (C. not.). La loi n° 2004-130 du 11 février 2004 modifie l'ordonnance n° 45-2590 du 2 novembre 1945 en transférant l'essentiel des pouvoirs disciplinaires au conseil régional (Ord. préc., art. 5-1).

148. – Énumération des peines. Les peines disciplinaires sont fixées par l'article 3 de l'ordonnance du 28 juin 1945, modifié par la loi du 25 juin 1973 :

- le rappel à l'ordre ;
- la censure simple ;
- la censure devant la chambre assemblée ;
- la défense de récidiver ;
- l'interdiction temporaire ;
- la destitution.

La chambre de discipline du conseil régional ne peut prononcer que les trois premières peines. Seul le tribunal statuant disciplinairement peut prononcer les trois peines les plus graves.

L'interdiction temporaire peut être supérieure à cinq ans car elle est distincte de l'interdiction d'exercer une profession prévue à l'article 131-27 du Code pénal et qui, elle, ne peut dépasser cinq ans (Cass. 1re civ., 18 oct. 2005, n° 04-15.125 : *JurisData* n° 2005-030300 ; *JCP* N 2007, n° 1, 1000, note J. de Poulpiquet, préc. *supra*, n° 144).

149. – Effets des peines. Le *rappel à l'ordre* et la *censure simple* sont considérés comme des peines morales exécutées par le fait même du prononcé de la décision qui figure simplement au dossier du contrevenant.

Dans la *censure devant la chambre assemblée*, le notaire condamné est convoqué devant la chambre pour s'entendre réprimander par le président de la chambre. La censure a lieu devant l'assemblée elle-même depuis le décret n° 2004-1304 du 26 novembre 2004 (D. n° 45-0117, 19 déc. 1945, art. 14-6 nouveau).

Le notaire *interdit temporairement* ne peut exercer aucune activité dans son office ou pour le compte de celui-ci pendant la durée de sa peine. La décision est exécutoire malgré le pourvoi exercé par l'intéressé (Cass. 1re civ., 14 févr. 2008 : *JurisData* n° 2008-042759). L'interdiction temporaire ne peut être prononcée avec sursis (Cass. 1re civ., 31 mai 2007 : *JurisData* n° 2007-039036. – Cass. 1re civ., 14 févr. 2008 : *JurisData* n° 2008-042759).

Sauf lorsqu'il est associé et que les autres associés peuvent assurer son remplacement, un administrateur est commis pour accomplir les actes professionnels à la place du notaire interdit (V. *supra*, n° 108), les émoluments sont perçus par l'administrateur (moitié en cas de suspension provisoire, V. *infra*, n° 150).

La *destitution* est la déchéance de la qualité de notaire. Elle produit les mêmes effets que l'interdiction du point de vue de l'administration et de la prohibition d'exercer, mais ses effets sont définitifs. Lorsqu'il est titulaire d'un office individuel, le notaire destitué ne peut exercer le droit de présentation ; l'office est alors considéré comme vacant et il y est pourvu par la procédure du concours (D. n° 73-609, 5 juill. 1973, art. 49 à 56). S'il est associé, le notaire destitué dispose d'un délai de six mois pour céder ses parts (D. n° 67-868, 2 oct. 1967, art. 32).

Les peines de rappel à l'ordre, censure simple, censure devant la chambre assemblée, la défense de récidiver, peuvent être accompagnées de la peine complémentaire de l'inéligibilité temporaire, pendant dix ans au plus, aux chambres, organismes et conseils professionnels. L'interdiction temporaire et la destitution entraînent, à titre accessoire, l'inéligibilité définitive aux mêmes organismes ; en outre, les notaires destitués ne peuvent postuler à aucun autre office de notaire (Ord. 28 juin 1945, art. 4 et 24).

Les peines disciplinaires peuvent être assorties de dommages-intérêts lorsqu'il y a eu constitution de partie civile par la personne lésée par les agissements du notaire.

Désormais, le notaire comme tout professionnel libéral relève des procédures collectives (C. com., art. L. 640-2, réd. L. n° 2005-845, 26 juill. 2005). Auparavant, bien que non commerçant, le notaire pouvait dans certains cas être soumis aux règles des procédures collectives. Il en a été ainsi lorsque le notaire se livrait irrégulièrement à une activité commerciale, par exemple à des opérations bancaires (Cass. com., 2 févr. 1970 : *D.* 1970, I, p. 430. – Pour des prêts sur billet, Cass. 1re civ., 27 mai 1998 : *JurisData* n° 1998-002399. – Pour des prélèvements excessifs, en liaison avec des pratiques contraires à la déontologie, Cass. 1re civ., 27 mars 2001 : *JurisData* n° 2001-008910, citée aussi *supra*, n° 144).

150. – Suspension provisoire. Le notaire qui fait l'objet de poursuites pénales ou disciplinaires peut être suspendu provisoirement de ses fonctions si les circonstances le justifient. Il s'agit d'une mesure préventive qui peut être prononcée à la requête du procureur de la République ou du président de la chambre de discipline agissant au nom de celle-ci. La décision est prise par le tribunal de grande instance statuant en chambre du conseil.

Elle peut être prononcée avant toute poursuite, si des inspections ont fait apparaître des risques pour les dépôts confiés au notaire. Dans ce cas, la suspension peut être prononcée par le juge des référés.

Le notaire frappé de suspension provisoire est écarté de la gestion de son étude avec cependant le droit à la moitié des produits.

La suspension provisoire cesse dès que l'action pénale ou disciplinaire est éteinte, et, s'il n'y a pas de poursuites, à l'expiration du délai d'un mois après son prononcé ; elle est susceptible d'appel non suspensif (Ord. 28 juin 1945, art. 32 à 37 ; D. 28 déc. 1973, art. 30 à 38).

151. – Infraction fiscale. L'article 1750 du Code général des impôts frappe d'une interdiction provisoire d'exercer tout membre d'une profession industrielle, commerciale ou libérale à l'encontre duquel une plainte a été déposée par l'administration fiscale pour fraude fiscale, dissimulation d'une part sujette à l'impôt ou complicité d'évasion fiscale. L'interdiction provisoire a les mêmes effets que la suspension et est prononcée par le tribunal.

152. – Curatelle. Lorsqu'une inspection ou des vérifications comptables ont révélé de la part du notaire inspecté des irrégularités, des négligences, des imprudences ou un comportement de nature à créer un risque pour la profession, notamment au point de vue de la garantie collective, le conseil d'administration de la caisse régionale de garantie peut désigner un curateur, généralement un ancien notaire. Ce curateur est chargé de donner à l'intéressé tous avis, conseils, mises en garde, de procéder à tous contrôles et demander que soient prises toutes mesures destinées à assurer la sécurité de la clientèle et des fonds confiés au notaire (D. n° 56-220, 29 févr. 1956, art. 30).

153. – Démission d'office. Il s'agit d'une mesure de sûreté et non d'une sanction disciplinaire au sens strict du terme bien qu'elle ait des effets analogues à ceux de la plus grave de celles-ci, la destitution. Elle est prononcée lorsque le notaire n'a pas prêté serment dans le mois de sa nomination, ce qui n'est pas fréquent. Elle concerne surtout l'hypothèse de l'empêchement d'exercer ou de l'inaptitude. Ainsi, un notaire peut être déclaré démissionnaire d'office, après avoir été mis en demeure de présenter ses observations, s'il est empêché d'assurer normalement ses fonctions soit en raison de son éloignement prolongé de sa résidence, soit en raison de son état physique ou mental. La même mesure peut être prise si le notaire a révélé son inaptitude à assurer l'exercice normal de ses fonctions par des manquements répétés à ses obligations professionnelles ; des garanties sont prévues pour protéger les droits de l'intéressé (qui peut présenter ses observations). L'empêchement ou l'inaptitude doit être constaté par le tribunal de grande instance (Ord. 28 juin 1945, art. 45 ; D. 28 déc. 1973, art. 41).

Dans un premier temps, les tribunaux furent réticents dans l'appréciation de l'empêchement ou de l'inaptitude. On pouvait le regretter car parfois l'intéressé se trouvait soumis ensuite à des sanctions disciplinaires véritables (Pour un cas où les conditions paraissent pourtant réunies, CA Rennes, 1re ch. A, 25 juin 1991 : *JurisData* n° 1991-644644 ; *JCP* N 1991, II, p. 304, note J.-F. Pillebout). La jurisprudence a évolué et les tribunaux admettent plus volontiers que l'empêchement ou l'inaptitude est établi (Cass. 1re civ., 29 févr. 2000 : *JurisData* n° 2000-000811. – Pour une gestion désastreuse, CA Versailles, 1re ch. A, 3 juill. 1997 : *JurisData* n° 1997-043837).

154. – Sociétés professionnelles. Les articles 120 à 126 du décret du 2 octobre 1967 et la circulaire ministérielle du 14 novembre 1967 prévoient que les dispositions de l'ordonnance du 28 juin 1945 sont applicables aux associés, et tout associé qui a été condamné à une peine égale ou supérieure à trois mois d'interdiction peut être contraint à l'unanimité des autres associés de se retirer de la société.

En cas d'interdiction temporaire ou de destitution d'un associé, les autres associés sont de plein droit administrateurs de l'office de l'associé interdit ou destitué.

La destitution de tous les associés entraîne la dissolution et la liquidation de la société.

Des dispositions analogues sont prévues pour les sociétés d'exercice libéral (D. n° 93-78, 13 janv. 1993, art. 44 à 49).

155. – Notaires honoraires. Ils sont soumis au pouvoir disciplinaire des chambres de discipline. Ils peuvent être frappés des mêmes peines que les notaires en exercice, sauf bien entendu l'interdiction et la destitution et, en outre, le garde des Sceaux peut, par arrêté et sur avis de la chambre et du tribunal, retirer le bénéfice de l'honorariat.

156. – Notaires stagiaires. Les candidats au notariat sont dénommés notaires stagiaires (V. *supra*, n° 92). Ils sont soumis au contrôle du centre de formation professionnelle dont le conseil d'administration peut décider leur radiation en cas de faute grave (D. n° 73-609, 5 juill. 1973, art. 39).

§ 3. – Procédure disciplinaire

A. – Devant la chambre de discipline du conseil régional

157. – L'action est diligentée soit d'office, soit sur l'invitation du procureur de la République, soit sur plainte. Le syndic cite l'inculpé à comparaître. Le syndic doit notifier la citation au procureur de la République. La chambre entend le rapport du rapporteur, les témoins, les réquisitions du syndic et les explications de l'inculpé. Celui-ci peut être assisté d'un avocat ou d'un autre notaire.

La décision de la chambre de discipline du conseil régional est prise à la majorité, motivée et rendue à huis clos. Le quorum est des trois quarts. Le ou les syndics ne prennent part ni à la délibération, ni au vote.

La décision est notifiée au procureur de la République. Seuls le rappel à l'ordre, la censure simple et la censure devant la chambre assemblée peuvent être prononcés par la chambre. Cette dernière, si elle estime qu'une peine plus grave doit être infligée, formule son opinion sous forme d'avis motivé transmis au parquet.

Les décisions de la chambre de discipline du conseil régional peuvent être soumises à certaines voies de recours : l'opposition, l'appel devant la cour d'appel et le pourvoi en cassation (Ord. 28 juin 1945, art. 5 à 37 ; D. 28 déc. 1973, art. 4 à 12, 35 à 38).

Il convient de noter l'indépendance de l'action civile ou pénale et de l'action disciplinaire ; il n'y a pas d'autorité de la chose jugée de l'une sur l'autre, c'est ainsi qu'un notaire acquitté pénalement pour faux peut être ensuite poursuivi disciplinairement (Cass. 1re civ., 31 janv. 1967 : *D.* 1967, somm. p. 86. – V. aussi *supra*, n° 144).

B. – Devant le tribunal de grande instance

158. – L'action disciplinaire est exercée devant le tribunal de grande instance par le procureur de la République (Ord. 28 juin 1945, art. 10). Lorsqu'une procédure est en cours devant la chambre, le procureur peut saisir le tribunal. Il notifie la citation au syndic de la chambre et celle-ci est dessaisie (Ord. 28 juin 1945, art. 6-1).

La citation peut être lancée également par le président de la chambre des notaires ou par toute personne qui se prétendrait lésée par le notaire. Le président et les personnes lésées peuvent aussi intervenir en cours d'instance. Le président de la chambre ou son délégué doit présenter ses observations lors des débats (Cass. 1re civ., 31 mars 1998 : *JurisData* n° 1998-001695. – Cass. 1re civ., 30 mars 2005 : *JurisData* n° 2005-027841. – Cass. 1re civ., 31 mai 2006 : *JurisData* n° 2006-033766. – Cass. 1re civ., 31 janv. 2008 : *JurisData* n° 2008-074024). Les débats ont lieu en chambre du conseil, sauf demande contraire du notaire poursuivi (Cass. 1re civ., 10 déc. 1985 : *JCP* N 1987, II, p. 16, obs. J.-F. Pillebout. – Cass. 1re civ., 3 févr. 1998 : *JurisData* n° 1998-000426. – Cass. 1re civ., 18 oct. 2005 : *JurisData* n° 2005-030300 ; *JCP* N 2007, n° 1, 1000, note J. de Poulpiquet, préc. *supra*, nos 144 et 148). Le jugement est prononcé en audience publique.

159. – Les six peines indiquées ci-dessus (V. *supra,* n° 148) peuvent être prononcées par le tribunal, qui peut aussi décider l'imputation totale ou partielle du temps de la suspension provisoire sur celui d'une peine d'interdiction temporaire. Le jugement est exécutoire par provision et peut être frappé d'appel devant la cour d'appel.

La suspension provisoire est prononcée par décision du tribunal de grande instance siégeant en chambre du conseil, ou par ordonnance du juge des référés. Elle est susceptible d'appel dont l'effet n'est pas suspensif.

Les notaires peuvent être poursuivis disciplinairement même après l'acceptation de leur démission si les faits reprochés ont été commis pendant l'exercice de leurs fonctions. Le successeur nommé reste en place même si la peine prononcée est la destitution qui fait perdre au notaire titulaire d'un office individuel l'exercice de son droit de présentation (Ord. 28 juin 1945, art. 2, mod. L. n° 73-546, 25 juin 1973).

C. – Appel

160. – Toute décision disciplinaire, qu'elle émane de la chambre de discipline du conseil régional ou du tribunal, est susceptible d'appel (Ord. 28 juin 1945, art. 36 et 37). L'appel est formé par simple déclaration au secrétariat-greffe de la cour d'appel. Le délai est d'un mois mais il est réduit à quinze jours contre les décisions de suspension provisoire.

§ 4. – Discipline des organismes professionnels

161. – Les organismes professionnels (chambres, conseils régionaux, Conseil supérieur du notariat) peuvent faire l'objet d'une interdiction temporaire ou d'une mesure de dissolution (V. *supra,* n° 124. – Ord. n° 45-1418, 28 juin 1945, art. 42 à 44).

162. – Procédure. L'interdiction temporaire ou la dissolution de ces organismes est prononcée par arrêté du garde des Sceaux après avis d'une chambre de la Cour de cassation en ce qui concerne le Conseil supérieur et de la chambre du conseil de la cour d'appel pour les conseils régionaux et les chambres. Un recours est possible contre l'arrêté devant le Conseil d'État (D. n° 73-1202, 28 déc. 1973, art. 40).

163. – Effets. L'arrêté prononce soit la suspension qui ne peut excéder six mois, soit la dissolution en vue de son renouvellement dans le délai de trois ans maximum.

C'est une chambre de la Cour de cassation qui remplace provisoirement le Conseil supérieur suspendu ou dissous.

Les pouvoirs du conseil régional sont transférés à une chambre de la cour d'appel et ceux de la chambre aux deux premières chambres du tribunal de grande instance. Cour et tribunal peuvent désigner un ou plusieurs notaires en exercice ou honoraires pour agir conformément à ce qui aura été délibéré.

Section 4

COMPTABILITÉ NOTARIALE

164. – En raison de l'objet de cet ouvrage, nous ne donnerons que des indications sommaires sur la comptabilité.

Deux idées dominent cette matière :

1° l'office notarial est une entreprise et comme telle astreinte à tenir une comptabilité ;

2° le notaire est un dépositaire. Il reçoit en effet les prix de vente d'immeubles et de fonds de commerce, le montant des prêts consentis en son étude, durant l'accomplissement des formalités de publicité foncière et les délais d'opposition. Il est amené à l'occasion du règlement d'une succession à procéder à l'encaissement de certains éléments d'actif, comptes bancaires, livrets de caisse d'épargne, prorata de pension, loyers et fermages, prix de vente de valeurs mobilières, de fonds de commerce, d'immeubles, montant des droits de mutation par décès, etc. Il encaisse également les intérêts des prêts établis en son étude. Il encaisse avec les provisions pour frais des actes, des sommes qu'il doit reverser aux diverses administrations financières et fiscales.

Il peut recevoir non seulement des sommes, mais aussi des valeurs d'où la nécessité d'une comptabilité distincte, et l'on entend par valeurs non seulement les actions ou obligations de sociétés, les titres d'emprunt de l'État français ou des États étrangers, mais encore tout ce qui représente une valeur vénale susceptible de transfert : copies exécutoires de créances à endos, chèques émis au nom d'un client, bijoux, etc.

165. – Interdictions. Obligations. C'est ce caractère de dépositaire du notaire qui a amené le législateur à prendre les dispositions ci-dessus rappelées (V. *supra*, n°s 136 et 137) quant à l'utilisation des fonds (D. 19 déc. 1945 mod. par D. 20 juill. 1964), notamment l'article 14 qui interdit au notaire :

1° d'employer, même temporairement, les sommes ou valeurs dont ils sont constitués détenteurs, à un titre quelconque, à un usage auquel elles ne seraient pas destinées, et notamment de les placer en leur nom personnel ;

2° de retenir, même en cas d'opposition, les sommes qui doivent être versées par eux à la Caisse des dépôts et consignations dans les cas prévus par les lois, décrets ou règlements.

Un notaire associé ayant détourné des fonds au préjudice de clients est coupable d'abus de confiance (Cass. crim., 28 mai 2008 : *JurisData* n° 2008-044739). Un notaire est coupable d'abus de confiance aggravé pour avoir détourné une somme au préjudice des héritiers d'une succession (Cass. crim., 17 mai 2007 : *JurisData* n° 2006-034192). Le fait de solder des comptes de clients sous couvert d'honoraires de l'article 4 est constitutif d'abus de confiance (Cass. crim., 21 sept. 2007 : *JurisData* n° 2005-030487). Ces diverses décisions ont été déjà citées à propos de la responsabilité pénale du notaire (V. *supra*, n° 141).

166. – Dépôt des fonds. En outre, d'autres obligations sont imposées aux notaires.

Ils ne peuvent conserver en espèces dans leur étude pendant plus de deux jours ouvrables une somme supérieure à 3 000 €, et le montant de l'encaisse est limité à 5 % du montant total des fonds dont ils sont détenteurs à quelque titre que ce soit (D. n° 45-0117,19 déc. 1945, art. 15. – A. 30 mars 1968).

Le notaire doit déposer les fonds de leurs clients à la Caisse des dépôts et consignations (D. 19 déc. 1945, art. 15. al. 2, réd. D. n° 2000-1156, 3 nov. 2000).

Enfin, toute somme détenue pour le compte de tiers qui, à l'expiration d'un délai de trois mois, n'a pas été remise aux ayants droit doit être obligatoirement versée à la Caisse des dépôts et consignations qui sert des intérêts dont les notaires doivent tenir compte à leurs clients (D. n° 78-262, 8 mars 1978, art. 17). La consignation ne paraît pas obligatoire si la somme détenue ne dépasse pas 76 € (500 F, lettre de la chancellerie au président du Conseil supérieur du 20 avril 1956).

167. – Tenue de la comptabilité. La comptabilité des notaires doit être tenue suivant les principes de la comptabilité en partie double et conformément au plan comptable notarial (A. 22 juill. 1988). Cette obligation, d'abord imposée aux seules sociétés civiles professionnelles, s'applique à tous les notaires depuis le 1er janvier 1990 (D. 19 déc. 1945, art. 19-2, mod. D. n° 86-728, 29 avr. 1986).

La comptabilité de la plupart des offices est tenue sur ordinateur. Les règles applicables sont précisées par l'arrêté du 26 mai 1984 modifié par arrêté du 28 décembre 1988. Les matériels logiciels et progiciels utilisés doivent faire l'objet d'un agrément.

Section 5

INSPECTION DES ÉTUDES

168. – Les organismes professionnels ont parmi leurs attributions de faire procéder à des inspections dans les études de notaires afin de vérifier la réalité de l'encaisse et sa correspondance avec les documents comptables, de s'assurer de la régularité de la tenue des livres et du respect des prescriptions réglementaires, et également de contrôler la marche générale de l'étude (Ord. n° 45-2590, 2 nov. 1945, art. 4, 5° et 5, al. 3).

§ 1. – Réglementation

169. – La réglementation des inspections résulte du décret n° 74-734 du 12 août 1974, d'une circulaire du garde des Sceaux du 29 janvier 1975 et d'un arrêté du 17 novembre 2005 (C. not.).

Les inspections sont de deux sortes : les inspections annuelles et les inspections occasionnelles. Les études sont sous la surveillance du procureur de la République. Elles sont inspectées par des notaires inspecteurs pris dans une liste établie par le conseil régional et par des inspecteurs de comptabilité (experts-comptables, commissaires aux comptes, autres personnes compétentes) pris sur une liste établie par chaque conseil régional et le Conseil supérieur. Les notaires inspecteurs sont choisis en dehors du département où exerce le notaire inspecté.

Sauf lorsque l'office a une activité très réduite (moins de cent actes par an), l'inspection doit être faite par un notaire et un inspecteur en comptabilité. Dans les autres cas, elle peut être faite par deux notaires (A. 17 janv. 1980).

Les textes prévoient aussi que le procureur de la République, accompagné d'un membre de la chambre, peut procéder à tout contrôle dans un office. Cette pratique est peu fréquente, sauf en cas de graves difficultés.

Toute inspection doit être inopinée et les inspecteurs ont un large pouvoir d'investigation. Les inspecteurs doivent adresser leur compte rendu aux organismes professionnels qui ont pris l'initiative des inspections et si des irrégularités sont découvertes, avis doit en être donné immédiatement aux parquets et aux organismes professionnels. En outre, les présidents des conseils régionaux et du Conseil supérieur rendent compte aux parquets des inspections effectuées au cours de l'année écoulée. Les inspecteurs sont responsables civilement, disciplinairement et pénalement (D. 12 août 1974, art. 10 à 18). Les organismes professionnels sont parfois mis en cause mais leur responsabilité ne peut être engagée dès lors que les inspections ont été effectuées normalement, même si certaines irrégularités n'ont pas été découvertes (CA Paris, 2e ch. A, 9 mars 1999 : *JurisData* n° 1999-022664. – Cass. 1re civ., 6 juin 2001 : *JurisData* n° 2001-010114 ; *JCP* N 2003, n° 22, 1346, obs. Ph. Pelletier. – V. aussi CA Aix-en-Provence, 1re ch. C, 20 mai 2003 : *JurisData* n° 2003-232752. – CA Paris, 1re ch. A, 16 nov. 2004 : *JurisData* n° 2004-260831).

La Caisse de garantie collective n'a aucune prérogative en matière d'inspection de comptabilité (Cass. 1re civ., 30 janv. 2001 : *JurisData* n° 2001-007954 ; *Defrénois* 2001, n° 11, p. 724, obs. J.-L. Aubert).

§ 2. – Inspections annuelles

170. – Chaque étude doit être inspectée annuellement à l'initiative de la chambre des notaires (sauf les cas particuliers des présidents de chambres et des conseils régionaux et syndics), par deux inspecteurs, l'un notaire, l'autre étant une personne qualifiée en comptabilité. Le président de chambre adresse au procureur de la République son avis motivé sur le compte rendu des inspections. Le service des inspections est assuré par les conseils régionaux mais sous la responsabilité du président de la chambre dont relève le notaire inspecté (D. 12 août 1974, art. 19 à 29).

§ 3. – Inspections occasionnelles

171. – Ces inspections portent soit sur une question particulière, soit sur l'ensemble de l'activité professionnelle du notaire. L'autorité qui prescrit l'inspection fixe la nature de la mission. Les inspections sont prescrites, soit par les présidents des organismes professionnels, soit par les parquets ou le garde des Sceaux.

L'autorité qui prescrit l'inspection désigne un ou plusieurs inspecteurs appartenant à la catégorie des notaires inspecteurs ou des inspecteurs de comptabilité ou aux deux catégories. Toutefois, exceptionnellement, le président du Conseil supérieur et le garde des Sceaux peuvent désigner un ou plusieurs inspecteurs notaires pris en dehors des listes régionales. Les présidents des organismes professionnels, dans le ressort desquels se trouve le notaire inspecté, sont tenus de fournir tous renseignements utiles aux inspecteurs qui doivent aussi préalablement prendre contact avec le procureur de la République. Compte rendu de l'inspection est donné à l'organisme qui l'a prescrite et les parquets doivent, dans tous les cas, être tenus informés du compte rendu et de l'avis motivé des présidents d'organismes professionnels, sur ce compte rendu. Les frais des inspections occasionnelles peuvent être recouvrés, en tout ou en partie, sur le notaire inspecté (D. 12 août 1974, art. 24 à 29). Le recouvrement peut être justifié par la négligence du notaire inspecté (CA Aix-en-Provence, 17 juin 1997 : *JurisData* n° 1997-048641). Il ne s'agit pas de la sanction d'une faute grave (Paris, ord. Prem. prés., 11 déc. 1989 : *JurisData* n° 1989-026868).

Chapitre 3

L'ACTE NOTARIÉ ET LES MISSIONS DU NOTAIRE

172. – Il s'agit dans le présent chapitre de l'objet du droit notarial proprement dit, c'est-à-dire de l'activité du notaire.

Celle-ci consiste essentiellement dans la rédaction de l'acte notarié, mais ce n'est pas la seule mission du notaire, et, dans la section 4, seront étudiées les autres missions du notaire, en particulier celle de conseil des parties (V. *infra*, n°s 233 à 244).

Section 1

L'ACTE NOTARIÉ INSTRUMENT DE PREUVE

173. – Définition. L'acte notarié est la preuve écrite par excellence, preuve préconstituée avec les avantages que cela comporte (V. à ce sujet *supra*, n°s 4 à 12).

Dans le présent chapitre, le mot acte est pris au sens *instrumentum* (moyen de preuve) qu'il ne faut pas confondre avec l'acte juridique, *negotium*, manifestation de volonté produisant un effet juridique.

« Les notaires sont les officiers publics établis pour recevoir les actes et contrats auxquels les parties doivent ou veulent faire donner le caractère d'authenticité attaché aux actes de l'autorité publique (...) » (Ord. 2 nov. 1945, art. 1er).

« L'acte authentique est celui qui a été reçu par officiers publics ayant le droit d'instrumenter dans le lieu où il a été rédigé, et avec les solennités requises » (C. civ., art. 1317).

Comme on l'a vu, l'acte authentique et l'acte sous seing privé peuvent être établis sur un support électronique (C. civ., art. 1316-1. – V. *supra*, n° 7).

174. – Authenticité. Dans le langage courant, authentique qualifie ce qui est vrai, dont on ne peut contester la véracité, par opposition à ce qui est faux. Étymologiquement, le mot authentique vient du grec : qui agit par soi-même.

Il convient de remarquer que les actes notariés ne sont pas les seuls actes authentiques. Les actes administratifs établis par les préfets, les représentants des collectivités territoriales et, en particulier, les maires, les actes de l'état civil, les jugements, certains actes d'huissier sont des actes authentiques. Toutefois, un constat d'huissier ne peut équivaloir à un acte notarié (Cass. 1re civ., 19 févr. 1991 : *JurisData* n° 1991-000430 ; *JCP* N 1991, n° 26, II, p. 177 ; *Defrénois* 1991, art. 35077-58, obs. G. Vermelle).

Quelle que soit leur origine, les actes authentiques ont pour caractère commun d'être l'attestation d'un fait par une autorité publique dont la déclaration fait foi jusqu'à inscription de faux sans vérification préalable d'écriture. On dit qu'ils ont force probante. Bien plus, avoir un droit n'est rien si l'on ne peut obtenir l'exécution de l'obligation incombant à l'autre partie. L'acte authentique est doté de la force exécutoire.

Cette force exécutoire a été rendue plus efficace par la réforme des procédures civiles d'exécution (L. n° 91-650, 9 juill. 1991, V. *infra*, n° 179).

175. – Fondement. Si l'on s'interroge sur le fondement juridique du pouvoir du notaire de conférer l'authenticité, on constate que, alors que la loi de *ventôse* le qualifiait de fonctionnaire, l'ordonnance du 2 novembre 1945 substitue au texte d'origine une nouvelle définition dans laquelle il est nommé « officier public ». En effet, le notaire n'est pas un fonctionnaire car il n'engage pas, par son activité, la responsabilité de l'État. C'est un délégataire de la puissance publique. Le grand juriste argentin Welsch explique qu'il se noue un contrat entre le notaire et l'État au moment de la nomination. Moyennant un contrôle de la qualification et de la régularité de son activité effectuée par la puissance publique, l'acte reçu par le notaire est assorti d'une garantie particulière.

§ 1. – La force probante

176. – En application des dispositions de l'article 1319 du Code civil, celui qui produit un acte authentique dont l'apparence est régulière n'a pas à en prouver la véracité. C'est à celui qui conteste l'authenticité de démontrer la fausseté de l'acte, par la procédure d'inscription de faux prévue par les articles 303 à 316 du Code de procédure civile.

C'est une procédure qui comporte plusieurs décisions judiciaires et si le demandeur succombe, il est condamné à une amende civile sans préjudice des dommages-intérêts qui seraient réclamés. En revanche, le notaire condamné risque la réclusion criminelle.

Il est très important de remarquer que l'authenticité ne concerne que l'instrument de preuve ; la partie qui veut contester la convention elle-même n'a pas besoin de recourir à la procédure d'inscription de faux. C'est ainsi notamment que, dans un arrêt du 19 avril 1972, la Cour de cassation a décidé que les énonciations du titre de propriété concernant la contenance de parcelles peuvent être combattues par la preuve contraire (*Journ. not.* 5 déc. 1973, n° 51489. – V. dans le même sens, CA Paris, 2e ch. B, 9 oct. 2008 : *JurisData* n° 2008-373805). Ainsi, en cas de discordance entre l'acte notarié et l'acte sous seing privé antérieur, le juge peut rechercher quelle était l'intention des parties sans s'en tenir aux énonciations de l'acte notarié (Cass. 3e civ., 7 janv. 1998 : *JurisData* n° 1998-000128).

La simple déclaration que le prix a été payé n'est pas garantie par la force probante (Cass. 3e civ., 10 mars 1993 : *JurisData* n° 1993-000549 ; *JCP* N 1994, II, p. 25, note L. Leveneur. – Dans le même sens, Cass. 1re civ., 13 mars 2007 :

JurisData n° 2007-037907. – Cass. 1re civ., 27 mars 2007 : *JurisData* n° 2007-038289).

177. – Limites. L'authenticité ne s'applique qu'aux faits attestés par le notaire comme ayant été vus et entendus par lui. C'est ainsi qu'elle s'applique à la date de l'acte, au lieu de sa signature et à la matérialité de la signature par les parties et à leur présence à l'acte, au fait qu'elles ont fait telle ou telle déclaration, sans prouver pour autant que cette déclaration est exacte.

À titre d'exemple, lorsque dans un acte de vente le notaire indique que les fonds ont été payés à sa vue ou plus exactement par la comptabilité de l'office, la force probante est attachée à cette indication (Cass. 1re civ., 26 mai 1964 : *JCP* G 1964, II, 13758, note R. L. – Cass. 1re civ., 18 avr. 1972 : *Bull. civ.* I, n° 102) ; par contre, elle ne joue pas lorsque le notaire écrit que le prix a été payé avant la signature de l'acte ou directement entre les parties sur les déclarations de celles-ci, mais la preuve contraire doit être établie conformément aux règles des articles 1341 et 1347 du Code civil (Cass. 3e civ., 10 mars 1993, préc. *supra*, n° 176).

La force probante n'est attachée qu'aux constatations du notaire qui relèvent de sa compétence technique. Ainsi, la déclaration suivant laquelle un testateur paraît sain d'esprit peut être contestée sans qu'il y ait lieu de recourir à la procédure d'inscription de faux (Cass. 1re civ., 25 mai 1987 : *JurisData* n° 1987-001082 ; *JCP* N 1988, II, p. 40, note J.-F. Pillebout).

178. – Nullité de l'acte. Quelles sont les conséquences de la nullité de l'acte authentique ? La nullité de l'acte entraîne la nullité de la convention lorsque la solennité de l'acte est imposée par la loi ; c'est, par exemple, le cas des donations ou des contrats de mariage. L'acte qui n'a pas été signé par le notaire est nul (Pour un acte de donation entre époux, Cass. 1re civ., 29 nov. 1989 : *JurisData* n° 1989-703896 ; *Defrénois* 1990, art. 34802-51, p. 738, obs. J.-L. Aubert, préc. *supra*, n° 99).

Mais l'article 1318 du Code civil dispose que l'acte qui n'est pas authentique par l'incompétence ou l'incapacité de l'officier, ou par un défaut de forme, vaut comme écriture privée, s'il a été signé par les parties (V. aussi *infra*, n° 180).

§ 2. – La force exécutoire

179. – Les actes authentiques bénéficient de la force exécutoire, c'est-à-dire que, sur l'étendue du territoire de la République, le créancier qui produit, comme titre de créance, un acte notarié contenant une obligation de payer une dette certaine et liquide, peut en poursuivre l'exécution sans être obligé de recourir aux tribunaux pour obtenir un jugement de condamnation contre son débiteur. Il lui suffit de remettre la copie exécutoire de l'acte (V. *infra*, nos 220 à 225) à un huissier de justice qui pourra entamer la procédure d'exécution. Il n'en reste pas moins que le débiteur poursuivi peut tenter d'obtenir des délais de la part des tribunaux ; l'exécution peut être suspendue si une procédure de faux est entamée (C. civ., art. 1319, al. 2. – L. *ventôse*, art. 19).

Le créancier muni d'un titre exécutoire peut procéder à une saisie-attribution sans jugement préalable, ce qui lui assure un règlement rapide dès lors que son débiteur est titulaire d'une créance valable (L. n° 91-650, 9 juill. 1991, art. 41). Il peut aussi prendre une sûreté provisoire sans autorisation de justice (L. préc., art. 68).

À l'étranger, la force exécutoire doit être demandée à l'autorité publique du lieu où l'acte doit être exécuté, autorité qui délivre l'*exequatur* sur production de la copie exécutoire traduite dans la langue du pays et revêtue du visa du ministère français des Affaires étrangères (V. *infra*, n° 231). Dans les pays de l'Union européenne, divers règlements facilitent la circulation des titres notariés. Un règlement du 21 avril 2004 crée un titre exécutoire européen pour les créances incontestées (CPC, art. 509-1 à 509-7). Cela répond aux préoccupations des notaires (85e Congrès des notaires de France, Strasbourg, 1992, p. 814). La création d'un acte authentique européen a fait l'objet d'un vote favorable du Parlement européen le 2 décembre 2008 (*Notaires. Vie professionnelle* janv.-févr. 2009, p. 26).

§ 3. – L'acte sous signatures privées

180. – Il paraît intéressant d'établir une comparaison entre l'acte notarié et l'acte sous signatures privées ou sous seing privé.

Ce dernier n'est en principe soumis à aucune formalité de rédaction sinon celle d'être signé par les parties, sauf certaines dispositions particulières, notamment celles :

– de l'article 970 du Code civil pour les testaments olographes qui ne sont pas valables s'ils ne sont écrits en entier, datés et signés de la main du testateur ;

– de l'article 1325 du Code civil qui, pour la validité des actes sous seing privé contenant des conventions synallagmatiques, exige qu'ils aient été faits en autant d'originaux qu'il y a de parties ayant un intérêt distinct ; chaque original doit contenir la mention du nombre d'originaux qui ont été faits ; il est à remarquer que l'on rédige généralement un exemplaire supplémentaire destiné à l'administration de l'enregistrement et qu'un seul exemplaire suffit s'il est déposé par toutes les parties entre les mains d'un tiers ; lorsque l'acte est établi sur support électronique, chacune des parties doit pouvoir y accéder ;

– de l'article 1326 du Code civil : l'acte constatant des promesses unilatérales de sommes d'argent ou de choses appréciables en argent au cas où il ne serait pas écrit en entier de la main du débiteur, doit comporter, outre la signature du débiteur, un « bon pour » ou un « approuvé » écrit de la main de ce dernier portant en toutes lettres et en chiffres la somme ou la quantité de la chose ; en cas de différence, l'acte sous seing privé vaut pour la somme en toutes lettres (C. civ., art. 1326) ;

– de l'article L. 141-1 du Code de commerce (ancien art. 12 de la loi du 29 juin 1935), imposant certaines mentions dans les actes de vente de fonds de commerce ;

– des articles L. 313-7 et L. 313-8 du Code de la consommation et des articles L. 341-2 et L. 341-3 du même code en vertu desquels une personne physique qui s'engage dans un acte sous seing privé en qualité de caution ou de caution solidaire doit faire précéder sa signature d'une mention manuscrite ;

– de l'article 22-1 de la loi du 6 juillet 1989 relative au bail d'habitation imposant une mention manuscrite spéciale pour le cautionnement du locataire.

La sanction des irrégularités est variable suivant les cas. Elle peut être une nullité, le plus souvent absolue, comme pour le testament olographe ne répondant pas aux exigences de la loi ou la donation entre époux non signée par le notaire (Cass. 1re civ., 29 nov. 1989 : *JurisData* n° 1989-703896 ; *Defrénois* 1990, art. 34802-51, p. 738, obs. J.-L. Aubert, préc. *supra*, n° 178). Parfois, la nullité n'exclut pas la possibilité d'utiliser l'acte comme commencement de preuve par écrit (C. civ., art. 1325 et 1326. – D'après la jurisprudence en ce qui concerne le cautionnement, Cass. 1re civ., 12 mai 1993 : *JurisData* n° 1993-000844 ; *D.* 1994, somm. p. 10, obs. L. Aynès. – Cass. 1re civ., 29 févr. 2000 : *JurisData* n° 2000-00771. – Cass. com., 11 juin 2003 : *JurisData* n° 2003-019397). Mais l'acte de vente non signé par les parties est frappé d'une nullité absolue (Cass. 1re civ., 12 juill. 2007 : *JurisData* n° 2007-040110 ; *JCP* N 2007, n° 30, act. 543). Lorsque le vice ne constitue pas un simple défaut de forme privant l'acte notarié de son caractère authentique, l'acte ne peut valoir comme écriture privée (Cass. 1re civ., 21 févr. 2006 : *JurisData* n° 2006-032285).

D'autres règles de forme sont imposées par le droit sur les effets de commerce et le chèque (Pour le droit commercial, V. Roulois, Fasc. 2920).

§ 4. – Avantages de l'acte notarié

181. – Si l'on compare l'acte notarié et l'acte sous seing privé, on constate que ce dernier est dénué de la force exécutoire ; tout créancier, en vertu d'un acte sous seing privé, doit obtenir un jugement du tribunal ou une injonction de payer s'il veut se faire payer (Pour la procédure civile et les voies d'exécution, V. Roulois, Fasc. 2000 à 2065).

En ce qui concerne la force probante, on peut toujours prouver contre le contenu d'un écrit sous signatures privées ; bien plus, un tel acte n'apporte pas la preuve de la date à laquelle il a été fait. L'article 1328 du Code civil prévoit que les actes sous seing privé n'ont de date certaine à l'égard des tiers que du jour où ils ont été enregistrés, du jour du décès de celui ou d'un de ceux qui les ont souscrits ou du jour où leur substance est constatée dans un acte dressé par un officier public.

On voit ainsi les avantages incontestables de l'acte authentique par rapport à l'acte sous signatures privées.

Section 2

AUTHENTICITÉ OBLIGATOIRE OU FACULTATIVE

182. – La définition précédemment rappelée du notaire (section 1) précise qu'il est établi pour recevoir les actes auxquels les parties doivent ou veulent faire donner l'authenticité. Il y a donc des actes pour lesquels l'authenticité est obligatoire, d'autres pour lesquels elle n'est que facultative.

§ 1. – Authenticité obligatoire de certains actes

183. – Ce sont les actes solennels. Les raisons de cette mesure ont été précisées par le rapporteur au tribunal de la loi de *ventôse* :

> « Si les parties ont en général la libre faculté de passer leurs actes devant le notaire pour leur donner la forme et le caractère d'authenticité légale, il est certain que plusieurs lois imposent l'obligation de recourir au ministère des notaires pour un grand nombre d'actes qui sont les plus importants pour la société soit par leurs effets, soit par leur suite. »

Les avantages du formalisme quant à la sécurité juridique des conventions ont déjà été rappelés dans l'introduction (V. *supra,* n° 11).

Dans les actes solennels, la forme régit le droit, puisqu'ils sont nuls, y compris la convention qu'ils auraient exprimée s'ils ne sont pas passés selon les formes voulues.

Parmi les actes solennels, il faut citer : le contrat de mariage, les donations (pour lesquelles a été cependant supprimée l'intervention d'un deuxième notaire ou de deux témoins), les testaments authentiques, les constitutions d'hypothèques, les actes de mainlevée et les ventes d'immeubles à construire (C. civ., art. 1601-2), les actes de révocation du mandat légal entre époux agriculteurs, artisans ou commerçants (C. rur., art. L. 321-3), l'inventaire (CPC, art. 1330), les actes de consentement à procréation médicalement assistée (C. civ., art. 311-20), le testament par lequel un époux peut priver son conjoint du droit au logement (C. civ., art. 764), la déclaration d'insaisissabilité du logement ou de certains biens immobiliers par le chef d'entreprise (C. com., art. L. 526-1), la décision des héritiers concernant la prestation compensatoire (C. civ., art. 280-1), le bail rural cessible (C. rur., art. L. 418-1), la renonciation anticipée à l'action en réduction ou à l'action en retranchement (C. civ., art. 929 et 1527), le mandat à titre posthume (C. civ., art. 812 et 812-1-1, réd. L. n° 2006-728, 23 juin 2006), le mandat de protection future pour produire les effets les plus larges (C. civ., art. 477 à 494, réd. L. n° 2007-038, 5 mars 2007, entrée en vigueur le 1er janv. 2009), etc.

§ 2. – Authenticité donnée volontairement à la demande des parties

184. – Une première remarque s'impose : le législateur semble avoir voulu donner aux notaires le droit exclusif de recevoir les actes authentiques. Il ne dit pas, les notaires sont « des » officiers publics, mais bien « les » officiers publics. Le mot « des » pourrait laisser supposer que d'autres ont la même mission. Le mot « les » indique que les notaires ont seuls la délégation de la puissance publique pour donner l'authenticité aux conventions des parties. Il faut pourtant faire exception des actes administratifs qui empiètent d'après la loi elle-même sur les attributions notariales dans la limite où des collectivités publiques sont intéressées aux conventions (CGPPP, art. L. 2112-4 à L. 2112-7). Cependant, les collectivités publiques, sauf l'État, conservent le droit de recourir aux notaires, en matière de vente en particulier. On peut d'ailleurs se demander, en bonne logique, pourquoi l'État, après avoir institué les notaires comme officiers publics de la preuve, a décidé de se priver lui-même de leurs services.

En tout cas, il est logique de réserver au particulier traitant avec une collectivité territoriale ou un établissement public le droit de faire appel à un notaire (Rép. min. : *JOAN* Q, 11 août 1986 : *JCP* N 1986, prat. p. 555).

En fait, toutes les conventions, pourvu bien entendu qu'elles ne contiennent pas de dispositions contraires à l'ordre public et aux bonnes mœurs, peuvent être constatées par acte notarié, et les anciennes archives notariales fourmillent d'actes très divers (contrats de travail ou d'apprentissage, ventes de marchandises, de matériaux de construction, etc.) et parfois singuliers comme les procès-verbaux de miracle, les contrats de courses entre armateurs et corsaires.

§ 3. – Authenticité donnée pour rendre l'acte opposable aux tiers

185. – Bien que l'acte notarié fasse foi à l'égard de tous que pour les faits et déclarations que le notaire a constaté par la vue (*de visu*) ou par l'audition (*de auditu*), le législateur a prescrit bien souvent le ministère du notaire pour que l'acte produise ses effets à l'égard des tiers.

Il faut citer à titre d'exemples :

– tout d'abord, tous les actes soumis à publicité foncière (D. n° 55-22, 4 janv. 1955, art. 4) ; un acte sous signatures privées de vente d'immeuble, par exemple, s'il engage les cocontractants, n'est pas opposable aux tiers ; cette opposabilité résulte de la publicité à la conservation des hypothèques, et cette publicité n'est accordée qu'aux actes authentiques ;

– l'article 1690 du Code civil exige l'authenticité pour les acceptations de cession de créance ;

– la subrogation conventionnelle par le débiteur prévue par l'article 1250, alinéa 2, du Code civil exige, pour l'acte d'emprunt et la quittance, des actes notariés ;

– l'article 1832-1, alinéa 2, dispose que les avantages et libéralités résultant d'un contrat de société entre époux reçu par acte authentique ne peuvent être annulés comme donation déguisée et d'après l'article 854, il n'est pas dû de rapport pour les sociétés faites sans fraude entre le défunt et l'un de ses héritiers lorsque les conditions ont été réglées par acte authentique ;

– les baux de débits de boissons ne sont opposables à l'administration des contributions indirectes que s'ils sont faits par acte notarié (CGI, art. 504) ;

– les actes sous signatures privées n'acquièrent date certaine à l'égard des tiers que s'ils sont enregistrés ou relatés dans un acte authentique, notamment par le dépôt aux rangs des minutes d'un notaire (V. *supra*, n° 181) ;

– les procurations pour transfert d'emprunts d'État doivent, si les opérations portent sur un capital important (10 000 F, somme non convertie en euros), être faites par acte notarié (D. n° 76-261, 19 mars 1976).

Section 3

RÈGLES CONCERNANT LA FORME DES ACTES NOTARIÉS

186. – Les règles relatives à la rédaction des actes notariés précisées par la loi de *ventôse* ont été reprises par le décret n° 71-941 du 26 novembre 1971.

Aucune forme sacramentelle n'est imposée aux notaires pour la présentation des actes notariés. Sans doute, un certain nombre de formules sont-elles couramment employées dans le notariat, mais les formulaires qui les contiennent n'ont rien d'obligatoire. Ils présentent, cependant, l'avantage d'offrir aux notaires des cadres d'actes qui sont le fruit d'une longue pratique et permettent d'éviter les improvisations souvent dangereuses par l'oubli de clauses importantes.

Depuis plusieurs années, des efforts sont faits pour moderniser la présentation des actes notariés. Dans un premier temps, et pour utiliser au mieux la photocopie, les actes ont été divisés en parties fixes et parties mobiles, c'est-à-dire celles correspondant spécialement à la convention qu'il convient d'authentifier : parties, objet du contrat, modalités particulières.

L'informatique, avec les possibilités d'aménagement qu'elle offre, a modifié les données du problème de la présentation des actes. Il est désormais possible de suivre un ordre logique tout en combinant facilement les éléments fixes et variables. Parallèlement, on s'est efforcé de clarifier autant que possible la rédaction des actes, sans pour autant leur enlever la précision que donne l'emploi des termes techniques.

L'informatisation des conservations des hypothèques a conduit à prévoir une nouvelle rédaction du document hypothécaire. Applicable dans un premier temps aux ventes d'immeubles, cette réglementation édicte la division du document et éventuellement de l'acte lui-même en deux parties. La première partie comporte tous les éléments nécessaires à la publication et à la perception des droits fiscaux. La seconde partie comprend les autres conventions et déclarations (Document hypothécaire normalisé, V. *JCl. Notarial Formulaire*, V° Publicité foncière, Fasc. 105).

Télé@cte permet de transmettre les documents à publier par voie électronique et de régler le montant des taxes par la même voie. Il en résulte des gains de temps très importants.

§ 1. – Les différentes parties de l'acte notarié. Règles de forme matérielle

A. – Préambule

187. – Il contient la désignation des personnes qui interviennent à l'acte, c'est-à-dire les sujets de droit notarial (V. *supra*, chapitre 1, n°s 31 à 130) : le ou les notaires, les témoins et les parties.

1° Le notaire ou les notaires, les témoins

188. – L'acte notarié est en principe reçu par un seul notaire. Ce principe, établi par la loi du 12 août 1902, a été confirmé par la loi du 28 décembre 1966 et ne comporte que trois exceptions :

– les testaments authentiques (C. civ., art. 971) et les actes de suscription des testaments mystiques (C. civ., art. 976) ;

– les actes notariés contenant révocation de testament et les procurations données pour révocation de testament ;

– les actes de renonciation anticipée à l'action en réduction ou à l'action en retranchement, avec la présence d'un second notaire nommé par le président de la chambre (C. civ., art. 930 et 1527) ;

– et les actes dans lesquels les parties, ou l'une d'elles, ne savent ou ne peuvent signer.

Dans les testaments authentiques et les actes de suscription de testaments mystiques, la présence effective du second notaire ou des deux témoins instrumentaires est exigée pendant toute la durée de la rédaction de l'acte, sa lecture et sa signature. Dans les autres cas, la présence n'est exigée qu'au moment de la lecture et de la signature (Sur les conditions requises du notaire en second ou des témoins, V. *supra*, n°s 100 à 104. – Sur l'interdiction de recevoir des actes pour des parents ou alliés et l'application de la règle aux notaires associés, V. *supra*, n° 139).

189. – Énonciations. L'acte doit énoncer le nom et le lieu d'établissement du notaire qui le reçoit, les noms et le domicile des témoins, le lieu et le jour où l'acte est passé. Aucun autre titre que la qualité de notaire ne doit être pris dans un acte, de même d'ailleurs que dans la correspondance et dans toutes les manifestations d'activité professionnelle. Cette interdiction ne s'applique pas aux grades universitaires et diplômes, ni aux décorations (Règl. nat., art. 18), ni, depuis 1995, à la mention de spécialisation (D. n° 73-609, 5 juill. 1973, art. 43-1 à 43-7, réd. D. n° 95-1106, 13 oct. 1995).

La formule se présente, quant à l'intervention du notaire, généralement ainsi :

L'an deux mil..., le...
À...
M^e^..., notaire à..., soussigné,
À reçu le présent acte authentique, à la requête de :
(Identification des parties)

Pour les actes qui doivent être reçus par le notaire lui-même, par exemple un testament authentique, une donation ou un contrat de mariage, on peut préciser que le notaire a reçu l'acte personnellement ou préférer la formule traditionnelle :

Par devant M^e^..., notaire à..., soussigné, ont comparu :

2° Les parties à l'acte

190. – L'acte contient la comparution des parties, c'est-à-dire l'indication des prénoms dans l'ordre de l'état civil, noms patronymiques, professions ou qualités, domiciles des parties, leur situation de famille et leur date et lieu de naissance, s'il s'agit d'actes soumis à la publicité foncière. Il est d'usage de faire figurer toutes indications concernant le régime matrimonial auquel se trouvent soumises les parties à l'acte.

Toutes ces énonciations sont fort importantes, car elles sont l'occasion de vérifier l'identité, la capacité des parties et la possibilité pour elles de contracter valablement.

À titre d'exemple, voici la comparution de deux époux :

Monsieur Marc-Louis Dussot, docteur en médecine, et Mme Joséphine, Irène Maurin, architecte, son épouse, demeurant ensemble à Orléans (Loiret), rue de la Libération, n° 27.
Nés savoir :
Monsieur Dussot à Paris (XIV), le 4 juillet 1980.
Madame Dussot à Versailles (Yvelines), le 2 mars 1982.
Mariés l'un et l'autre en premières noces sous le régime de la participation, aux acquêts aux termes de leur contrat de mariage, reçu par Me Olivier Legrand, notaire à Versailles, le 8 août 2008, lequel régime n'a pas été modifié depuis.

L'indication de la nationalité n'est pas obligatoire mais elle est utile pour les étrangers dont la capacité est déterminée par la loi nationale.

191. – Capacité. Il convient de ne pas oublier, lorsqu'il s'agit d'établir les comparutions, la distinction fondamentale entre la capacité de jouissance et la capacité d'exercice. Dans certains cas, une personne, quoiqu'ayant valablement la jouissance d'un droit, ne peut valablement l'exercer seule. Il est nécessaire qu'elle soit représentée ou assistée par une autre personne.

C'est ainsi que le mineur de dix-huit ans non émancipé est représenté s'il a encore son père et sa mère par ces derniers qui sont ensemble titulaires de l'administration pure et simple, s'il est orphelin de père ou de mère, par le survivant d'eux qui est de plein droit administrateur légal sous contrôle judiciaire, s'il n'a plus ni père ni mère, par un tuteur nommé par son conseil de famille ou désigné par testament par le testament survivant des père et mère.

Les pouvoirs de ces représentants du mineur sont déterminés par les dispositions du Code civil résultant de la loi n° 64-1230 du 14 décembre 1964, modifiées notamment par la loi n° 85-1372 du 23 décembre 1985 (art. 389 à 487).

Précisons :

– que le mineur émancipé a la capacité de contracter seul les actes de la vie civile sauf son contrat de mariage ; il ne peut être commerçant ;

– qu'en ce qui concerne les personnes dont les facultés mentales sont diminuées ou affaiblies, majeurs protégés, elles sont représentées par un tuteur ou assistées d'un curateur (C. civ., art. 428 à 476, réd. L. n° 2007-308, 5 mars 2007, applicable au 1er janvier 2009), à moins que leurs conjoints ne soient investis des pouvoirs d'administration en vertu des articles 219, 1426 et 1429 du Code civil ;

– que les personnes en difficultés financières peuvent faire l'objet de mesures d'accompagnement social personnalisé (C. action soc. et fam., art. L. 271-1 à L. 271-8) ;

– que les personnes objet d'une mesure de sauvegarde, de redressement ou de liquidation judiciaires sont frappées, sauf exception, d'une incapacité de disposer seules de leurs biens.

Il ne s'agit là que de notions extrêmement sommaires sur la capacité qui fait l'objet de longs développements dans les ouvrages de droit civil dont elle constitue une partie très importante (Pour une étude synthétique, V. Roulois, Fasc. 1105 à 1120, 1460).

192. – Incapacité de fait. À côté des incapacités d'ordre juridique, il existe des incapacités qui tiennent, d'une part, à l'état de santé du comparant, d'autre part, à l'impossibilité d'une des parties de se trouver présente à la signature de l'acte.

C'est ainsi que l'aveugle, capable de tous les actes de la vie civile, appose sa signature lorsqu'il peut et sait signer, mais la présence d'un second notaire ou de deux témoins peut être utile. Le muet, dont le mutisme est absolu, doit être assisté d'un interprète sauf s'il peut s'exprimer par geste.

Le sourd-muet n'est pas incapable de contracter, même s'il est illettré, pourvu qu'il puisse faire connaître sa volonté, soit par signes, soit par un interprète (Cass., 30 janv. 1944 : *S.* 1944, 1, 102).

193. – Personnes morales. D'autres sujets de droit posent des problèmes pour leur comparution dans les actes notariés. Ce sont, d'une part, les personnes morales de droit privé (associations, sociétés civiles ou commerciales, groupements agricoles ou économiques, etc.) et, d'autre part, les personnes morales de droit public (collectivités publiques, communes, départements, régions, État, établissements publics). Il convient de se référer chaque fois aux règles édictées, tant par le droit public que par le droit commercial, le droit civil ou le droit rural, pour savoir dans quelles conditions et par quels représentants dûment habilités, ces personnes morales interviennent dans l'acte notarié.

Lorsqu'un acte, auquel intervient une personne morale, est sujet à publicité foncière, il doit contenir l'identification des associations, sociétés et syndicats, par leur dénomination et l'indication, pour toutes les sociétés, de leur forme juridique et de leur siège social, pour les sociétés civiles ou commerciales, l'indication de leur numéro d'immatriculation au registre du commerce et des sociétés, pour les associations, de leur siège, de la date et du lieu de leur déclaration, pour les syndicats, de leur siège, de la date et du lieu du dépôt de leurs statuts (D. n° 55-22, 4 janv. 1955, art. 6).

194. – Représentation conventionnelle. Lorsqu'une personne intéressée ne peut se rendre personnellement à la signature d'un acte, elle est représentée par un mandataire.

Il n'est pas question de reprendre ici la théorie du mandat. Le langage notarial use généralement du mot procuration pour désigner le mandat dont les règles sont fixées par les articles 1984 à 2010 du Code civil (théorie générale du mandat), 218, 1431 et 1432 du Code civil (représentation entre époux), 1596 du Code civil (interdiction au mandataire de se rendre adjudicataire), loi n° 65-557 du 10 juillet 1965 (syndic de copropriété), 436 et 437 du Code civil (majeur sous sauvegarde de justice).

La réforme de la protection des majeurs instaure le mandat de protection future qui permet de désigner à l'avance la personne chargée de représenter le mandant lorsqu'il n'aura plus la possibilité d'agir lui-même. Un tel mandat peut être donné par les père et mère pour leur enfant mineur ou majeur dont ils ont la charge (C. civ., art. 477 à 494, réd. L. n° 2007-308, 5 mars 2007, applicable au 1er janvier 2009). Signalons aussi le testament *post mortem* qui offre la possibilité de désigner une personne chargée d'administrer ou de gérer la succession du mandant pour le compte et dans l'intérêt d'un ou de plusieurs héritiers identifiés (C. civ., art. 812 à 812-7, réd. L. n° 2006-728, 23 juin 2006).

Dans la procuration classique, une personne, le mandant, donne à une autre personne, le mandataire, mission de la représenter et d'agir en son nom. Le mandat s'emploie pour toutes sortes d'actes juridiques ; cependant, certains actes par leur nature même supposent une comparution personnelle : célébration de mariage sauf en cas de guerre, testament authentique, prestation de serment.

Le notaire ne peut figurer comme mandataire de l'une des parties dans les actes qu'il reçoit et le syndic d'une copropriété ne peut représenter un copropriétaire dans une assemblée de syndicat. D'autre part, un mandataire ne peut représenter dans un même acte que des parties ayant un même intérêt.

Le mandat peut être verbal (C. civ., art. 1985), mais en pratique notariale, un mandat écrit est toujours exigé. L'article 14, 6° du décret n° 45-0117 du 19 décembre 1945 interdit aux notaires de laisser intervenir leurs clercs sans un mandat écrit dans les actes qu'ils reçoivent.

Le mandataire peut agir en vertu d'une procuration authentique ou sous seing privé. La forme authentique du mandat est exigée pour tous les actes dont l'authenticité est requise pour leur validité (hypothèque, donation, reconnaissance d'enfant naturel, etc.). La seule exception résulte de l'article 1844-2 permettant de conférer par acte sous seing privé aux représentants légaux d'une société les pouvoirs nécessaires à la constitution d'une hypothèque ou d'une sûreté réelle sur les biens de la société.

195. – Forme. La procuration doit être revêtue de la forme solennelle (deuxième notaire ou présence de deux témoins instrumentaires), si elle doit être utilisée pour une révocation de testament par acte notarié. Par contre, bien que la forme authentique soit exigée pour les actes soumis à la publicité foncière, les procurations données par le vendeur ou l'acquéreur peuvent être sous signatures privées.

En résumé, la procuration doit revêtir la même forme que l'acte dans lequel elle doit être utilisée. La plupart du temps, la procuration est établie en brevet, sauf lorsque le mandataire doit s'en servir dans plusieurs actes différents. Dans ce cas, il est délivré une ou plusieurs copies authentiques ou extraits de procuration. En outre, la procuration doit être en minute lorsqu'elle est utilisée dans certains actes importants : contrats de mariage, donations, etc. (V. *supra*, n° 183). La procuration reçue en brevet est annexée à l'acte principal.

196. – Pratique. Dans les procurations établies en brevet, le nom du mandataire peut rester en blanc. C'est le seul acte notarié pouvant comporter un blanc. Cette pratique, quoique surprenante, est utile car elle permet au notaire qui va utiliser la procuration de choisir sur place le mandataire.

Au point de vue pratique, il est à remarquer que la rédaction d'une procuration est toujours délicate, car elle doit être adaptée à l'usage que l'on doit en faire ; aussi est-il prudent d'en demander le modèle au notaire rédacteur de l'acte principal. Il faut également être très prudent, et ne pas rédiger une procuration de telle façon que l'on puisse en déduire, par exemple, que le mandant se reconnaît débiteur de telle ou telle somme. Éventuellement il faut prendre garde que le mandant ne soit considéré comme ayant pris parti comme héritier ou légataire. Pour éviter cela, il doit agir comme « habile à se dire et porter héritier ou légataire », ou « sans prendre la qualité d'héritier ou de légataire ».

197. – Exécution du mandat. Le mandat est en principe personnel ; cependant, le mandataire peut transmettre à une autre personne tout ou partie de ses pouvoirs. C'est la substitution. Si le substitué est désigné par le mandant, il est réputé tenir ses pouvoirs directement du mandant. Si le mandat contient le pouvoir de substitution sans désignation de personne, le substitué représente le mandant, mais le mandataire substituant demeure responsable du substitué. S'il n'y a pas pouvoir exprès de substituer, le substitué devient simple mandataire du substituant.

Voici, à titre d'exemple, la comparution d'un mandataire substitué :

M. Z.,

Agissant au nom et comme mandataire substitué de M. X., en vertu de la procuration donnée à l'origine, avec faculté de substituer à M. Y., suivant acte reçu par Me..., notaire à..., le..., dont le brevet a été annexé à l'acte de substitution de pouvoirs ci-après énoncé.

Observation faite que M. Y. a substituée dans ses pouvoirs M. Z., comparant, suivant acte reçu par Me..., notaire à..., le..., dont le brevet est ci-annexé.

Lorsque le mandat est accompli, le mandataire doit présenter son compte de gestion et remettre à son mandant ce qu'il a encaissé pour son compte. Le notaire qui accepte un mandat, qu'il soit à son nom ou au nom de l'un de ses clercs, doit obtenir une décharge de ce mandat dont il doit être justifié lors des inspections de l'office.

198. – Intervention. Parfois au cours de l'acte, en dehors des comparants, interviennent d'autres personnes, soit pour éviter la signification au débiteur prévue par l'article 1690 du Code civil en matière de cession de créance, soit lors de la constitution d'un séquestre d'un prix de vente, soit pour renoncer en faveur d'un acquéreur ou d'un prêteur à un droit qui aurait pu mettre obstacle à la libre disposition d'un bien (interdiction d'aliéner, droit de retour conventionnel), soit pour indiquer qu'elles ne s'opposent pas à la convention (époux lors de l'aliénation d'un immeuble propre à son conjoint et constituant le logement familial), soit encore pour donner une garantie au cocontractant en renonçant à tout recours contre lui (C. civ., art. 918 et 924-4).

Les parties intervenantes doivent être nommées, prénommées et qualifiées de la même manière que les parties comparantes.

B. – Le corps de l'acte

199. – C'est la partie essentielle de l'acte, celle qui va relater la convention dont l'acte constitue l'instrument de preuve.

1° Divers éléments

200. – L'acte comprend d'abord les éléments essentiels, c'est-à-dire qui permettent de caractériser la convention.

Ce seront par exemple, dans la vente : la volonté de vendre exprimée par le vendeur et celle d'acquérir par l'acheteur, la désignation du bien vendu, le prix moyennant lequel la vente est réalisée.

Dans le contrat de bail : l'expression de la volonté de louer et de celle de prendre à bail, la durée du bail, la désignation du bien loué, le loyer.

Dans le contrat de prêt (dénommé autrefois obligation quand le notaire l'a négocié) : l'expression de la part du prêteur de la volonté de prêter et de la part de l'emprunteur de l'engagement de rembourser, l'indication du montant de la somme prêtée, du délai de remboursement et du taux des intérêts servis.

L'acte comprend aussi les éléments secondaires auxquels les parties se réfèrent tacitement mais qu'il est préférable d'exprimer. Par exemple, en matière de vente, l'établissement de l'origine de propriété, conséquence de l'obligation de garantie à la charge du vendeur, l'indication de la date de prise de jouissance, des conditions de la vente, de l'étendue de la garantie, de la charge des frais, des modalités du paiement du prix.

Certains autres éléments dits accidentels ou particuliers ne se retrouvent pas obligatoirement dans toutes les conventions du même type. On peut citer, dans l'acte de vente, les clauses prévoyant le paiement du prix par subrogation, la constitution d'un séquestre pour le prix, la conversion du prix en une rente viagère, la délégation du prix à un tiers créancier du vendeur, la déclaration d'emploi et d'origine des deniers.

Enfin, dans le corps de l'acte existent d'autres éléments qui doivent obligatoirement y figurer parce que la loi l'exige : ce sont les éléments légaux. On peut citer :

– dans les ventes de fonds de commerce les énonciations prescrites par l'article L. 141-1 du Code de commerce (chiffres d'affaires et bénéfices commerciaux des trois dernières années, indication des livres de comptabilité, des privilèges grevant le fonds) ;

– dans les ventes d'immeuble, l'indication de la surface d'un lot de copropriété, les déclarations relatives à l'amiante, au saturnisme (plomb), aux termites, aux performances énergétiques, aux installations électriques et de gaz, etc. ;

dans les contrats de prêt, l'indication du taux effectif global contre l'usure ;

– dans les ventes d'immeubles et de fonds de commerce, l'indication de l'avertissement qui a été donné par le notaire des peines frappant les dissimulations (CGI, art. 850 et 1837).

2° Rédaction de l'acte proprement dit

201. – Contenu. Il a déjà été indiqué que la rédaction des actes devait être claire. Le rédacteur ne doit pas se contenter d'utiliser un formulaire sans esprit critique. Certains reprochent au style notarial d'être archaïque et de contenir des formules et des termes peu compréhensibles de la part du public. Pourtant, certaines expressions dans leur concision sont difficilement remplaçables par d'autres termes ; le mot « solidarité », par exemple, recouvre toute une série de conséquences pour celui qui s'engage solidairement.

Deux règles importantes sont à observer : il faut, d'une part, éviter la prolixité et, d'autre part, rechercher la précision en pensant que si l'acte est clair pour celui qui le rédige, il doit produire ses effets dans un avenir plus ou moins éloigné et ceux qui le liront alors doivent pouvoir connaître, sans ambiguïté, ce que l'acte (*instrumentum*) a voulu exprimer.

Il est parfois utile, dans les actes compliqués, de commencer par un exposé qui permette de situer exactement les circonstances dans lesquelles l'acte intervient.

Les actes soumis à publicité foncière doivent être composés d'une façon particulière, au moins en ce qui concerne le document qui est déposé à la conservation des hypothèques. Les éléments de l'acte sont répartis en deux parties, la première comprend les stipulations et informations nécessaires à la publication et à la perception des droits fiscaux ; la seconde est réservée aux autres conventions C'est le document hypothécaire normalisé (V. *supra*, n° 186).

202. – Règles de forme. Des règles précises sont imposées quant à l'écriture des actes notariés. Elles résultent notamment des dispositions des articles 6 à 20 du décret n° 71-941 du 26 novembre 1971.

Les actes des notaires sont soit écrits à la main, soit dactylographiés, imprimés, lithographiés ou typographiés au moyen d'une encre indélébile dont le notaire est seul responsable ; avant le décret du 26 novembre 1971, les procédés de reproduction devaient être agréés ; la responsabilité du notaire peut être engagée (Rép. min. : *JOAN* Q, 14 mai 1975, p. 2621).

Les abréviations, blancs, lacunes, interlignes sont interdits. On peut écrire toutefois M., Mme ou Mlle pour Monsieur, Madame ou Mademoiselle, n. ou n° pour numéro. Les abréviations sont autorisées dans la mesure où leur signification est précisée une fois dans l'acte.

Les blancs que le rédacteur aurait aménagés dans un texte quand, par exemple, une clause est à débattre, doivent être barrés au moment de la signature s'ils ne sont pas utilisés, sauf toutefois ceux qui constituent les intervalles normaux séparant paragraphes et alinéas.

Les grattages, surcharges et lavages avec produits encrivores, sont interdits.

Les renvois doivent être écrits soit en marge, soit en bas de page, soit en fin d'acte et signés ou paraphés par le notaire et les autres parties (Pour la nullité d'un renvoi non approuvé spécialement, Cass. 1re civ., 10 oct. 1995 : *JurisData* n° 1995-002460 ; *JCP* N 1996, n° 7, II, p. 274 ; *Defrénois* 1996, art. 36447, p. 1419, note F. Ruel). Les renvois, s'ils figurent en fin des actes, doivent être numérotés. S'ils précèdent les signatures, il n'y a pas lieu de les parapher.

Les actes doivent être paraphés au bas du recto de chaque feuille par les parties, le notaire et les témoins (s'il en est exigé). Le décret du 26 novembre 1971, article 14, dernier alinéa, prévoit que si les feuilles de l'acte et de ses annexes sont, lors de la signature par les parties, réunies par un procédé empêchant toute substitution ou addition, il n'y a pas lieu de les parapher.

Chaque page doit être numérotée et le nombre de pages est indiqué en fin d'acte.

Les mots rayés considérés comme nuls et les blancs barrés doivent être constatés et comptés à la fin de l'acte avec approbation du notaire et des parties.

Les dates peuvent être indiquées en chiffres. Toutefois, la date de l'acte qui est celle de la signature par le notaire doit être énoncée en lettres.

Les sommes doivent être indiquées en toutes lettres, sauf les sommes déjà énoncées dans l'acte en toutes lettres et celles énoncées pour effectuer une opération.

La rédaction des actes notariés et de leurs copies doit être dressée sur un papier offrant toute garantie de conservation soit fourni par l'administration de l'enregistrement, soit papier spécial.

L'acte peut être établi sur support électronique (C. civ., art. 1316-1, réd. L. n° 2000-230, 13 mars 2000 et D. n° 2005-973, 10 août 2005. – V. *supra*, n° 7). Les modalités de rédaction et de conservation de l'acte sur support électronique sont précisées par le décret du 26 novembre 1971 modifié par le décret précité du 10 août 2005 (art. 16 à 20, 28, 31, 33, 37). La conservation est assurée par un minutier central sécurisé installé à Venelles (Bouches-du-Rhône).

C. – La clôture

203. – Quand les conventions sont complètement rédigées, elles sont généralement complétées par une élection de domicile (C. civ., art. 111), qui doit être faite dans le ressort du tribunal du lieu de la situation de l'immeuble ou du fonds lorsque l'acte doit être suivi de l'inscription d'un privilège immobilier, d'une hypothèque (D. n° 55-1350, 14 oct. 1955, art. 55, § 2, 2°. – C. civ., art. 2148) ou de nantissement (C. com., art. R. 143-2, antérieurement L. 17 mars 1909, art. 24).

Les stipulations relatives à la charge des frais de l'acte figurent également à la fin de cet acte.

Il est d'usage de marquer la fin des conventions par les mots « Dont acte ».

C'est la déclaration finale et approbatoire de l'acte. En quelque sorte, l'expression renouvelée du consentement des parties pour lesquelles l'acte fera désormais loi.

L'acte notarié est clôturé par trois indications indispensables relatives au lieu, à la date et à la mention de la lecture et de la signature.

204. – Lieu. Les textes imposent toujours l'indication du lieu où l'acte a été signé bien que l'intérêt principal de cette précision ait diminué depuis que les notaires ont la compétence nationale (V. *supra*, n° 41). Cette mention conserve pourtant son utilité dans les zones frontalières.

205. – Date. Le notaire ne doit en aucun cas antidater ou postdater un acte. L'indication de l'heure n'est pas obligatoire, sauf pour les contrats de mariage lorsqu'ils sont passés le jour même de la célébration du mariage. Exception faite des contrats de mariage et des procès-verbaux, la simultanéité de la présence des parties n'est pas exigée. Un acte peut donc porter plusieurs dates, il ne devient parfait qu'à la dernière signature, avec toutefois le danger d'un changement, entre les deux dates, de la capacité de la partie qui a déjà signé. En outre, les articles 6 et suivants du décret n° 71-941 du 26 novembre 1971 précisent qu'il convient d'indiquer la date à laquelle est apposée chaque signature et, d'autre part, la date à laquelle l'acte est signé par le notaire. Cette dernière date doit être énoncée en lettres (D. préc., art. 8, 2e al.).

206. – Lecture. Signature. L'acte doit mentionner le nombre de pages sur lesquelles il est établi l'indication que les parties et, le cas échéant, les témoins ont signé avec le notaire après qu'il leur a donné lecture de l'acte (à très haute voix ou avec l'aide d'un interprète s'il y a un sourd). Si l'une des parties ne sait ou ne peut signer, mention doit en être faite et la présence du second notaire ou des deux témoins doit être indiquée (D. n° 71-941, 26 nov. 1971, art. 10).

Lorsque l'acte est établi sur support électronique, les parties et les témoins doivent utiliser un procédé permettant l'apposition sur l'acte notarié, visible à l'écran, de l'image de leur signature manuscrite. Lorsque l'acte doit contenir une mention manuscrite émanant d'une personne qui y concourt, le notaire énonce que la mention a été apposée dans le respect des conditions prévues au second alinéa de l'article 1108-1 du Code civil (D. préc., art. 17). La signature du notaire est apposée au moyen d'une clé sécurisée.

207. – Habilitation. Sous sa surveillance et sous sa responsabilité, le notaire peut habiliter un ou plusieurs de ses clercs assermentés à l'effet de donner lecture des actes et des lois et recueillir les signatures des parties (L. *ventôse*, art. 10, D. n° 71-941, 26 nov. 1971, art. 38 à 40) ; les actes qui sont dressés par un clerc habilité et qui doivent ensuite être signés par le notaire ont le caractère d'actes authentiques au sens de l'article 1317 du Code civil, notamment en ce qui concerne les énonciations relatives aux constatations et formalités effectuées par un clerc habilité.

L'acte se termine alors ainsi :

Fait à...

Après lecture des présentes par M. Z. demeurant à..., clerc de notaire (ou notaire assistant) habilité et assermenté à cet effet, les signatures des parties ont été recueillies :

Le... en ce qui concerne M. A.

Et le... en ce qui concerne M. B.

Par M. Z., clerc sus-nommé, qui a également signé, le...

Et le présent acte a été signé par Me Y., notaire sus-nommé.

L'an... (en toutes lettres).

Le... (en toutes lettres).

Ces dispositions ne sont pas applicables aux notaires salariés qui, en leur qualité d'officiers publics, confèrent eux-mêmes l'authenticité aux actes qu'ils reçoivent (V. *supra*, n° 42).

208. – Exceptions. Cependant, lorsqu'une partie le demande, le notaire doit procéder en personne à toutes les formalités.

En outre, certains actes doivent être reçus par le notaire lui-même, en application de l'article 10 de la loi de *ventôse*, savoir :

1° les actes nécessitant la présence de deux notaires ou de deux témoins, c'est-à-dire les testaments authentiques, les actes de suscription de testaments mystiques, les actes contenant révocation de testament et les procurations données pour révocation de testament, les actes de renonciation à l'action en réduction ou en retranchement et les actes dans lesquels les parties, ou l'une d'elles, ne savent ou ne peuvent signer ;

2° les actes de consentement à mariage (C. civ., art. 73) ;

3° les actes de reconnaissance d'enfant (C. civ., art. 316) ;
4° les actes de consentement à adoption (C. civ., art. 348-3) ;
5° les actes de donation entre vifs et leur acceptation par acte séparé (C. civ., art. 931 et 933) ;
6° les contrats de mariage (C. civ., art. 1394) ;
7° les actes portant changement ou modification de régime matrimonial (C. civ., art. 1397).

§ 2. – Les différentes formes juridiques de l'acte notarié

209. – Les actes notariés se présentent sous deux formes : les minutes dont l'original est conservé par le notaire et les brevets qui sont remis à l'intéressé.

A. – Les minutes

210. – On appelle minute l'original de l'acte notarié que le notaire garde en sa possession pour en assurer la conservation et en délivrer des copies. Étymologiquement, le mot minute désigne une note écrite en petits caractères. La minute s'opposait, de ce point de vue, aux copies dont certaines étaient appelées grosses car elles étaient écrites en gros caractères.

L'article 20 de la loi de *ventôse* disposait que les notaires sont tenus de garder minute de tous les actes qu'ils reçoivent à l'exception de ceux qui, d'après la loi, peuvent être reçus en brevet. C'est une règle qui se trouve désormais à l'article 26 du décret du 26 novembre 1971. La rédaction en minute est d'abord nécessaire pour les actes soumis à des formes particulières. Ainsi en est-il des testaments publics, des révocations de testament et des procurations pour révocation de testament par acte authentique qui sont soumis à l'obligation de la présence et signature d'un deuxième notaire ou de deux témoins instrumentaires (L. 25 *ventôse* an XI, art. 9, mod. L. 28 déc. 1966).

La forme en minute est encore indispensable pour les contrats de mariage, les donations, constitutions d'hypothèque, certaines procurations. Elle est pratiquement nécessaire pour les actes soumis à publicité foncière et lorsqu'un créancier doit recevoir une copie exécutoire.

B. – Les brevets

211. – Le brevet est un acte simple qui n'est pas conservé à l'étude du notaire. L'original est remis au signataire ou à celui en faveur de qui il a été établi.

Peuvent être établis en brevet les actes pour lesquels cette forme a été prévue par la loi : actes de suscription des testaments mystiques (C. civ., art. 976 à 979), puis les actes énumérés par l'article 26 du décret du 26 novembre 1971, certificats de vie, procurations, actes de notoriété, quittances de fermages, de loyers, de salaires, arrérages de pensions et rentes.

En résumé, peuvent être délivrés en brevet les actes considérés comme simples, c'est-à-dire les actes unilatéraux dans lesquels une seule partie s'engage, ceux qui ne contiennent pas de stipulations pouvant être invoquées par des tiers et qui ont pour objet une chose d'intérêt momentané (procurations, billets, etc.).

Mais il doit être gardé minute de tous les actes synallagmatiques, des actes contenant des stipulations au profit de tiers ou que ceux-ci peuvent invoquer, des actes dont l'effet est perpétuel.

L'acte doit porter la mention qu'il a été fait en brevet et être revêtu du sceau du notaire.

L'inconvénient du brevet est qu'en tant que tel, il ne peut en être délivré ni copie authentique, ni extrait. En cas de perte, il faut établir un autre acte avec le concours de tous ceux qui ont participé à l'acte perdu.

Cependant, le contexte d'un acte en brevet peut être reproduit dans la copie d'un acte reçu en minute, soit que le brevet demeure annexé à un acte reçu en minute avec lequel il fait corps (procuration), soit que le notaire qui l'a reçu en fasse un acte de dépôt auquel il l'annexe. C'est le rapport ou dépôt pour minute.

C. – Concours

212. – L'acte notarié, même s'il n'est pas solennel, peut être reçu en concours par deux notaires lorsque, par exemple, chacune des parties demande à être assistée de son notaire. Les règlements de chambre prévoient qui, des deux notaires, aura la garde de la minute et également les cas dans lesquels il y a lieu à concours (V. *infra*, n°s 253 à 257).

Autrefois, il était d'usage, dans certaines régions, de dresser alors un acte en double minute. Toutefois, quelques règlements de chambre n'admettaient pas cette pratique qui était source de frais de timbre supplémentaires avant la suppression du droit de timbre à compter du 1er janvier 2006. Au cas de double minute, on indiquait sur l'acte quel est celui des deux notaires qui était chargé de la délivrance de la copie exécutoire et de la copie authentique et de l'accomplissement des formalités.

Cette pratique peut être remplacée par un procédé plus simple et pragmatique. Le notaire en second conserve une copie de l'acte classée, à la date de celui-ci, avec les minutes de ses actes.

D. – Actes à la suite

213. – En principe, il est interdit d'établir deux actes l'un à la suite de l'autre sur un même papier. Cependant, un certain nombre d'actes échappent à cette interdiction. Ce sont les ratifications, les diverses vacations d'un inventaire, les actes modificatifs, les différents actes établis en vue d'une adjudication (cahier des charges, dires, procès-verbal de mise en vente, procès-verbal d'adjudication, déclaration de commande, surenchère, etc.), les décharges de dépôt de somme, les procès-verbaux de tirage au sort.

L'endos d'une copie exécutoire consenti par un particulier se fait directement sur ladite copie (L. n° 76-519, 15 juin 1976, art. 6. – V. *infra*, n° 224).

E. – Annexes

214. – L'annexe consiste essentiellement à joindre à un acte notarié une autre pièce qui y est énoncée, notamment une procuration. On donne aussi ce nom d'annexe à la pièce jointe.

L'article 22 du décret du 26 novembre 1971 édicte que les pièces annexées à l'acte doivent être revêtues d'une mention constatant cette annexe et signée du notaire, et que les procurations sont annexées à l'acte à moins qu'elles ne soient déposées aux minutes du notaire rédacteur de l'acte. Dans ce cas, il est fait mention dans l'acte du dépôt de la procuration au rang des minutes. La mention d'annexe doit être signée par le notaire (Cass. 1re civ., 7 oct. 1997 : *JurisData* n° 1997-003851 ; *JCP* N 1998, n° 3, p. 57 ; *Defrénois* 1998, art. 36788, note B. Gélot).

L'article 36 du règlement national interdit aux notaires de retenir par voie de dépôt ou d'annexe les brevets, copies exécutoires, copies authentiques ou extrait d'actes passés devant d'autres officiers publics français. Ils peuvent néanmoins retenir par voie d'annexe les procurations, substitution de pouvoirs, autorisation et consentements, les pièces établissant les qualités des parties.

§ 3. – Garde et conservation des minutes

215. – L'article 1er de la loi de *ventôse* édictait que les notaires doivent conserver le dépôt des actes qu'ils ont authentifiés. Cette disposition résulte aujourd'hui de l'article 26 du décret n° 71-941 du 26 novembre 1971. Les notaires doivent veiller avec beaucoup de soin à la conservation des minutes et éviter toute détérioration. Les actes établis sur support électronique sont conservés dans un minutier central géré par le Conseil supérieur du notariat.

En ce qui concerne la conservation des minutes et des archives, il convient de se reporter à la loi du 3 janvier 1979 et au décret du 19 décembre 1979 sur les archives. Le délai de conservation par les notaires des minutes et répertoires avant de les remettre aux archives publiques est de cent ans.

Le notaire qui a perdu une minute par sa faute ou l'a laissée détruire est exposé à une action en responsabilité. Il peut même encourir une sanction pénale s'il a soustrait lui-même une minute ou a fait preuve de négligence (C. pén., art. 422-1 à 422-3, 432-15, 432-16). Un notaire a fait l'objet d'une démission d'office pour avoir, entre autres négligences, laissé la minute d'un acte au domicile de l'une des parties (CA Reims, 16 déc. 1998 : *JurisData* n° 1998-049921).

En cas de destruction des archives, notamment par fait de guerre, incendie, inondation, le notaire a pour devoir de les reconstituer conformément aux dispositions de la loi du 15 décembre 1923 (art. 7 mod. L. 2 août 1949).

Le notaire doit conserver non seulement ses propres minutes mais encore celles de ses prédécesseurs.

216. – Cas de dessaisissement. Les notaires ne peuvent se dessaisir d'aucune minute, sauf dans les cas prévus par la loi et en vertu d'un jugement (D. 26 nov. 1971, art. 27), notamment en cas de poursuite en faux et vérification d'écriture.

Par ailleurs, ont le droit de se faire communiquer les minutes : le ministère public en cas de flagrant délit ou d'instruction judiciaire, le juge d'instruction qui peut en outre faire des perquisitions dans l'étude (dans ce cas il est d'usage qu'il soit accompagné par le président de la chambre des notaires), le juge taxateur, les inspecteurs de comptabilités, les agents de l'enregistrement.

217. – Modalités de dessaisissement. Avant de se dessaisir d'une minute dans les cas ci-dessus, le notaire a dressé et signé une copie (dite « copie figurée ») sur laquelle il est fait mention de sa conformité avec l'original par le président du tribunal de grande instance du lieu de leur établissement. Cette copie est substituée à la minute et en tient lieu jusqu'à sa réintégration.

Jusqu'à la réforme du Code de procédure civile, la communication à un tiers n'était possible qu'au moyen d'une procédure assez compliquée dite de compulsoire. Les articles 138 à 141 du Code de procédure civile ont apporté quelques simplifications à la réglementation. Si, au cours d'une instance, une partie entend faire état d'un acte authentique auquel elle n'a pas été partie, elle peut demander au juge saisi de l'affaire d'ordonner la délivrance d'une expédition ou la production de l'acte. Le juge, par décision, exécutoire par provision, peut ordonner la délivrance ou la production de l'acte ou de la pièce en original, en copie ou en extrait dans les conditions et sous les garanties qu'il fixe. En cas de difficulté, le juge peut rétracter ou modifier sa décision et cette nouvelle décision est susceptible d'appel. L'article 770 du Code de procédure civile édicte que le juge de la mise en état exerce tous les pouvoirs nécessaires à la communication, à l'obtention et à la production des pièces. De toute façon, la communication n'a jamais lieu par la remise de la minute entre les mains de la partie ou du tiers. On discute sur la possibilité d'exiger, en cas de communication, une copie photographique. L'affirmative semble l'emporter en doctrine et en jurisprudence mais de grandes précautions doivent être prises. Si la minute doit provisoirement sortir des archives du notaire, celui-ci en conserve une copie figurée.

§ 4. – Les copies d'acte

218. – Les notaires délivrent aux parties intéressées des copies des actes en minute qu'ils reçoivent pour elles. Il leur est interdit, sous peine d'amende, de délivrer la copie à d'autres qu'aux personnes intéressées ou à leurs héritiers ou ayants droit (L. *ventôse*, art. 23). Le droit de délivrer les copies exécutoires et les copies authentiques appartient au notaire détenteur de la minute ou des documents qui lui ont été déposés pour minute. Dans les sociétés civiles professionnelles de notaires, chaque associé peut délivrer les copies exécutoires ou copies authentiques des actes même si ceux-ci ont été reçus par l'un des coassociés (D. n° 71-941, 26 nov. 1971, art. 32). Le notaire salarié a les mêmes prérogatives. Pour les copies authentiques seulement, le notaire peut habiliter un ou plusieurs de ses clercs à les délivrer. La chambre des notaires doit être prévenue et le clerc habilité fait figurer sur les copies authentiques qu'il délivre, outre le sceau du notaire, sa signature et un cachet portant son nom et la date de son habilitation, laquelle est toujours révocable.

219. – **Formes.** L'article 34 du décret n° 71-941 du 26 novembre 1971 édicte pour les copies sur support papier :

> « Les copies exécutoires et expéditions sont établies de façon lisible et indélébile sur un papier offrant toute garantie de conservation.
> Elles respectent les paragraphes et les alinéas de la minute. Chaque page de texte est numérotée, le nombre de ces pages est indiqué à la dernière d'entre elles.
> Chaque feuille est revêtue du paraphe du notaire, à moins que toutes les feuilles ne soient réunies par un procédé empêchant toute substitution ou addition ou qu'elles ne reproduisent les paraphes et signatures de la minute.
> La signature du notaire et le sceau sont apposés à la dernière page et il est fait mention de la conformité de la copie exécutoire ou de l'expédition avec l'original... »

La suite du texte comporte des précisions sur la façon dont les pages doivent être paraphées, sur les modalités d'approbation des renvois et des chiffres et mots annulés. Les paraphes et signatures doivent être manuscrits.

L'établissement des copies sur support électronique est réglementé par l'article 37 du décret du 26 novembre 1971.

En principe, un notaire ne peut délivrer la copie d'un acte avant qu'il ne soit enregistré. Il n'y a d'exception que pour les copies authentiques de testament ou d'une donation entre époux délivrée du vivant du disposant et pour les actes soumis à la formalité unique de publicité foncière.

A. – La copie exécutoire

220. – La copie exécutoire est une copie revêtue de la formule exécutoire. Celle-ci est apposée sur la copie de l'acte par l'officier public délégataire de la puissance publique pour commander et assurer au nom de cette autorité souveraine l'exécution des actes notariés. Il est à remarquer que la loi n° 76-519 du 15 juin 1976 a substitué au terme de *grosse*, jugé désuet, l'expression *copie exécutoire*. La délivrance des copies exécutoires est constatée par une mention en marge de la minute, paraphée par le notaire (D. 26 nov. 1971, art. 31).

221. – Formes. Les copies exécutoires sont intitulées et terminées dans les mêmes termes que les jugements des tribunaux (D. 26 nov. 1971, art. 18).

La copie exécutoire débute par les mots suivants :

« République française
Au nom du peuple français. »

Elle se poursuit par la teneur intégrale ou par extrait de l'acte et se termine par la mention suivante :

« En conséquence, la République française mande et ordonne à tous huissiers de justice sur ce requis de mettre les présentes à exécution.

Aux procureurs généraux et aux procureurs de la République près les tribunaux de grande instance d'y tenir la main.

À tous les commandants de la force publique de prêter main-forte lorsqu'ils en seront légalement requis.

En foi de quoi, les présentes établies sur... (nombre) feuillets ont été collationnées, reconnues conformes à la minute, signées, scellées et délivrées par M[e], ..., notaire à...

Pour première copie exécutoire. »

Le notaire signe et appose son sceau au bas de la copie exécutoire. Par une mention sommaire apposée sur la minute, le notaire indique la délivrance de la copie exécutoire et la date de cette délivrance (V. *supra*, n° 220).

222. – Délivrance. Effets. La copie exécutoire d'un acte est délivrée lorsque cet acte contient une obligation de faire ou de payer envers l'une des parties : bail (copie exécutoire délivrée au bailleur pour avoir paiement des loyers), contrat de prêt (copie exécutoire délivrée au prêteur), vente (copie exécutoire délivrée au vendeur pour avoir paiement du prix payable à terme et des intérêts).

En cas de défaillance du débiteur dans l'exécution, le créancier remet la copie exécutoire à l'huissier de justice pour faire commandement et les poursuites sont engagées sans qu'il soit nécessaire d'obtenir un jugement contre le débiteur.

Les copies exécutoires font foi comme les minutes et leur exécution ne peut être arrêtée que par l'inscription de faux.

Certaines copies exécutoires revêtent une forme particulière afin de faciliter la transmission de la créance qu'elles représentent.

223. – Interdiction des grosses au porteur. Remarquons, tout d'abord, que l'article 2 de la loi du 15 juin 1976 a interdit les grosses au porteur, c'est-à dire celles qui se transmettaient comme des titres au porteur, le porteur de la grosse étant présumé le titulaire de la créance. Cette interdiction a été édictée en raison des graves abus auxquels elles avaient donné lieu, malgré la rapidité et l'économie réalisées lors de la transmission de la créance.

224. – Endossement. La loi du 15 juin 1976 laisse pourtant subsister *les copies exécutoires à ordre* qui se transmettent par une mention d'endos qui rend l'endossataire titulaire de la créance. Ces copies exécutoires à ordre ne peuvent être créées qu'en représentation d'une créance garantie par un privilège spécial immobilier ou par une hypothèque immobilière. L'acte doit être établi en minute et la copie exécutoire à ordre doit comporter un certain nombre de mentions : dénomination, texte de loi, montant de la somme due, numéro, référence à l'inscription. Il ne peut y avoir de copie exécutoire à ordre si l'acte a prévu la création d'effets négociables (L. n° 76-519, 15 juin 1976, art. 2).

À peine de nullité, l'endossement doit être constaté par un acte notarié porté sur la copie exécutoire elle-même et comporter certaines mentions (L. 15 juin 1976, art. 6, al. 2. – V. ci-après pour les établissements financiers). Le notaire doit notifier l'endossement par lettre recommandée avec demande d'avis de réception au débiteur, au notaire qui a reçu l'acte originaire, aux établissements bancaires ou notaires chargés de payer ou de recevoir le paiement. Le paiement de la créance et la mainlevée sont soumis à d'autres prescriptions (L. 15 juin 1976, art. 7 et 10).

Notons que certaines formalités et mentions sont supprimées lorsque la copie exécutoire à ordre est endossée au profit d'un établissement bancaire, financier ou de crédit à statut légal spécial (M. Dagot, *La transmission des créances hypothécaires : JCP* G et N 1976, I, 2820).

225. – Remise. Perte. Il convient de noter que la remise volontaire de la copie exécutoire par le créancier au débiteur fait présumer de la remise de la dette ou de son paiement (C. civ., art. 1283). Il s'agit d'une présomption simple.

Il ne doit être délivré qu'une seule copie exécutoire d'un acte notarié.

En cas de *perte*, la loi permet la délivrance d'une seconde copie exécutoire, mais seulement s'il y a nécessité absolue et avec une décision de justice.

Les formalités sont prévues par l'article 1439 du Code de procédure civile et diverses dispositions du même code : ordonnance sur requête, sommation au notaire et aux parties intéressées, procès-verbal dressé par le notaire et, le cas échéant, délivrance de la seconde copie exécutoire.

On appelle ampliation la copie exécutoire qui est délivrée par un notaire sur la copie exécutoire originale qui lui a été déposée pour minute ou qui se trouve annexée à la minute d'un acte dont il est dépositaire ; cela permet d'obtenir des titres exécutoires partiels d'un acte dont la copie exécutoire a déjà été délivrée. Il ne faut pas confondre ces titres avec les copies exécutoires d'un même acte remises à chaque créancier avec indication de la somme à concurrence de laquelle chacune d'elles est exécutoire.

La procédure de délivrance de copies exécutoires ampliatives n'est plus expressément réglementée mais il est admis que l'article 1439 du Code de procédure civile précité puisse être appliqué.

B. – Les copies authentiques

226. – Les notaires peuvent délivrer sans aucune limitation, pourvu que ce soit aux parties intéressées, des copies des actes qu'elles ont passés devant lui. Les copies authentiques, autrefois appelées expéditions, contiennent le texte intégral de l'acte. Elles sont signées par le notaire et reproduisent, le plus souvent, les signatures, les annexes et la mention d'enregistrement.

Le notaire peut se faire substituer pour la délivrance d'une copie authentique alors qu'il ne peut le faire pour une copie exécutoire.

La délivrance de la copie authentique faisant présumer le paiement des frais, le notaire peut se refuser à la délivrance si les frais ne lui ont pas été réglés.

C. – Les extraits

227. – L'extrait authentique est la copie partielle ou l'analyse de l'acte. Il peut donc être littéral, copie fidèle du texte de certaines parties d'un acte notarié, analytique s'il indique la substance de l'acte, le sens de ses dispositions, mais sans en reproduire les termes exacts (ce procédé est d'ailleurs assez dangereux et peu employé), ou à la fois littéral et analytique.

Les règles générales de délivrance des extraits sont les mêmes que celles des copies authentiques.

Certains extraits analytiques sont imposés par la loi dite de simplifications fiscales ayant, en particulier, fusionné l'enregistrement et la formalité de publicité foncière (CGI, art. 647, I et II).

D. – Copie collationnée

228. – C'est la copie d'une pièce représentée et rendue au bas de laquelle le notaire qui la délivre met un certificat attestant sa conformité avec la pièce sur laquelle elle a été faite. On peut ainsi faire des copies soit d'actes originaux sous seing privé, soit de mention inscrite sur des registres. Le certificat placé au bas de la copie collationnée est un acte et comme tel doit être reçu dans les conditions légales.

E. – Copie pour publicité foncière

229. – Lorsqu'un acte donne lieu à publicité foncière, le notaire délivre des copies destinées au bureau des hypothèques. Ces copies sont établies sur un papier libre spécial dont le texte de la première page est inséré dans un cadre occupant la partie supérieure et la partie gauche de la page, ce cadre étant réservé aux annotations du conservateur des hypothèques. Elles peuvent être réalisées au moyen d'un procédé électronique, le cadre étant disponible sur Internet.

En ce qui concerne les seuls actes de vente (pendant une période transitoire), le document hypothécaire, sinon l'acte lui-même, doit être présenté en deux parties suivant les instructions relatives au document hypothécaire normalisé (V. *supra*, n°s 186 et 201. – *JCl. Notarial Formulaire*, V° Publicité foncière, Fasc. 105).

Les nouvelles technologies et l'acte sur support électronique permettent d'effectuer les formalités par télétransmission de façon instantanée. C'est le système Télé@cte mis au point par le notariat et l'administration. Le règlement des droits a lieu simultanément par virement opéré également par télétransmission.

§ 5. – Répertoire

230. – Les notaires doivent tenir répertoire de tous les actes qu'ils reçoivent, aussi bien minutes ou brevets, enregistrés ou non (D. n° 71-941, 26 nov. 1971, art. 23 à 25. – Instr. DGI, 1er juin 1972. – V. *JCl. Notarial Formulaire*, V° Répertoire).

Les répertoires peuvent être établis sur feuilles mobiles, éventuellement par ordinateur. Leurs pages sont visées et paraphées par le président de la chambre des notaires sauf si l'on use d'un procédé évitant toute substitution ou addition de feuilles. Ils peuvent aussi être tenus sur support électronique (D. préc., art. 23, 1er al. et art. 25).

Les répertoires sont tenus jour par jour. Ils contiennent la date, la nature (minute ou brevet), l'espèce de l'acte (vente, prêt, notoriété, etc.), les noms, prénoms et domicile des parties, l'indication des biens, leur situation, le prix, la mention d'enregistrement.

Si l'acte a plusieurs dates, l'inscription est faite à la dernière date sur le registre du notaire ayant instrumenté, sur celui des deux notaires si l'acte a été reçu en double minute ou en cas de substitution de notaire.

Les notaires sont tenus de déposer au greffe du tribunal de grande instance de leur résidence, dans les deux premiers mois de chaque année, un double certifié par eux de leur répertoire (D. 29 sept.-6 oct. 1791, art. 16. – L. 16 *floréal* an IV, 6 mai 1796). On remarquera que ce texte fort ancien prévoit toujours une amende de 100 livres par mois de retard en cas d'infraction à cette obligation.

L'utilité du répertoire est multiple : éviter les antidates, permettre la reconstitution des archives disparues, faciliter les recherches, permettre le contrôle de l'enregistrement.

§ 6. – Légalisation

231. – La légalisation est l'attestation écrite par un fonctionnaire compétent que la signature apposée sur un acte émane bien de celui qui l'a signé.

Les actes notariés établis en France et dans les départements d'outre-mer et dont il est fait usage à l'intérieur du pays ou de ces départements n'ont pas besoin d'être légalisés, mais ils doivent l'être, en principe, lorsqu'il y a lieu de les produire devant une autorité étrangère.

Dans une lettre du 28 décembre 1971, adressée au président du Conseil supérieur du notariat, le directeur des Affaires civiles et du sceau indique qu'est substitué aux différentes formalités successives de légalisation (président du tribunal de grande instance, ministère de la Justice, ministère des Affaires étrangères, consul du pays où l'acte doit être utilisé), le simple visa du ministère des Affaires étrangères ou celui d'un consul de France exerçant les fonctions dans le pays où le document doit être utilisé (V. *JCl. Notarial Formulaire*, V° Légalisation, Fasc. 10).

Ce système n'est pas applicable dans les relations avec les États à l'égard desquels la France est liée par des conventions internationales portant dispense pure et simple de légalisation, ou y substituant la formalité de l'apostille.

§ 7. – Formalités

232. – Avant la signature de l'acte, le notaire doit demander de nombreux documents : extrait cadastral, documents d'urbanisme, états et certificats divers concernant l'immeuble, renseignements hypothécaires, etc. Il doit effectuer de multiples formalités variables suivant les cas : droit de préemption du locataire ou du fermier, droit de préemption urbain, droit de préemption de la SAFER, division cadastrale, etc.

L'acte étant signé et répertorié, d'autres formalités sont nécessaires. Certaines sont exigées, d'une part pour que les parties s'acquittent à propos de cet acte de leurs obligations fiscales, d'autre part pour que les conventions soient opposables aux tiers.

C'est ainsi que l'acte doit être présenté à l'enregistrement pour que soient perçus les droits fixes et proportionnels exigibles, avec cette particularité que certains actes sont enregistrés sur état par le notaire lui-même ; dans certains cas, le notaire doit se préoccuper du paiement de la taxe sur la valeur ajoutée exigible en raison de mutations lors des opérations de construction. Le notaire doit régler le cas échéant l'impôt de plus-value dont il prélève le montant sur le prix (CGI, art. 150 V H, réd. L. n° 2003-1311, 30 déc. 2003).

Il est renvoyé pour toutes ces questions au droit fiscal (V. *JCl. Fiscalité immobilière*).

D'autres formalités doivent être remplies pour rendre l'acte opposable aux tiers ou pour que soient respectées les obligations imposées par la loi.

On peut citer, sans entrer dans le détail, toutes les formalités prévues par la législation sur la publicité foncière, la publicité des ventes de fonds de commerce et celle afférente aux sociétés (constitution, augmentation de capital, dissolution, fusion, changement de gérant, etc.), les inscriptions d'hypothèques, de privilèges, de nantissements, signification au débiteur cédé lors de cessions de créance, toutes les formalités d'inscription, de mentions ou de radiation au registre du commerce, dont le notaire est responsable si ces inscriptions et mentions sont la conséquence d'actes reçus par lui. Chacune de ces formalités mériterait de longs développements qui ne peuvent trouver place dans cet ouvrage. Il en est référé aux cours et ouvrages de droit civil et de droit commercial.

Section 4

L'EXERCICE DE LA PROFESSION NOTARIALE

233. – L'acte notarié constitue sans doute l'objet du droit notarial et, à ce sujet, il convient d'étudier le rôle joué par le notaire dans l'élaboration de l'acte notarié, mais il ne faut pas oublier non plus que le notaire n'est pas seulement un rédacteur d'acte, un authentificateur, mais qu'il remplit d'autres missions, notamment un rôle de conseil.

Cette fonction du notaire se développe beaucoup. Elle répond à un besoin du public, qu'il s'agisse du droit de la famille, du droit de l'entreprise, du droit immobilier ou de la gestion de patrimoine, et de la fiscalité dans tous les domaines.

§ 1. – Rôle du notaire dans l'élaboration des actes notariés

234. – Actes de dépôt. Dans la rédaction des actes, le notaire intervient de façon plus ou moins active. Son rôle n'est guère important, au moins à première vue, lorsqu'il reçoit un acte de dépôt au rang de ses minutes de documents dont on veut assurer la conservation et pouvoir en obtenir des copies authentiques et encore le dépôt de conventions sous signatures privées. Le notaire n'est pourtant pas totalement passif car les tribunaux l'ont parfois sanctionné pour n'avoir pas vérifié la licéité et la moralité des accords déposés.

C'est la raison pour laquelle l'émolument du notaire est identique en cas de dépôt d'un acte sous seing privé et de rédaction directe de la convention (Rép. min. : *JOAN* Q, 3 nov. 2003, p. 8490 ; *JCP* N 2004, n° 12, act. 65).

Un grand pas est franchi quand le dépôt est fait avec reconnaissance et certification de signatures. L'acte sous signatures privées devient alors un véritable acte authentique.

Il est interdit aux notaires de retenir par voie de dépôt ou d'annexe les brevets, copies exécutoires, copies authentiques ou extraits d'actes passés devant d'autres officiers publics français à l'exception des procurations, substitutions de pouvoirs, pièces établissant les qualités des parties et celles nécessaires à la délivrance de certificats de propriété ou certificats de mutation (Règl. nat., art. 36. – V. *supra*, n° 214).

235. – Déclarations des parties. Le notaire peut aussi établir des actes consignant des déclarations n'engageant que leurs auteurs. Ce sont, par exemple, les actes de notoriété, véritables témoignages écrits, les testaments authentiques, les inventaires et procès-verbaux, les reconnaissances d'enfant naturel. Le notaire, apparemment, semble écrire sous la dictée puisqu'il est censé consigner dans l'acte ce que les comparants lui déclarent. En fait, c'est parfois le notaire qui a préparé l'acte ; dans tous les cas, il doit en vérifier le contenu, au moins dans les limites de ce qu'il peut savoir.

Dans les procès-verbaux, le notaire constate les déclarations des parties pour la conservation de leurs droits à l'égard des tiers (procès-verbaux de comparution, protêts). Il constate également la consistance de tel ou tel patrimoine (inventaires).

Dans ces actes, le notaire jouit de prérogatives semblables à celles d'un juge puisqu'il peut prononcer défaut ou recevoir un serment.

236. – Attestations. Certificats. Dans d'autres actes, le notaire certifie et atteste, de sa propre autorité et après examen complet des titres, l'existence du fait ou d'une situation juridique. Le notaire agit seul et c'est alors que son rôle se rapproche encore davantage de celui d'un juge dans la juridiction volontaire.

Ces actes sont les certificats de mutation (anciens certificats de propriété) pour le transfert des valeurs mobilières et de certains comptes de dépôt, notamment dans les caisses d'épargne, les attestations de propriété après décès concernant les immeubles successoraux en vue de la publicité foncière.

Ils ont généralement le cadre suivant :

« Je soussigné X., notaire à Bordeaux.
Attendu le décès *(ou un autre fait)*.
Et vu... (énumération des actes et titres sur lesquels le notaire fonde son certifié).
Certifie et atteste... que tel bien... appartient à M. ... »

La loi confère à ces actes une efficacité extraordinaire puisqu'ils doivent recevoir une exécution conforme aux conclusions du notaire.

237. – Conventions. Le groupe le plus important est celui des conventions, qu'elles soient synallagmatiques, c'est-à-dire comportant des engagements de la part des deux parties (ventes, baux, contrats de mariage, sociétés, etc.), ou unilatérales, ne comportant d'engagement que de la part d'une partie (reconnaissance de dette, constitution de garantie, donations sauf s'il y a des charges).

Ces actes sont rédigés par le notaire lui-même et la volonté exprimée par les parties a été éclairée par le praticien. Par le « dont acte » qui termine ces actes, le notaire affirme que tout le contenu de l'acte est réel, qu'il le reconnaît et en donne acte aux parties.

238. – Commissions judiciaires. D'autres actes sont dressés par le notaire en vertu d'une commission de justice. Le notaire est chargé alors par le tribunal de lui soumettre un projet. Ce sont, par exemple, les états liquidatifs que le notaire rédige lui-même sans l'intervention des parties (C. civ., art. 816 à 842 – CPC, ancien art. 966 à 985).

Le notaire accomplit une œuvre d'analyse et de synthèse qui aboutit à des conclusions, des attributions. Ces états ne prennent leur force que par l'adhésion des parties si elles sont d'accord, majeures et maîtresses de leurs droits ou par leur homologation par le tribunal. Dans les adjudications judiciaires, le notaire transfère la propriété à l'adjudicataire par la seule vertu de la délégation qu'il a reçue (CPC, art. 1271 à 1281. – CPC ancien, art. 744 à 748, e).

239. – Actes imparfaits. Qu'advient-il de l'acte auquel fait défaut l'accomplissement des formalités extérieures nécessaires à sa validité comme acte authentique ? On dit qu'il est imparfait, soit qu'il lui manque la signature d'une partie, du notaire ou d'un témoin, soit qu'il y ait incompétence ou incapacité du notaire.

Sauf pour les actes solennels où la forme est une condition de validité, un tel acte n'est pas inexistant et est susceptible de valoir soit comme acte sous signatures privées, soit comme commencement de preuve par écrit.

§ 2. – Le notaire, conseil et conciliateur

240. – Régularité et efficacité des actes. Le notaire n'est pas seulement tenu d'assurer la régularité formelle des actes qu'il reçoit. Comme l'avait déjà affirmé le conseiller Réal lors de la présentation du projet ayant abouti à la loi de *ventôse* : « les notaires ont également pour mission de renseigner leurs clients sur les conséquences des engagements qu'ils contractent » (Cass. civ., 21 juill. 1921 : *D.* 1925, 1, p. 29. – Dans le même sens, dès la fin du dix-neuvième siècle, Req. 22 janv. 1890 et 6 août 1890 : *DP* 1891, 1, p. 195).

Les tribunaux considèrent aussi que le notaire doit veiller à l'efficacité des actes qu'il reçoit. Ainsi, un notaire est responsable du dommage subi par l'acquéreur d'un terrain s'étant révélé inconstructible, faute de l'avoir averti des difficultés pouvant résulter de la caducité d'un permis de construire (Cass. 1re civ., 12 nov. 1987 : *JurisData* n° 1987-002083 ; *Defrénois* 1988, art. 34265-54, obs. J.-L. Aubert ; *JCP* N 1989, II, 65, obs. Th. Sanséau). Le notaire est tenu du devoir de conseil, même si le client est compétent ou est assisté par un autre professionnel. Le devoir de conseil est donc considéré comme absolu et non plus comme relatif ainsi qu'on l'admettait autrefois. Il s'agit désormais d'une jurisprudence constante (Cass. 1re civ., 28 nov. 1995 : *JurisData* n° 1995-003593. – Cass. 1re civ., 19 mai 1999 : *JurisData* n° 1999-001935 ; *Defrénois* 1999, n° 23, p. 1339, obs. J.-L. Aubert. – Cass. 1re civ., 12 juill. 2005 : *JurisData* n° 2005-029595. – Cass. 1re civ., 13 déc. 2005 : *JurisData* n° 2005-031270. – V. aussi *infra*, nos 295 et 296).

Le notaire doit avertir le représentant de la banque des risques d'annulation d'un cautionnement (Cass. 1re civ., 29 févr. 2000 : *JurisData* n° 2000-000775) ou l'acquéreur de biens immobiliers, du défaut d'achèvement des travaux (Cass. 1re civ., 18 mars 2003 : *JurisData* n° 2003-018508). Il doit vérifier que la réglementation d'urbanisme ne s'oppose pas à ce que l'acquéreur a l'intention de faire du bien acquis, alors même que le client est un professionnel de l'immobilier (CA Paris, 1re ch. A, 31 janv. 2000 : *JurisData* n° 2000-103882). Il doit veiller à l'équilibre du partage intervenu entre les époux divorcés (Cass. 1re civ., 4 mars 2003 : *JurisData* n° 2003-018141). Il doit informer l'acquéreur des formalités à accomplir pour obtenir l'avantage fiscal souhaité (Cass. 1re civ., 30 sept. 2008 : *JurisData* n° 2008-045194) ou des obligations qui pèsent sur l'acquéreur marchand de biens (Cass. 1re civ., 17 janv. 2008 : *JurisData* n° 2008-042418).

Compte tenu de cette jurisprudence, le notaire doit garder trace des conseils qu'il a donnés en faisant signer à son client une reconnaissance de conseil donné ou une consultation (V. *JCl. Notarial Formulaire,* V° Responsabilité notariale, Fasc. 10).

Ainsi, le notaire à qui, dans un intérêt public de sécurité juridique, la loi a confié la mission de donner aux parties les moyens d'atteindre le but qu'elles poursuivent, est tenu de fournir un acte valable ne contenant que des conventions permises et produisant les résultats que les parties en attendent.

Dans certaines hypothèses, le notaire n'est pas tenu du devoir de conseil. Ainsi, en matière de vente de fonds de commerce, le notaire n'est pas tenu d'une obligation de conseil concernant l'opportunité économique de l'opération (Cass. 1re civ., 21 mars 2006 : *JurisData* n° 2006-032864). Par ailleurs, il n'est pas tenu d'un devoir de conseil envers ceux qui restent tiers par rapport aux actes auxquels il intervient (Cass. 1re civ., 28 juin 2007 : *JurisData* n° 2007-039755. – Cass. 1re civ., 17 janv. 2008 : *JurisData* n° 2008-042419).

241. – Modalités du conseil. Pour ce faire, le notaire doit donner le conseil approprié pour que l'acte soit non seulement valable juridiquement, mais aussi le plus favorable aux parties. Le notaire doit les éclairer sur la nature des conventions qu'elles lui demandent d'authentifier, les leur expliquer, leur en faire connaître les conséquences prévisibles, par exemple pour la vente d'un immeuble grevé de treize inscriptions hypothécaires (Cass. 1re civ., 21 avr. 1971 : *D.* 1971, jurispr. p. 556, note J. Ghestin). La Cour de cassation est amenée fréquemment à rappeler le principe (Cass. 1re civ., 21 févr. 2006 : *JurisData* n° 2006-032341. – Cass. 1re civ., 7 mars 2006 : *JurisData* n° 2006-032548. – V. aussi *supra,* n° 240).

Bien souvent, les parties n'ont qu'une conception très schématique de ce qu'elles désirent réaliser dans un acte authentique. Le notaire est alors l'accoucheur de la convention. Il doit, en outre, choisir le procédé le mieux approprié qui réalise, au point de vue fiscal et au point de vue des frais, la solution la plus efficace et la plus économique. Ainsi, il doit conseiller des actes de vente séparés pour plusieurs massifs forestiers afin d'éviter la déchéance de l'avantage fiscal sur l'ensemble en cas d'infraction concernant l'un d'eux (Cass. 1re civ., 13 déc. 2005 : *JurisData* n° 2005-033104).

Néanmoins, le notaire ne doit pas empêcher les parties de prendre elles-mêmes leur décision, faute de quoi il serait responsable des conséquences de la solution retenue (CA Paris, 24 nov. 1976 : *JCP* N 1977, II, 18769, note M. Dagot ; *Defrénois* 1977, art. 31441-54, obs. J.-L. Aubert). Ainsi, la cour d'appel de Toulouse rappelle justement que la cliente, après explications données par le notaire, est seule maîtresse de sa décision (CA Toulouse, 17 déc. 1990 : *JurisData* n° 1990-049302).

§ 3. – Autres missions du notaire

242. – Outre son rôle d'authentificateur et de conseil, le notaire peut assumer d'autres missions qui lui sont confiées, soit par les tribunaux, soit par sa clientèle.

A. – Missions données par les tribunaux

243. – Indépendamment des partages et adjudications judiciaires (V. *supra*, n° 238), le notaire peut se voir confier par le juge un certain nombre de missions. Avant la réforme de l'absence (L. n° 77-1447, 28 déc. 1977), un notaire devait être nommé pour représenter le présumé absent dans les inventaires, comptes, partages et liquidations. Le nouvel article 113 du Code civil prévoit la désignation de tout parent ou allié ou de toutes autres personnes. Un notaire peut donc toujours être désigné, mais non à titre exclusif. Dans le cadre d'une procédure de divorce, le juge peut désigner un notaire chargé d'élaborer un projet de liquidation du régime matrimonial et de formation des lots à partager (C. civ., art. 255, réd. L. n° 2004-439, 26 mai 2004). Un notaire peut encore être mandataire judiciaire d'un majeur protégé s'il est agréé à ce titre (C. action soc. et fam., art. L. 471-2).

B. – Missions données par la clientèle

244. – Conseil de la clientèle, le notaire est tout naturellement appelé à rendre à sa clientèle des services d'ordre juridique, même en dehors de la rédaction d'actes notariés.

C'est ainsi que le notaire peut, à la demande de ses clients, ou bien rechercher des capitaux ou au contraire placer les fonds de ses clients. Il convient de rappeler que cette activité est sévèrement réglementée (interdiction de prêts sur billets sous seing privé, interdiction de recevoir des capitaux sans destination précise pour des placements qui seraient faits au gré du notaire, interdiction de négocier des prêts non assortis de garanties réelles (D. n° 45-0117, 19 déc. 1945, art. 13 et 14. – V. *supra*, n° 137). Il ne peut évidemment négocier des prêts usuraires dans les termes de la loi du 28 décembre 1966.

Le notaire peut faire appel à l'Union notariale financière (Unofi, 7 et 7 *bis*, rue Galvani, 75017 Paris) qui met en rapport notaires de prêteurs et d'emprunteurs. Cet organisme donne aussi des conseils en matière de placement et de gestion de patrimoine.

Le notaire peut négocier la vente d'immeubles et de fonds de commerce de ses clients. Il doit respecter les règles de déontologie et particulièrement celles qui ont été précisées dans une annexe au règlement national (Annexe au règlement national du 4 mars 2004, réd. A. 27 mai 1982). Il doit faire signer un mandat écrit précisant le mode de calcul de l'émolument. Les notaires peuvent se grouper pour mettre en commun divers moyens dans le but d'assurer un service plus efficace. Le groupement ne peut être en contact direct avec la clientèle. La publicité sur les biens à vendre doit respecter les règles de l'article 27 du règlement national. Dans la mesure où ces règles sont respectées, le notaire ne peut être suspecté d'actes de concurrence déloyale ou illicite envers les professionnels de l'immobilier (Cass. 1re civ., 27 mai 2003 : *JurisData* n° 2003-019322).

Si le notaire peut exercer accessoirement une activité de nature commerciale, comme la gestion immobilière, il ne peut légitimement céder cette branche (Cass. 1re civ. 30 mars 2005 : *JurisData* n° 2005-027801 ; *JCP* N 2005, n° 51-52, 1495, avis J. Sainte Rose).

Le notaire peut également, à la demande de ses clients, intervenir pour la mise au point et la préparation d'opérations intéressant des sociétés (constitution, traité de fusion, etc.).

À l'occasion du règlement des successions, bien qu'il ne s'agisse pas d'un acte proprement dit, le notaire rédige la déclaration de succession et sert d'intermédiaire pour le paiement des droits de mutation par décès. Il rédige même parfois les déclarations d'impôt sur le revenu de sa clientèle et les déclarations patrimoniales nécessaires au paiement de l'impôt sur la fortune.

En résumé, le notaire, particulièrement en milieu rural, assure le service juridique complet de sa clientèle, sauf bien entendu la postulation et la plaidoirie.

Chapitre 4

RELATIONS ENTRE LES SUJETS DE DROIT NOTARIAL

245. – Dans l'exercice de leur ministère, les notaires se trouvent en rapport, d'une part, avec leurs confrères et, d'autre part, avec leurs clients. Le droit notarial est l'ensemble des règles qui régissent ces rapports, règles qui précisent les droits et les devoirs des sujets de droit en présence. Ces diverses règles figurent dans le règlement national approuvé par arrêté du 24 décembre 1979, complété par une annexe relative à la négociation approuvé par arrêté du 27 mai 1982 et modifié notamment par les arrêtés du 9 septembre 1986, du 20 avril 1988, du 24 décembre 1993 et du 4 mars 2004. Le règlement national, actuellement daté du 4 mars 2004, est en cours de refonte en 2009.

Section 1

RAPPORTS ENTRE NOTAIRES

§ 1. – Devoirs d'ordre général

246. – Le notariat constituant un corps organisé, il est évident que les notaires qui en font partie sont astreints à l'observation de certaines règles d'ordre moral, à une éthique non seulement comme le seraient de simples citoyens, mais encore parce que leur comportement peut rejaillir, en bien ou en mal, sur les autres membres de leur profession.

Le notaire s'engage à respecter ses obligations et devoirs en prêtant serment devant le tribunal (V. *supra*, n° 82).

Devant la première assemblée générale à laquelle il participe, le notaire renouvelle son serment et affirme qu'il a connaissance de la déontologie de la profession et s'engage solennellement à la respecter conformément au serment prêté devant le tribunal.

Les devoirs généraux du notaire envers ses confrères sont consignés dans les articles 1er à 16 du règlement national.

247. – En sa qualité d'officier public, le notaire est tenu de respecter les règles suivantes résultant des articles 2 et 3 du règlement national littéralement rapportés :

Art. 2 (*Mod., A. 24 déc. 1993*). – Chaque notaire, par son comportement, doit s'attacher à donner la meilleure image de sa profession.

Il a le devoir d'entretenir et renouveler ses connaissances et de se tenir informé de l'évolution du droit, de l'économie et de la société. Il participe aux actions collectives de formation permanente.

Il doit faire les efforts de recherche nécessaire pour améliorer la qualité de ses services.

Élu ou désigné pour assumer une fonction ou pour accomplir une mission, notamment d'enseignement, le notaire doit consacrer à ces fonction et mission tout le temps nécessaire au bénéfice de la profession tout entière.

Art. 3. – L'État, en le nommant, lui délègue une parcelle de la puissance publique : le pouvoir de conférer l'authenticité.

Cette délégation l'oblige à accomplir sa mission avec loyauté.

Tous actes contraires à la loi lui sont interdits.

Le notaire doit expliquer la loi et en assurer l'application.

Le notaire se consacre exclusivement à l'exercice de ses fonctions et doit ses services et conseils à toute personne le requérant, avec une égale conscience et un constant souci d'équité.

§ 2. – Devoirs du notaire envers ses confrères

248. – Les notaires, qui font partie d'une profession organisée et solidaire (la responsabilité est collective), sont tenus de diverses obligations dont le fondement est d'assurer la cohésion du notariat. Ces règles se résument en un mot, la confraternité.

249. – Assistance. Les notaires se doivent mutuellement conseils, services et appui (Règl. nat., art. 10).

Ils ne doivent pas émettre des avis ou des appréciations sur leurs confrères et sur les actes reçus par ceux-ci, ils doivent les prévenir des imperfections que ces actes pourraient présenter et les aider autant qu'il leur est possible à les réparer et éventuellement prévenir le président de la chambre (Règl. nat., art. 12). Parfois cette obligation pose de délicats problèmes lorsque, par exemple, l'intérêt du client du notaire qui a découvert l'erreur de son confrère se trouve en jeu.

Un notaire a été sanctionné disciplinairement pour avoir dénigré un confrère auprès d'un établissement bancaire dont ce dernier était le notaire (CA Paris, 1re ch. A, 19 févr. 1992 : *JurisData* n° 1992-021280).

Un notaire doit accepter de substituer gratuitement, c'est-à-dire de remplacer un de ses confrères absent, malade ou momentanément empêché. En cas de substitution, l'acte est porté aux répertoires des notaires substituant et substitué (V. *supra*, n° 106).

250. – Respect de la clientèle. Le notaire doit respecter la clientèle de ses confrères, cela à plusieurs points de vue :

– en premier lieu, lorsqu'un nouveau client se présente à un notaire, celui-ci doit s'efforcer de connaître les raisons qui ont amené cette personne à abandonner son ancien notaire ; même si ces raisons paraissent valables, certains règlements de compagnies exigent que le notaire choisi avertisse son confrère pour savoir notamment si aucun solde de frais ne lui reste dû ;

– un notaire doit, à plus forte raison, s'abstenir de démarcher les clients de ses confrères, soit par des visites, soit par des propositions avantageuses ; il lui est interdit d'user de publicité par journaux ou autres formes pour attirer la clientèle ; il est à remarquer, à ce sujet, qu'il est formellement interdit d'attirer la clientèle par des remises partielles d'émoluments qui doivent toujours être autorisées par la chambre des notaires (D. n° 78-262, 8 mars 1978, art. 2. – Règl. nat., art. 25).

Lorsqu'une convention doit être établie entre deux parties, le notaire de l'une ne doit pas systématiquement écarter le notaire de l'autre de la rédaction du contrat. Au contraire, afin de permettre au client de faire appel à un autre notaire s'il le souhaite, le notaire choisi par une collectivité publique, un établissement public ou un organisme financier doit faire connaître à l'avance aux autres parties qu'elles sont en droit d'être assistées par un notaire de leur choix (Règl. nat., art. 11, al. 4).

Le notaire doit s'efforcer d'obtenir que les règlements professionnels soient observés par un client quant à la désignation du notaire qui doit instrumenter. Lorsqu'un client demande à un notaire de recevoir un acte alors que le règlement le lui interdit, il doit faire part au client de cette interdiction (Règl. nat., art. 26).

Comme on l'a dit, le notaire ne doit faire aucune publicité à caractère personnel. Toutefois, dans les trois mois qui suivent sa prestation de serment, le notaire nommé à un office créé peut annoncer son installation (Règl. nat., art. 13).

Dans les documents émanant de l'office, le notaire ne peut faire état d'autres titres et qualités que ceux qu'autorisent les textes : grades universitaires et diplômes, y compris ceux de spécialisation, décorations. La mention de la certification ISO relative à la qualité peut aussi figurer sur ces documents (Règl. nat., réd. A. 4 mars 2004).

251. – Partage d'émoluments. Il est interdit aux notaires de partager leurs émoluments avec un tiers, par exemple un agent immobilier, ou de recevoir de rétribution d'un tiers à l'occasion d'une opération quelconque (D. n° 78-262, 8 mars 1978, art. 16). Il est également interdit à un notaire d'établir son office dans un immeuble où l'un de ses confrères est installé ou était installé depuis moins de cinq ans, sauf s'il s'agit de son prédécesseur (Règl. nat., art. 28).

252. – Le notaire ne peut se servir d'un autre confrère comme prête-nom. Il ne doit pas recevoir un acte pour un confrère empêché d'instrumenter en raison de sa parenté avec une partie, sans avoir préalablement contrôlé l'acte établi par son confrère. Cela ne fait pas obstacle à la responsabilité du notaire ayant préparé l'acte (Cass. 1re civ., 12 mai 1993 : *JurisData* n° 1993-000870 ; *Defrénois* 1994, art. 35746, p. 350, obs. J.-L. Aubert).

Il ne peut pas non plus se prévaloir de sa désignation dans un avant-contrat établi par les parties ou un intermédiaire, pour recevoir à l'exclusion de ses confrères, notaires des parties contractantes, les actes qui, aux termes du règlement, devraient être reçus par ces confrères. Cependant, c'est en définitive la volonté des parties qui doit prévaloir si, malgré les observations du notaire, celles-ci ne veulent pas avoir recours au notaire qu'elles avaient éliminé (V. à ce sujet, Cass. 3e civ., 11 avr. 1973 : *D.* 1973, jurispr. p. 456, note Morin ; *Journ. not.* 1975, art. 52128, citée aussi *infra*, n° 263).

§ 3. – Règles s'imposant aux notaires quant à l'attribution de la minute et au partage des émoluments

253. – Principes. Ces règles sont inscrites dans les règlements de chambres, les règlements interchambres établis par les conseils régionaux pour les notaires de leur ressort et le règlement intercours établi par le Conseil supérieur du notariat. Ces règlements sont appliqués en cas de conflit entre notaires. Si les notaires appartiennent à la même compagnie, c'est bien entendu le règlement de leur chambre qui est appliqué. S'ils appartiennent à deux compagnies différentes, mais si les règlements de leurs chambres sont identiques sur le point litigieux, ce sont les règles édictées par ces règlements de chambres qui sont appliquées. S'ils diffèrent, on doit recourir au règlement interchambres si les notaires appartiennent à une même cour et au règlement intercours s'ils sont de cours différentes.

De toute façon, avant de faire trancher le différend soit par la chambre des notaires, soit par le conseil régional, soit par le Conseil supérieur, les présidents de ces différents organismes doivent être saisis par les intéressés et s'efforcer de trouver une solution de conciliation.

Comment les conflits entre notaires peuvent-ils se produire ?

Il est fréquent que les diverses parties à une même convention aient chacune un notaire en qui elles ont confiance et tiennent à ce que ce soit leur notaire qui établisse l'acte. Lorsqu'il y a ainsi plusieurs notaires appelés, il faut déterminer celui qui doit être préféré pour rédiger l'acte (tenir la plume) et conserver la minute. L'autre notaire, représentant les intérêts de l'autre partie, sera le notaire en second.

Il convient de remarquer que :

– la qualité de notaire en second n'est pas indispensable pour qu'il y ait droit à partage d'émoluments ; il suffit que le notaire représentant l'une des parties ait participé à l'élaboration de l'acte ; toutefois, s'il n'est pas présent ni représenté au rendez-vous, le montant de sa participation est réduit de moitié (Règl. nat., art. 78) ;

– en principe, il ne peut pas y avoir plus de deux notaires en concours (sauf pour les inventaires) ;

– certains actes, quoique reçus par deux notaires, ne donnent pas lieu à participation à émolument pour le notaire en second ;

– la participation de deux notaires à un même acte ne doit pas entraîner une augmentation des émoluments à la charge du client, les notaires partageant entre eux l'émolument de l'acte suivant des règles ci-après indiquées.

Il est impossible de relater ici les règles applicables dans les différentes compagnies de notaires en France. Elles figurent dans les règlements de chambres.

Cependant, quelques principes communs peuvent être retenus.

254. – Attribution des minutes. Si deux notaires ou un plus grand nombre sont appelés par plusieurs parties ayant un même intérêt, l'acte est reçu par celui qui représente la plus grosse *somme d'intérêts* ou en cas d'égalité par le plus ancien, le droit d'être en second étant également déterminé par l'intérêt et, en cas d'égalité, par l'ancienneté (Règl. nat., art. 69/1/2 et 69/1/3).

Il y a identité d'intérêt en cas de pluralité de vendeurs, d'acheteurs, d'échangistes, de donateurs, de donataires, de bailleurs, de prêteurs, d'héritiers réservataires, d'héritiers non réservataires, de légataires, au cas aussi où l'on se trouve en présence d'époux séparés de biens, d'un usufruitier et d'un nu-propriétaire.

L'ancienneté entre notaires se détermine par l'ancienneté de la prestation de serment. Si les prestations de serment ont eu lieu le même jour, c'est l'antériorité de l'arrêté de nomination qui est retenue. Enfin, l'âge intervient si les deux critères précédents ne peuvent les départager.

L'ancienneté d'une société titulaire d'un office notarial est déterminée par la date d'entrée dans la société du plus ancien de ses membres (D. n° 67-868, 2 oct. 1967, art. 50).

Un notaire démissionnaire ne garde son ancienneté, en cas de nouvelle nomination, que s'il n'y a pas d'interruption entre les deux exercices ni de changement de département. Le rang d'ancienneté est conservé par l'administrateur d'un office dont le titulaire est décédé, mais cette ancienneté est perdue si le titulaire est destitué.

255. – Si les parties ont des intérêts opposés, l'acte est reçu par les deux notaires représentant la plus grande somme d'intérêts différents, en cas d'égalité par le plus ancien.

Il n'en reste pas moins que dans l'application de ces règles, les chambres de notaires font, dans leurs règlements respectifs, preuve d'une grande diversité.

À titre d'exemple, en matière de vente, telle chambre attribue la minute au notaire de l'acquéreur, telle autre, pour des raisons également valables, au notaire du vendeur, telle autre au notaire détenteur du règlement de copropriété, d'autres au notaire du lotisseur.

Pour le règlement des successions, tantôt le notaire du défunt, tantôt celui du conjoint survivant ont la préférence.

Les chambres de notaires prennent en considération généralement, pour choisir le détenteur de la minute, le notaire de la partie qui a le plus grand intérêt à détenir le titre constatant le droit objet de la convention, notaire de l'acquéreur dans les ventes, notaire du créancier dans les contrats de prêt, notaire du bailleur, notaire du débiteur qui se libère dans les actes de quittance.

256. – Droits aux émoluments. Le droit au partage des émoluments résulte de la participation effective à l'élaboration et à la rédaction de l'acte, même si le notaire en cause n'a pas le pouvoir de concourir à sa réception avec son confrère instrumentant dès l'instant où il a agi sur la réquisition de ses clients. Toutefois, le règlement intercours n'admet la participation aux honoraires que si le second notaire représente au moins 10 % des intérêts en cause. La fourniture d'une procuration ne peut à elle seule donner lieu à une intervention en second (Règl. nat., art. 76/3/1).

La répartition des émoluments se fait généralement de la manière suivante : 20 % rémunèrent la charge de la rédaction de l'acte, les 80 % de surplus sont répartis entre les notaires intervenants, y compris celui qui détient la minute et qui a droit aux 20 % ci-dessus (Règl. nat., art. 78).

Il est à noter qu'en principe, seuls sont partagés les émoluments proportionnels et que les honoraires de négociation ne sont attribués qu'au notaire négociateur, que des règles spéciales sont établies pour les actes auxquels interviennent des organismes profitant des concours financiers ou de la garantie de l'État et les actes conclus par les SAFER et les collectivités publiques (Règl. nat., art. 80).

D'autre part, le concours ou la participation à l'élaboration d'un acte ne donnent pas toujours droit au partage des émoluments. Certains règlements réservant, par exemple, la totalité des émoluments au notaire du créancier ou au notaire du donateur.

Cependant, tout notaire exclu de la réception de l'acte par les dispositions du règlement a toujours, et à quelque moment que ce soit, le droit d'intervenir comme conseil de ses clients et aux frais de ces derniers.

Les émoluments d'ouverture de testament ou de donation entre époux ont été supprimés par le décret n° 2007-387 du 21 mars 2007 (F. Hébert, *La réforme du tarif des notaires : JCP* N 2008, n° 13, act. 276). Lorsqu'ils étaient dus, l'article 77 du règlement intercours édictait un certain nombre de règles en cas de détention par des notaires différents notamment : les dispositions semblables ne pouvaient donner droit qu'à un seul émolument et préférence était donnée au notaire rédacteur du plus ancien en date de ces actes.

En outre, on pouvait dans ce cas invoquer l'article 10 du règlement national prévoyant que les notaires se doivent mutuellement conseils, services et appui ; il était admis que le notaire chargé de la succession devait avertir son confrère et lui prêter son concours pour arriver au recouvrement de l'honoraire lui étant dû.

257. – **Honoraires non tarifés.** Les services non prévus et certains actes exclus du tarif par le décret du 11 mars 1986 (actes de sociétés, fonds de commerce, baux commerciaux, etc.) sont rémunérés par des honoraires fixés en accord avec les parties (D. n° 78-262, 8 mars 1978, art. 4 et 13, ce dernier mod. par D. 11 mars 1986). Les notaires doivent alors s'entendre pour le partage de ces honoraires. À défaut, les règles de l'article 79/1 s'appliquent, c'est-à-dire que le notaire détenteur de la minute reçoit au moins 67 % de l'honoraire (Règl. nat., art. 79/7).

§ 4. – Rapports entre notaires et organismes disciplinaires

258. – Ces rapports naissent principalement à l'occasion soit de difficultés entre confrères, soit de différends avec les clients ou les tiers.

Il faut noter le rôle prépondérant joué par les présidents des différents organismes professionnels.

Les présidents de chambres ou de conseils régionaux dirigent ces organismes mais ont aussi une mission de guide ou de défenseur de leurs confrères.

C'est ainsi qu'ils doivent s'efforcer de concilier les membres de leur compagnie avant que le différend soit porté devant la chambre. D'ailleurs, tout notaire qui estime avoir à se plaindre d'un confrère ou d'un autre officier public ou ministériel ou d'une autorité judiciaire ou administrative ne peut le faire sans passer par l'intermédiaire du président de sa propre chambre qui, au besoin, en saisit le bureau.

Tout notaire sur le point d'intenter ou de subir une action en justice à raison de ses fonctions doit avant toute poursuite ou aussitôt après assignation, s'il n'a pu prévoir la poursuite dirigée contre lui, faire connaître au président de la chambre l'affaire qui donne lieu à litige.

Il convient d'ajouter que si la contestation était d'un intérêt général pour le notariat, le conseil régional qui peut ester en justice pour défendre la profession notariale devrait être saisi par le président de la chambre et pourrait, s'il y avait lieu, intervenir au procès. Ainsi, un conseil régional peut intervenir dans un procès intenté contre un notaire accusé de complicité d'abus de confiance (Cass. crim., 4 nov. 1991 : *JurisData* n° 1991-003274).

Les conseils régionaux veillent notamment à ce que la profession ne fasse pas l'objet de diffamation (CA Bourges, 1re ch., 4 janv. 1994 : *JurisData* n° 1994-

040879. – J.-P. Kuhn, *Le notariat se défend contre les diffamateurs* : *JCP* N 1999, n° 42, p. 1515). Toutefois, il a été jugé, de façon surprenante, qu'un article de presse ne visant personne de façon particulière ne portait pas préjudice au Conseil supérieur du notariat ou au conseil régional, malgré son titre « Les coups tordus des notaires » (Cass. crim., 1er sept. 2004 : *JurisData* n° 2004-026781).

259. – Plaintes. Missions. Le président reçoit les plaintes formulées contre les membres de sa compagnie, soit directement par les particuliers, soit par l'intermédiaire des parquets. Il doit, soit lui-même, soit par le syndic, instruire ces réclamations, provoquer les explications du notaire incriminé, répondre aux plaignants, au besoin faire toutes remontrances au notaire et, dans les cas graves, saisir la juridiction disciplinaire. En principe, il assiste le confrère chez qui une perquisition est opérée à la demande du parquet ou du juge d'instruction.

De leur côté, les notaires doivent s'efforcer de faciliter la tâche du président de la chambre en répondant rapidement, complètement et de façon précise aux demandes d'explications.

Ils doivent également accepter, dans la mesure de leurs possibilités, les tâches et missions qui leur sont demandées par le président de leur chambre et cela même s'ils ne font pas partie des organismes professionnels : mission d'enseignement, rapports, missions d'inspection (Sur les inspections, V. *supra*, nos 168 à 171).

L'article 14 du règlement édicte que les notaires doivent recevoir dans leurs études les délégués chargés du contrôle de leur comptabilité avec courtoisie et leur faciliter la tâche.

De leur côté, les délégués doivent faire preuve de discrétion.

260. – Obligations diverses. Le notaire doit bien entendu répondre aux appels de cotisations pour la bourse commune des différents organismes professionnels.

En cas de démission ou de décès d'un notaire, son sceau doit être remis au secrétaire de la chambre afin d'être brisé. En outre, en cas de décès d'un notaire, le procureur de la République ou le syndic de la chambre peuvent requérir l'apposition des scellés sur les minutes et le répertoire (D. n° 71-942, 23 nov. 1971, art. 16).

Il convient de rapprocher des obligations des notaires à l'égard des organismes professionnels celles qui leur incombent envers les magistrats et en particulier les parquets. On ne doit pas oublier que s'il n'y a pas subordination hiérarchique entre les parquets et les notaires, ces derniers doivent observer, en toute occasion, non seulement les règles de bienséance à leur égard, mais également leur témoigner le respect dû à des organismes tutélaires.

Section 2

RAPPORTS DES NOTAIRES ET DE LEURS CLIENTS

261. – L'acte notarié produit des effets juridiques dans les rapports des parties entre elles ou avec les tiers, et dans les rapports entre le notaire et les parties.

Il convient de rappeler pour ordre les conséquences de l'authenticité dans les rapports des parties entre elles, c'est-à-dire la force probante et la force exécutoire. L'acte notarié est l'instrument de preuve par excellence. Il fait foi entre les parties et leurs ayants cause, il est opposable aux tiers. Cependant, si les conventions légalement formées tiennent lieu de loi à ceux qui les ont faites (C. civ., art. 1134), elles n'ont d'effet qu'entre les parties contractantes (C. civ., art. 1165).

Dans les rapports entre le notaire et ses clients qui seront étudiés dans cette section, la rédaction de l'acte authentique est génératrice de droits et obligations à la fois pour les parties et pour le notaire.

§ 1. – Droits et obligations des parties

262. – Si ces dernières ont le choix du notaire, elles sont tenues envers lui de fournir les renseignements complets et justes, et de payer les frais et émoluments.

A. – Choix du notaire

263. – Les clients ont le droit absolu de choisir le notaire qu'ils chargent d'établir l'acte, et cela sans aucune restriction, sauf bien entendu une prohibition d'instrumenter résultant, par exemple, de la parenté. Même lorsque l'acte est obligatoirement notarié (donation par exemple), il n'y a aucun monopole tenant à la situation des biens ou au domicile des parties (TGI Paris, 1re ch., sect. 1, 26 janv. 1994 : *JurisData* n° 1994-042935).

Ainsi que cela a déjà été indiqué (V. *supra*, nos 253 à 257), les règlements de chambre ont fixé certaines règles pour le choix du notaire qui doit instrumenter, mais les parties peuvent toujours y déroger, sauf cependant l'obligation faite à chaque notaire d'essayer d'obtenir de son client que le règlement soit respecté ; en cas d'échec, le dernier mot reste toujours au client.

La Cour de cassation a infirmé une décision qui avait porté atteinte au droit qu'a toute personne de choisir librement son notaire et ainsi violé les dispositions de l'article 3 de la loi de *ventôse* (Cass. 3e civ., 11 avr. 1973 : *D.* 1973, jurispr. p. 456, note Morin ; *Journ. not.* 1975, art. 52128, préc. *supra*, n° 252. – V. aussi Cass. 1re civ., 22 mai 1998 : *JurisData* n° 1998-002394). Le principe du libre choix du client autorise le cédant, en cas de cession d'office ou de parts sociales, à instrumenter pour ses anciens clients pourvu qu'il s'abstienne de tout détournement de clientèle (Cass. 1re civ., 20 oct. 1993 : *JurisData* n° 1993-002180 ; *JCP* N 1994, n° 12, II, p. 113, note J.-F. Pillebout. – Ch. Félix, *Le principe du libre choix du notaire par le client : Notaires. Vie professionnelle*, mai-juin 2008, p. 44).

S'il y a conflit entre les parties sur le choix du notaire rédacteur, il appartient au tribunal de trancher.

La désignation du notaire par jugement du tribunal de grande instance est de règle en matière de partage judiciaire (CPC, art. 1361). Le notaire commis ne peut être suspecté de partialité (Cass. 1re civ., 6 juill. 2005 : *JurisData* n° 2005-029387). Au demeurant, chacun des héritiers peut se faire représenter par le notaire de son choix (CA Bourges, 30 mai 2000 : *JurisData* n° 2000-137956. – CA Bourges, 4 oct. 2000 : *JurisData* n° 2000-137275).

Si un indivisaire est défaillant, le juge peut désigner une personne qualifiée pour le représenter (C. civ., art. 837).

B. – Obligation de donner au notaire des renseignements complets et justes

264. – Il est bien évident que, pour que l'acte établi par le notaire produise les effets souhaités, il faut que le notaire réunisse tous les éléments constitutifs et que ces éléments correspondent à la réalité. Dans cette recherche du renseignement, ce sont les parties elles-mêmes qui contribuent à les fournir. Cependant, le notaire ne doit pas se contenter de simples affirmations de sa clientèle. Il doit les vérifier soit par des recherches à sa propre étude, chez ses confrères, au cadastre, dans les bureaux d'enregistrement, les conservations des hypothèques, sur les registres de l'état civil, etc.

Par exemple, un notaire est jugé responsable de l'irrégularité d'une origine de propriété, faute de s'être renseigné au centre d'archives spéciales (Cass. 1re civ., 3 mai 1983 : *JurisData* n° 1983-701342 ; *D.* 1983, jurispr. p. 558, note J.-L. Aubert. – V. aussi Cass. 1re civ., 12 févr. 2002 : *JurisData* n° 2002-012954. – Cass. 1re civ., 2 oct. 2002 : *JurisData* n° 2002-015654 ; *RTD civ.* 2003, n° 1, p. 97, note P. Jourdain ; *RJPF* 2003, n° 1, p. 23, note J. Casey. – Cass. 1re civ., 31 janv. 2008 : *JurisData* n° 2008-042546), ou parce qu'il s'est contenté de déclarations non contrôlées d'un précédent propriétaire (CA Montpellier, 27 févr. 1986 : *JurisData* n° 1986-034242 ; *JCP* N 1987, II, 107, obs. Th. Sanséau), ou encore parce qu'il s'est contenté de reprendre une origine inexacte figurant dans le titre antérieur (Cass. 1re civ., 12 févr. 2002 : *JurisData* n° 2002-012954). Le notaire est tenu d'avertir l'acquéreur des inconvénients d'acheter un immeuble construit sans permis de construire (Cass. 1re civ., 10 mai 2005 : *JurisData* n° 2005-028408) ou un terrain alors que le permis de construire n'est pas définitif (Cass. 1re civ., 23 mai 2007 : *JurisData* n° 2007-038938 ; *JCP* N 2007, n° 36, act. 1240), ou encore d'un terrain dépendant d'un lotissement sans tenir compte des interdictions d'édifier certaines constructions (Cass. 1re civ., 11 juill. 2007 : *JurisData* n° 2007-040192). Il doit en principe requérir un certificat d'urbanisme (Cass. 1re civ., 12 oct. 2004 : *JurisData* n° 2004-025227). Mais il n'est pas responsable s'il a régularisé un acte avant l'obtention du certificat d'urbanisme à la demande de l'acquéreur qu'il avait averti du risque couru (Cass. 1re civ., 12 janv. 1982 : *Journ. not.* 1983, p. 912, obs. J. de Poulpiquet. – V. aussi *supra*, nos 240 et 241). Cette dernière décision ne doit pas être interprétée comme un encouragement à un tel procédé qui reste absolument déconseillé.

C. – Obligation de payer les frais et émoluments

265. – En règle générale, les frais occasionnés par les actes sont à la charge de la partie qui doit profiter de cette convention ou pour laquelle elle doit constituer un titre utile. C'est ainsi qu'en principe, et sauf convention contraire (actes en main), les frais de l'acte de vente incombent aux acquéreurs, les frais d'une quittance, au débiteur qui se libère.

Cependant, à l'égard du notaire, les parties qui sont intervenues à l'acte sont tenues solidairement au paiement des frais, solidarité qui existe même si un jugement ou une convention ont mis les frais à la charge exclusive d'une partie. C'est au moins ce qu'admet une jurisprudence ancienne fondée sur l'article 2002 du Code civil. Il faut pourtant penser que le notaire doit réclamer une provision sur frais avant la signature (D. n° 78-262, 8 mars 1978, art. 6) ; l'autre partie pourra se prévaloir de cette règle, à condition sans doute qu'il y ait eu faute du notaire (Cass. 1re civ., 16 mai 1995 : *JurisData* n° 1995-001118 ; *JCP* N 1995, n° 43, p. 1519 ; *Defrénois* 1996, art. 36228, p. 37, note Gelot). En tout cas, la partie qui paie, en raison de la solidarité, les frais qui incombent à l'autre partie a bien entendu l'action récursoire de l'article 1251 du Code civil.

Le notaire peut exercer son action en recouvrement tant que la prescription de cinq ans n'a pas été acquise.

D. – Droit à réparation du préjudice subi par la faute du notaire

266. – Ces questions de responsabilité civile et de la garantie collective professionnelle des notaires feront, en raison de leur importance, l'objet de deux sections spéciales du présent chapitre (V. *infra*, sections 3 et 4, n°s 288 à 324).

§ 2. – Droits et obligations du notaire

A. – Ministère obligatoire

267. – L'article 3 de la loi du 25 *ventôse* an XI édicte :

« Les notaires sont tenus de prêter leur ministère lorsqu'ils en sont requis. »

Cette règle, qui ne permet pas au notaire de se dérober, cède devant les empêchements prohibitifs déjà signalés : parenté, alliance, caractère illicite de l'acte demandé (pacte sur succession future, substitution prohibée avant la loi du 23 juin 2006, société léonine, contre lettre en matière de fraude fiscale, acte contraire à l'ordre public et aux bonnes mœurs), incapacité juridique ou état d'ivresse d'une partie.

D'autres empêchements sont simplement facultatifs, comme l'observation du repos dominical ou la non-consignation préalable des frais.

B. – Devoir de conseil

268. – Le notaire n'est pas un simple rédacteur d'actes. Il a le devoir d'éclairer les parties, de vérifier si leurs intérêts sont sauvegardés, de les instruire de leurs droits et de leurs obligations respectifs, de leur expliquer tous les effets des engagements qu'elles contractent, de leur exposer les chances et les périls auxquels elles s'exposent, de leur indiquer enfin les précautions que la loi met à leur disposition pour garantir l'exécution de leurs volontés (V. *supra*, n°s 240 et 241. – *JCl. Notarial Formulaire*, V° Responsabilité notariale).

Ce rôle de conseil est une des caractéristiques essentielles du notaire français.

Mais un certain nombre de qualités sont exigées du notaire pour remplir ce rôle. La loyauté, bien sûr : le notaire ne doit rien cacher à son client, aussi bien les éléments favorables que ceux défavorables ; mais aussi le désintéressement. Ce désintéressement ne signifie pas la gratuité de service mais, ainsi que le rappelle l'article 5 du règlement national, l'intérêt du client prime toujours le sien.

C'est ainsi que la défense fiscale de son client est un devoir pour le notaire qui devra conseiller la solution la plus économique, pourvu qu'elle soit licite, même si elle est moins rémunératrice pour le notaire. Le notaire devra aussi s'abstenir d'établir des actes qui ne sont pas absolument indispensables et dont les frais sont dits frustratoires. Le notaire ne doit pas conseiller de dispositions de dernières volontés inutiles dans le seul but de recevoir des honoraires proportionnels d'ouverture.

269. – Compétence technique. Une autre qualité essentielle est exigée du notaire : la compétence technique et intellectuelle. Le notaire doit être dynamique dans ses conseils. S'il veut pouvoir conseiller utilement, il doit être au courant de la législation, non seulement celle apprise au cours de ses études dans les universités, les écoles de notariat, au cours des stages de formation, mais de la législation la plus récente qui évolue avec une grande rapidité et aussi de la jurisprudence qui est de plus en plus exigeante (V. *supra*, n° 240). L'exercice de la profession exige une mise à jour continuelle des connaissances du notaire. Les points de droit doivent être vérifiés. Les notaires ne doivent pas hésiter à s'entourer de tous renseignements, notamment de ceux que peuvent lui fournir les centres de recherche, d'information et de documentation notariales (Cridon) qui couvrent le territoire français et sont établis à Paris, Lyon, Bordeaux-Toulouse, Nantes, Lille.

Le règlement national dispose que chaque notaire a le devoir d'entretenir et de renouveler ses connaissances (art. 2). L'accomplissement de cette obligation est vérifié lors des inspections des offices.

270. – Intégrité morale. Le dynamisme attendu du notaire n'exclut pas la prudence dans le conseil, car ce conseil doit être donné non seulement eu égard aux circonstances présentes, mais également en fonction de ce qui pourra se produire dans l'avenir.

En somme, par ses conseils, le notaire doit assurer la sécurité juridique de sa clientèle.

N'est-ce pas le pape Pie XII qui, en 1958, s'adressant aux notaires réunis à Rome pour le IVe Congrès du notariat latin, disait :

> « Le prestige et l'autorité qui s'attachent à l'exercice d'une profession libérale supposent chez l'intéressé la présence de deux conditions : une compétence technique reconnue et une intégrité morale indiscutable. Ces qualités, le notaire devra les posséder surtout au moment où il devient l'intermédiaire officiel entre le particulier qui recourt à ses services et l'ordre juridique dont il se fait l'interprète. Il serait inexact de concevoir la fonction notariale comme une simple tâche de rédaction des documents qui présentent, sous une forme authentique, l'expression des déclarations des parties.
>
> N'arrive-t-il pas fréquemment que les parties se présentent chez le notaire sans avoir une notion claire et ferme de ce qu'elles désirent, des motifs qui les poussent, des formes que leur acte doit revêtir pour être en accord avec la loi, des conséquences qui en découleront. Le notaire s'efforcera donc de mettre en lumière tous ces éléments et relèvera ce qui, dans les désirs exprimés par les parties, ne coïncide pas avec les dispositions légales ou même les principes de la justice et de l'équité. »

C. – Secret professionnel

1° Nature et fondement du secret professionnel

271. – Le secret professionnel est un devoir fondamental du notaire. Il justifie la confiance que les clients lui font et en est, en même temps, la condition.

Le nouveau Code pénal, dans l'article 226-13, reprenant de façon plus abstraite les dispositions de l'ancien article 378, édicte :

> « La révélation d'une information à caractère secret par une personne qui est en dépositaire soit par état ou par profession, soit en raison d'une fonction ou d'une mission temporaire, est punie d'un an d'emprisonnement et de 15 000 € d'amende. »

Bien que les notaires ne soient pas expressément nommés parmi les personnes tenues au secret professionnel, il est unanimement admis qu'ils sont concernés par l'article 226-13 et personne ne discute plus le principe du secret absolu pour les notaires, c'est-à-dire opposable à la justice elle-même.

C'est ce qu'affirme l'article 7 du règlement national :

« Confident nécessaire de ses clients, le notaire est tenu au secret professionnel dans les conditions de l'article 226-13 du Code pénal. »

« Ce secret couvre tout ce qui est venu à la connaissance du notaire dans l'exercice de sa profession. »

« Le notaire doit veiller à ce que tous ses collaborateurs soient instruits de cette obligation qui est aussi la leur, et la respectent. »

Indépendamment des sanctions pénales et disciplinaires, un notaire qui aurait violé le secret professionnel pourrait se voir assigner en dommages-intérêts pour la révélation de déclarations faites lors des pourparlers d'une affaire n'ayant pas abouti (Cass. 1re civ., 18 juin 1985 : *JurisData* n° 1985-701803 ; *Defrénois* 1985, p. 1441, obs. J.-L. Aubert).

272. – Fondement. Quel est le fondement du secret professionnel ? Il est double.

Il est indispensable que ceux qui s'adressent à celui que l'on nomme d'ordinaire un confident nécessaire soient assurés que leur secret sera gardé, cela afin que le confident qui doit être complètement renseigné puisse remplir convenablement sa mission, mais que la divulgation de ce qui a été confié par le client ne puisse être utilisée contre lui.

À côté de l'intérêt privé, le secret professionnel est fondé sur l'intérêt général. Il faut que tous les citoyens soient persuadès que les confidents nécessaires ne trahiront jamais le secret à eux confié. Toute atteinte, qu'elle soit plus ou moins motivée, à cette foi du public dans l'inviolabilité du secret professionnel, ferait perdre à cette institution toute son efficacité (E.-S. De La Marnierre, *Le secret professionnel* : *Journ. not.* 1986, art. 5849. – Dejean de La Batie, *Le secret professionnel du notaire* : *Dr. et patrimoine* 1993, p. 58. – G. Rouzet, *Le secret professionnel* : *Defrénois* 1995, art. 36207. – TGI Marseille, 11 déc. 1998 : *Defrénois* 2000, n° 6, art. 37128, p. 374, note G. Rouzet).

2° Confidences garanties par le secret professionnel

273. – Seules les confidences reçues par le notaire en cette qualité sont garanties par le secret professionnel. Un notaire, qui aurait appris certaines circonstances d'une façon indépendante de l'exercice de sa profession, ne serait pas tenu de les garder secrètes.

Bien entendu, si une information a été donnée par une partie en vue d'être transmise à l'autre partie par le notaire, il n'y a pas violation du secret, mais dans une affaire ou un notaire avait été chargé de trouver un prêteur, la jurisprudence a jugé qu'il avait violé le secret professionnel en communiquant la liste des garanties offertes à d'autres personnes déjà créancières de son client et susceptibles de faire le prêt, mais qui, en réalité, en profitèrent pour prendre des garanties et pratiquer une saisie-arrêt (CA Orléans, 25 mai 1939 : *DH* 1939, p. 397).

274. – Des problèmes très délicats peuvent se poser : on admet qu'un notaire ne viole pas le secret professionnel s'il révèle à une autre partie certains éléments parvenus à la connaissance de cet officier public comme, par exemple, l'existence de servitudes d'urbanisme ou d'hypothèques grevant un immeuble vendu, éléments que l'autre partie voulait cacher (Cass. 11 mai 1891 : *Journ. not.* 24865, p. 396).

Sans doute, la Cour de cassation, dans un arrêt du 6 juin 1899 (*D.* 1900, 1, p. 167) a-t-elle décidé que le notaire ne peut violer le secret pour satisfaire à son devoir de conseil vis-à-vis de ses autres clients. Il ne peut, par exemple, communiquer à la partie adverse la copie d'un compromis de vente découvert lors de l'accomplissement de sa mission (Cass. crim., 2 mars 2004 : site LexisNexis JurisClasseur), révéler à un établissement de crédit divers emprunts contractés par l'emprunteur (Cass. 1re civ., 28 juin 2007 : *JurisData* n° 2007-039755) ou donner des informations à une banque sur la situation personnelle des époux emprunteurs (Cass. 1re civ., 18 juin 2002 : *Defrénois* 2002, art. 37644-99, obs. J.-L. Aubert). Un notaire ne peut révéler au conjoint de l'époux en instance de divorce l'acquisition immobilière que ce dernier réalise (Cass. 1re civ., 4 juin 2007 : *JurisData* n° 2007-039217 ; *JCP* N 2007, n° 26, act. 487). La jurisprudence admet cependant que le notaire peut révéler à ses autres clients les informations que ceux-ci auraient pu se procurer au moyen d'actes soumis à la publicité foncière (Cass., 22 janv. 1890 : *S.* 1890, 1, p. 460. – V. aussi Cass. 1re civ., 9 déc. 1974 : *Bull. civ.* I, n° 334 ; *Journ. not.* 1976, art. 52991, note J. de Poulpiquet). Le notaire peut être tenu du devoir de conseil envers l'acquéreur alors que le vendeur est en difficultés financières (Cass. 2e civ., 16 nov. 1971 : *Defrénois* 1972, I, p. 557, obs. J.-L. Aubert).

La conciliation du devoir de conseil et du secret professionnel soulève de délicats problèmes (J.-L. Aubert et R. Crône, *La responsabilité civile des notaires*, Defrénois, 5e éd. 2008, n° 97).

Le secret professionnel oblige aussi bien le notaire que ses successeurs et ses collaborateurs. Le secret s'applique tout d'abord aux confidences faites par les clients, mais aussi à tous les pourparlers qui ont précédé la signature (Cass. 1re civ. 18 juin 1985, préc. *supra*, n° 271). L'endroit où les documents examinés ont été écrits, que ce soit l'étude ou un autre lieu, importe peu.

Un notaire peut-il témoigner de l'état mental de l'une des parties à un acte ? La Cour de cassation a opéré la distinction entre le fait matériel et le fait connu par profession, en décidant que le premier pouvait être divulgué, et que l'état mental d'une des parties est un fait matériel qui pouvait être révélé (Cass. crim., 13 mars 1956 : *D.* 1956, jurispr. p. 351). Plus généralement, lorsqu'il s'agit de la protection des majeurs, le secret professionnel cède le pas devant l'obligation d'informer le juge des tutelles (Cass. 1re civ., 25 mai 1992 : *JurisData* n° 1992-014431 ; *Defrénois* 1992, art. 35395-130, p. 1445, obs. J. Massip. – Pour le secret médical, Cass. 1re civ., 22 mai 2002 : *JurisData* n° 2002-014431 ; *Defrénois* 2002, n° 22, art. 37624-91, p. 1477, obs. J. Massip).

3° Limites du secret professionnel

275. – Ordre de la loi. Le secret professionnel doit céder dans certains cas. Ainsi, l'article 100, alinéa 2 du Code général des impôts édicte que les officiers publics et ministériels doivent, à toute réquisition de l'inspecteur des impôts, représenter leurs livres, registres, pièces de recette, de dépense ou de comptabilité à l'appui des énonciations de leurs déclarations. Ils ne peuvent opposer le secret professionnel aux demandes d'éclaircissements, de justification ou de communication de documents concernant les indications de leur livre-journal ou de leur comptabilité.

Le notaire doit déclarer au fisc, à l'occasion d'un décès, les sommes et valeurs qui sont déposées en son étude au nom de son client décédé.

Le notaire doit communiquer aux agents de l'enregistrement les minutes des actes établis par lui, non seulement à l'occasion de l'enregistrement de ces actes, mais aussi lors des vérifications opérées par les inspecteurs de cette administration qui peuvent même exiger que les actes leur soient confiés en dehors de l'étude pendant un délai de vingt-quatre heures.

Lors d'une inspection de comptabilité, la remise volontaire de certains documents par l'administrateur de l'office ou par la présidente de la chambre régionale des notaires ne peut s'analyser comme étant une perquisition. Cette manière de procéder assurait au surplus le strict respect de la confidentialité sur les vérifications opérées par les inspecteurs (Cass. crim, 21 sept. 2005 : *JurisData* n° 2005-030487). Le secret professionnel ne s'oppose pas à ce qu'un président de chambre des notaires transmette des informations à l'autorité de tutelle car il en est tenu, quelles qu'aient été les conditions dans lesquelles il en a eu connaissance, conformément aux dispositions de l'article 16 du décret du 12 août 1974 (Cass. crim., 15 juin 2005 : *JurisData* n° 2005-029654).

Il est rappelé également que les articles 138 à 141 et 770 du Nouveau Code de procédure civile (V. *supra*, n° 217) établissent une procédure permettant à des personnes autres que les parties à l'acte d'avoir connaissance d'actes ou de documents auxquels elles ne sont pas intervenues. En principe, le notaire ne peut révéler l'identité des héritiers à un créancier (TGI Marseille, 11 déc. 1998 : *Defrénois* 2000, n° 6, art. 37128, p. 374, note G. Rouzet). Mais le juge des référés peut, à la demande d'un créancier, ordonner la levée du secret professionnel d'un notaire afin qu'il communique l'identité des héritiers du débiteur et des informations sur la succession (TGI Meaux, 29 janv. 2003 : *JurisData* n° 2003-210046 ; *JCP* N 2003, n° 18-19, 1302, note J.-P. Kuhn). Le juge des référés est également compétent pour ordonner à un notaire de remettre à l'administrateur judiciaire nommé dans le cadre du règlement d'une succession les pièces et les fonds en sa possession, sans que le notaire puisse opposer le secret professionnel (CA Paris, 2e ch. A, 26 févr. 2003 : *JurisData* n° 2003-213837).

Lorsqu'elle était applicable, la procédure de saisie-arrêt, qui prévoyait que le tiers détenteur doit déclarer les sommes qu'il détient pour le compte du débiteur (CPC, art. 559), posait certains problèmes en raison du secret professionnel. La jurisprudence (CA Aix-en-Provence, 4 mars 1958 et sur pourvoi Cass. 1re civ., 10 nov. 1959) a admis l'obligation pour le notaire de faire la déclaration qui lui est demandée par l'huissier de justice.

La jurisprudence applique le même principe en cas de saisie-attribution introduite par la réforme des procédures civiles d'exécution (L. n° 91-650, 9 juill. 1991, art. 42 et 44. – D. n° 92-755, 31 juill. 1992, art. 59 et 60. – Cass. 2e civ., 28 janv. 1998 : *JurisData* n° 1998-000408 ; *JCP* G 1998, n° 12, IV, p. 514. – CA Angers, aud. sol., 4 juin 1999 : *JurisData* n° 1999-100437. – R. Perrot et Ph. Théry, *Saisie attribution. La situation du tiers saisi* : *D.* 2001, n° 9, p. 714). Mais à défaut d'injonction judiciaire, le notaire ne peut révéler à un huissier de justice l'adresse de son client lors d'une procédure de saisie (Cass. 2e civ., 13 oct. 2005 : *JurisData* n° 2005-030256).

S'il est interdit aux notaires de donner connaissance des actes à d'autres qu'aux personnes intéressées en nom direct, héritiers ou ayants droit, cette interdiction ne fait pas obstacle à l'exécution des lois et règlements relatifs aux actes soumis à publication (L. 25 *ventôse* an XI, art. 23, réd. L. 25 juin 1973).

276. – Lutte contre le blanchiment d'argent. La réglementation relative au blanchiment des capitaux entraîne des entorses au secret professionnel en imposant, dans certains cas, une déclaration de soupçon au service dit TRACFIN (C. monét. fin., art. L. 562-1. – Y. Gautier, *Espace de liberté, de sécurité et de justice. Lutte contre la criminalité : Europe* 2002, n° 2, comm. 50, p. 19. – V. aussi *supra*, n° 132).

277. – Missions. Le secret professionnel ne joue pas si le notaire agit en vertu d'une mission qui lui est donnée par l'autorité. Un notaire commis pour procéder à une liquidation judiciaire peut révéler au procureur de la République les raisons pour lesquelles il lui a été impossible de mener sa mission à bien.

Si le notaire est nommé en qualité d'expert, il peut révéler ce qu'il a découvert dans l'accomplissement de cette mission.

278. – Défense du notaire. Un notaire peut révéler une confidence couverte par le secret si la révélation de celle-ci s'avère nécessaire pour sa propre défense. C'est ainsi qu'il peut révéler que lors de l'établissement d'un acte, il a fortement déconseillé de le faire, étant donné les conséquences désastreuses que cet acte pouvait avoir et qui se sont produites par la suite.

4° Conflit du secret et de l'obligation de témoigner en justice

279. – Un notaire doit éviter de se trouver dans la position difficile de témoin.

S'il est cité, il doit évidemment comparaître par déférence pour le tribunal, mais il doit déclarer immédiatement qu'il ne peut parler en raison du secret professionnel auquel il est tenu.

Cette attitude est souvent mal vue par les tribunaux car, disent-ils, elle ne contribue pas à la bonne administration de la justice.

Citons un exemple vécu : un notaire avait refusé de dire à la barre qu'en sa présence et dans son cabinet deux personnes étaient verbalement convenues d'un certain nombre d'éléments quant à la vente d'un immeuble. Il fut approuvé par le tribunal de Versailles par jugement du 15 janvier 1949 (*D.* 1950, 1, p. 72) :

> « Le notaire, cité comme témoin dans une enquête ordonnée dans une instance relative à la non-réalisation d'une vente se refuse à bon droit à toute déclaration en se retranchant derrière le secret professionnel car en déposant à l'enquête il se trouverait dans l'obligation soit de taire certaines circonstances mutilant ainsi la vérité, soit d'en parler et de violer ainsi le secret professionnel. »

Ce jugement fut déféré à la cour d'appel de Paris qui, dans un arrêt du 23 octobre 1952 (*D.* 1953, 1, p. 9), a infirmé le jugement :

> « Le notaire ne peut s'abriter derrière le secret puisque la révélation lui est réclamée par l'une des personnes qui se trouvait dans son bureau, laquelle est elle-même par conséquent créancière du secret et que toute partie créancière d'un secret a le droit d'en autoriser la révélation. »

Cette dernière décision a été fort critiquée, notamment par les partisans du caractère absolu du secret professionnel (V. aussi *supra*, n° 272).

Un arrêt de la cour d'appel de Paris du 13 juillet 1973 marque un heureux revirement de jurisprudence :

> « Attendu [y est-il dit] que l'obligation du secret établie et sanctionnée par l'article 378 du Code pénal (actuel art. 226-13) pour assurer la confiance nécessaire à l'exercice de certaines professions, est "générale et absolue" » (CA Paris, 13 juill. 1973 : *D.* 1974, jurispr. p. 16, note E.-S. De La Marnierre ; *Defrénois* 1974, art. 30553-23, p. 363, obs. J.-L. Aubert).

5° Consentement du créancier du secret professionnel

280. – Le même problème se pose lorsqu'une personne créancière du secret professionnel (celle qui a fait la confidence) autorise le notaire débiteur du secret à livrer ce secret. La plupart des auteurs et le corps notarial tout entier estiment que cela n'est pas possible, et ce, pour deux raisons principales :

– l'intérêt du créancier du secret, car si une telle autorisation était considérée comme de quelque effet, sa protection ne serait plus assurée. Imaginons qu'un notaire soit appelé à la barre comme témoin et qu'un magistrat demande au créancier du secret d'autoriser sa révélation. Si le créancier accepte, il n'est plus pour lui aucun moyen de se protéger. S'il refuse, il se condamne d'avance ;

– le caractère d'intérêt général du secret professionnel impose que nul ne puisse y faire échec, même serait-il créancier de ce secret.

Il faut reconnaître que certaines décisions de jurisprudence sont d'un avis contraire (V. notamment CA Paris, 23 oct. 1952, préc. *supra*, n° 279 et Cass. crim., 8 mars 1947 : *D.* 1948, 1, p. 109).

Cependant, il est permis au confident de confirmer par écrit au créancier du secret la confidence que celui-ci lui a faite afin que ce dernier puisse l'utiliser.

D. – Le notaire a droit à la rémunération de son travail : les émoluments

281. – Cette question, qui relève de la comptabilité notariale, ne sera traitée ici qu'assez rapidement et uniquement du point de vue de la déontologie notariale (V. *JCl. Notarial Formulaire*, V° Émoluments et honoraires).

On appelle émoluments la rémunération fixée par le tarif légal que les notaires ont le droit d'exiger des parties qui requièrent leur ministère.

L'article 51 de la loi de *ventôse* laissait au notaire le soin de fixer ses honoraires à l'amiable avec les parties, sauf en cas de conflit, avis de la chambre et décision du tribunal. La loi du 20 juin 1896 a décidé la création d'un tarif par cour d'appel fixé par règlement d'administration publique. Ces tarifs ont été unifiés et fréquemment modifiés. Ils résultent actuellement du décret n° 78-262 du 8 mars 1978, modifié à de nombreuses reprises et notamment par les décrets du 11 mars 1986, du 27 avril 2001, du 15 juillet 2003, du 20 août 2004, du 16 mai 2006, du 21 mars 2007 et du 31 mars 2008.

Le décret du 8 mars 1978 distingue les émoluments proportionnels pour le calcul desquels les actes sont répartis en séries avec attribution de coefficients et avec dégressivité par tranches. L'unité de valeur est de trois euros soixante-cinq en 2009.

Depuis le 1er janvier 1983, la taxe à la valeur ajoutée est applicable aux émoluments perçus par les notaires (Pour les honoraires non tarifiés, V. *infra*, n° 285).

Les émoluments comprennent forfaitairement :

– la rémunération de tous les soins, conseils, consultation, conférences, examens de pièces et autres travaux relatifs à l'élaboration et à la rédaction des actes ;

– le remboursement de tous les frais accessoires tels que frais de papeterie ou de bureau.

282. – Émoluments. Il existe plusieurs sortes d'émoluments : les émoluments fixes s'appliquent aux actes simples et aux formalités, les émoluments par rôle de minutes (pour les actes longs mais simples), les émoluments par rôle de copie exécutoire ou de copie authentique, les émoluments par heure et avec minimum de trois heures pour les inventaires et les émoluments proportionnels pour les actes plus complexes.

Les émoluments fixes sont calculés par unité de valeur (3,65 € en 2009) ; les émoluments proportionnels sont calculés sur le capital exprimé dans les actes divisé en tranches auxquelles sont appliqués des taux dégressifs.

L'article 19 du règlement national dispose qu'il est interdit aux notaires de percevoir, à quelque titre que ce soit, pour l'établissement des actes prévus au tarif, d'autres émoluments que ceux fixés par ces tarifs.

Les remises partielles d'émoluments ne sont pas admises sans l'autorisation de la chambre des notaires. Est considérée comme telle la remise totale d'émoluments sur un acte dont la réalisation est liée à celle d'un autre acte sur lequel l'émolument a été perçu.

Des règles spéciales déjà rappelées sont établies en cas de concours, vacance d'une étude par décès, démission, destitution, interdiction temporaire, suspension provisoire.

283. – Débours. Le notaire a droit au remboursement des sommes dues à des tiers par le client et payées pour le compte de celui-ci, notamment les droits d'enregistrement, taxes sur la valeur ajoutée, droits de timbre, taxes hypothécaires, les émoluments d'autres officiers publics ou ministériels, les honoraires d'experts et les frais de publicité légalement obligatoires. Les frais de correspondance et de voyage sont spécialement tarifés.

284. – Négociation. Il est prévu, en faveur du notaire négociateur, un émolument spécial. Le notaire peut le réduire. Pour qu'il y ait négociation, il faut que le notaire ait reçu mandat exprès ou tacite par l'une des parties de rechercher un cocontractant et que l'acte soit passé entre les parties mises en relation par le notaire en exécution de ce mandat, notamment à la suite de la publicité à laquelle il a procédé.

285. – Honoraires libres. L'article 4 du décret sur le tarif prévoit que les notaires sont rémunérés pour les services rendus dans l'exercice des activités non prévues au titre II du tarif et compatibles avec la fonction notariale par des honoraires fixés en commun accord avec les parties ou à défaut par le juge chargé de la taxation. Sont notamment rémunérées conformément à cette disposition les consultations données par les notaires.

Dans tous les cas, le client doit être préalablement averti par écrit du caractère onéreux de la prestation de services et du montant estimé ou du mode de calcul de la rémunération à prévoir.

En outre, les notaires sont rémunérés par des honoraires fixés dans les conditions prévues par l'article 4 en matière d'association, de baux régis par le décret du 30 septembre 1953, de louage d'ouvrage et d'industrie, salaires ou travaux, de sociétés et de ventes de fonds de commerce, d'éléments de fonds de commerce, d'unités de production, de branches d'activité d'entreprise.

D'après le décret n° 86-358 du 11 mars 1986, lorsque le montant des émoluments afférents à un acte est supérieur à 80 000 €, le notaire et son client peuvent convenir d'une réduction partielle pour la partie excédant cette somme (D. n° 78-262, 8 mars 1978, art. 3, mod. D. 11 mars 1986 et D. 27 avr. 2001).

286. – Recouvrement. Compte. En ce qui concerne le recouvrement des honoraires, l'article 19 du règlement national édicte que les notaires doivent demander aux parties, au moment de la signature des actes, une provision suffisante pour le paiement des frais, droits, déboursés et émoluments (V. dans le même sens, D. n° 78-262, 8 mars 1978, art. 6).

Dès que les formalités consécutives à l'acte sont accomplies, les notaires doivent faire le compte de leurs frais et émoluments, en fournir un état détaillé en distinguant les droits payés au Trésor, les débours et les honoraires, et procéder au règlement avec les parties soit en demandant le paiement du complément de la provision, soit en restituant l'excédent (D. 8 mars 1978, art. 7).

La créance des frais est généralement chirographaire mais bénéficie de privilèges dans certains cas : privilège de frais de justice pour partage judiciaire, privilège du vendeur pour vente d'immeuble, hypothèques, etc.

287. – Taxe. Au cas de difficulté dans le recouvrement, il y a lieu à la procédure de taxe qui passe par diverses phases : établissement d'un état détaillé, visa de cet état par la chambre, taxation par le président du tribunal ou le juge taxateur délégué, délivrance par ce dernier d'un exécutoire de taxe, possibilité d'inscription d'hypothèque judiciaire, signification de l'ordonnance de taxe, possibilité d'opposition, jugement.

Pour cette procédure de taxe, il convient de se référer aux articles 704 à 721 du Code de procédure civile. Avant d'être soumis à la taxe (art. 708), les frais, émoluments et débours devront faire l'objet d'une vérification en application de l'article 704 du Code de procédure civile (D. n° 84-618, 13 juill. 1984).

Il est rappelé que la créance des frais se prescrit par cinq ans et que toutes les parties à l'acte sont tenues solidairement au paiement de ces frais.

Section 3

RESPONSABILITÉ CIVILE DES NOTAIRES

288. – L'existence de la profession notariale comporte un certain nombre d'obligations du notaire envers ses clients :

– le notaire doit établir un acte valable tant dans la forme que dans le fond, acte qui constitue l'instrument de preuve efficace des conventions que le notaire est chargé de constater, et devra aboutir au résultat juridique souhaité par les parties aux moindres frais et dans les conditions les meilleures ;

– le notaire doit donner, à cette occasion, les conseils adéquats sur la manière de réaliser la convention, en permettant aux parties, surtout lorsque le notaire est le conseil des deux parties, de sauvegarder leurs légitimes intérêts ;

– le notaire a l'obligation d'assurer la pleine efficacité des conventions par l'accomplissement des formalités subséquentes à l'acte, tout en assurant la protection des parties jusqu'à ce que cette efficacité soit obtenue.

Comme tout citoyen et peut-être plus que tout autre, le notaire encourt une responsabilité lorsqu'il ne remplit pas les devoirs ci-dessus énumérés : responsabilité pénale (V. *supra,* n° 141), responsabilité disciplinaire (V. *supra,* n°s 142 à 160) et aussi responsabilité civile en vue de réparer le préjudice subi par la faute du notaire.

§ 1. – Nature, fondement et étendue de la responsabilité civile du notaire

289. – Tout fait quelconque de l'homme qui cause à autrui un dommage, oblige celui par la faute duquel il est arrivé à le réparer. Ce grand principe prévu par l'article 1382 du Code civil est bien entendu applicable au notaire dans l'exercice de ses fonctions, cette responsabilité notariale constitue une des branches de la responsabilité professionnelle.

Il est important de suivre l'évolution, pendant les deux derniers siècles, de cette notion de responsabilité notariale.

Jusqu'à la Révolution et même dans le droit intermédiaire, les notaires n'engageaient leur responsabilité que si la nullité des actes qu'ils dressaient résultait d'un dol ou d'une faute lourde (tribunal de cassation, 11 *frimaire* an VII) ; toutefois, une déclaration du 29 septembre 1722 relative au défaut de contrôle des actes notariés édicte :

> « Les notaires demeurent responsables des dommages-intérêts que les parties pourraient subir pour la nullité des actes. »

Malgré cela, Ferrière écrivait encore dans son traité *Le parfait notaire*, de 1752 :

> « Si les notaires pouvaient être poursuivis pour dommages-intérêts en raison des nullités qu'ils pourraient faire dans leurs actes, il n'y en a pas un à qui ce malheur ne peut arriver par inadvertance, ce qui causerait la perte de ses biens et de sa famille. »

L'article 23 du décret n° 71-941 du 26 novembre 1971 prévoit expressément qu'il y a lieu à dommages-intérêts contre le notaire contrevenant lorsque l'acte établi par lui contient un certain nombre de vices de forme. Il ne faut pas en conclure que la responsabilité civile du notaire est seulement engagée dans les cas prévus par ce texte (ancien article 68 de la loi de *ventôse*).

290. – **Évolution de la jurisprudence.** Depuis le dix-neuvième siècle, on assiste à une évolution jurisprudentielle tendant à l'aggravation de la responsabilité notariale et fondée sur trois idées principales déjà signalées, le devoir de conseil, la notion de mandat, et celle de gestion d'affaires, le notaire ayant vis-à-vis de ses clients l'obligation de mener à bien, dans la mesure de ses possibilités, l'affaire qui lui a été confiée.

Dans les conclusions qui ont précédé un jugement du 22 avril 1953 du tribunal de la Seine, M. le substitut Albaut déclare :

> « Même en dehors de tout mandat, le notaire est professionnellement le conseil de ses clients. Il est indispensable que le citoyen qui franchit le seuil du cabinet du notaire s'y sente dans une sécurité complète, il doit y trouver des garanties solides non seulement à raison des actes par lesquels il engage tout ou partie de sa fortune, mais aussi à raison des conseils dont il sollicite la lumière. La loi et la société comptent sur l'autorité du notaire, sur son expérience, sur son honorabilité, sur ses connaissances juridiques pour guider les parties. Les notaires ne sont pas seulement des scribes dont le rôle serait uniquement passif mais ils ont pour obligation d'éclairer les clients sur les conséquences et les dangers des actes passés par ceux-ci, suppléant ainsi à leur ignorance du droit des affaires. »

À l'examen de ce texte, d'ailleurs fort clair, on se rend compte de la tendance jurisprudentielle de retenir contre le notaire sa responsabilité en raison des fautes qu'il a commises, mais aussi en raison de l'exercice même de la profession. C'est ainsi une responsabilité pour risque qui s'ajoute à la responsabilité pour faute. Peut-être convient-il de remarquer que s'il est juste de définir très largement les obligations imposées au notaire, encore faut-il que le respect de ces obligations dépende de son fait, de sa diligence particulière et de sa compétence. Le notaire ne peut être responsable d'un accident qu'il n'avait pas les moyens d'éviter. Il n'en reste pas moins que la tendance fort explicable de la jurisprudence d'obtenir à tout prix l'indemnisation de la victime d'un dommage, aidée en cela par le fait que la responsabilité du notaire est généralement couverte par une assurance, entraîne une augmentation des instances dirigées contre le notaire.

291. – Incidence de l'assurance. Les actions en responsabilité exercées contre les notaires sont nombreuses. Le fait que le notaire est assuré a une incidence sur le sort réservé à ces actions. Cela n'est pas sans conséquences car les compagnies d'assurances tiennent compte de l'importance des règlements qu'elles ont dû effectuer, dans le calcul de la prime lors du renouvellement des contrats. On peut également se demander si la jurisprudence n'arrive pas en cette matière de responsabilité notariale à substituer à l'obligation de moyens, l'obligation de résultat. Le notaire doit ainsi, non seulement fournir à son client un acte valable, mais il serait responsable si le but poursuivi n'est pas atteint.

292. – Principes et preuve. Sous l'influence de la doctrine et grâce à l'action du comité de contentieux de la Caisse de garantie du notariat, la jurisprudence rappelait, il y a quelques années, les principes de la responsabilité civile. Celle-ci suppose que soient constatés simultanément une faute, un dommage et un lien de causalité entre ces deux éléments.

Le manquement au devoir de conseil doit être prouvé (Cass. 1re civ., 10 juill. 1984 : *Defrénois* 1985, p. 380, obs. J.-L. Aubert). La preuve ne nécessite pas nécessairement un écrit et peut résulter des circonstances (Cass. 1re civ., 6 juill. 2004 : *Defrénois* 2004, n° 20, art. 38035-83, obs. J.-L. Aubert). Mais la preuve n'est pas établie lorsque les premiers associés d'une société en formation prétendent que le notaire aurait dû régulariser la reprise d'une acquisition en exécution d'une décision sociale dont il n'avait pas connaissance (Cass. 1re civ., 28 nov. 1995 : *JurisData* n° 1995-003309. – V. toutefois les décisions citées *supra*, n° 240).

Assez fréquemment, le juge constate que la preuve n'est pas rapportée, ce qui montre que nombre d'actions en responsabilité sont exercées sans raison (Cass. 1re civ., 3 avr. 2007 : *JurisData* n° 2007-038320. – Cass. 1re civ., 15 mai 2007 : *JurisData* n° 2007-038876. – Cass. 1re civ., 14 juin 2007 : *JurisData* n° 2007-039510).

293. – Fondement. Une question classique est celle du fondement de la responsabilité notariale. Est-ce une responsabilité quasi délictuelle fondée sur les dispositions de l'article 1382 ou une responsabilité contractuelle fondée sur l'article 1991 du Code civil qui édicte :

> « Le mandataire est tenu d'accomplir le mandat tant qu'il en demeure chargé et répond des dommages-intérêts qui pourraient résulter de son inexécution »,

et sur l'article 1992 :

> « Le mandataire répond non seulement du dol mais encore des fautes qu'il commet dans sa gestion ».

Il existe, il est vrai, un véritable contrat passé entre le notaire et son client. En fait, l'intérêt de la question est assez mince : sans doute la responsabilité fondée sur la notion de délit est-elle plus large que la responsabilité contractuelle, elle laisse au demandeur le choix du tribunal (soit celui du défendeur, soit celui du lieu du délit), elle introduit la solidarité en cas de pluralité de responsables et ne nécessite pas de mise en demeure pour faire courir des intérêts. Mais en réalité, malgré de longues discussions doctrinales, la jurisprudence n'a guère pris partie sur cette question, faisant jouer souvent dans une même affaire la responsabilité contractuelle et la responsabilité délictuelle (J. de Poulpiquet, *La responsabilité civile et disciplinaire des notaires*, LGDJ, 1974, p. 153 à 251).

§ 2. – Causes d'atténuation et d'exonération de la responsabilité notariale

294. – Lorsqu'une personne éprouve un préjudice à la suite d'une opération juridique, la responsabilité du notaire ayant reçu l'acte est souvent recherchée alors que la faute commise par lui n'est pas la seule cause du dommage ou même qu'elle n'est pas établie. Dans la première hypothèse, la responsabilité peut être atténuée ; dans la seconde, elle n'est pas engagée.

A. – Degré de connaissances juridiques du client

295. – Traditionnellement, suivant que le client est plus ou moins averti des questions juridiques et a pu prendre sa décision en pleine connaissance de cause, la jurisprudence se montrait plus ou moins sévère.

En effet, l'incidence de la compétence du client est variable suivant les cas. Un professionnel de l'immobilier est suffisamment averti pour savoir quelles sont les précautions à prendre pour acquérir un bien immobilier. La responsabilité du notaire n'ayant pas procédé à certaines formalités préalables est donc limitée à son égard (Cass. 1re civ., 25 janv. 1989 : *JCP* N 1990, II, p. 65, obs. Th. Sanséau). Le notaire n'est pas tenu de donner des informations sur les incidences fiscales d'une opération réalisée par un professionnel de l'immobilier (Cass. 1re civ., 30 mars 1994 : *JCP* N 1996, n° 27, II, p. 1011, note Th. Sanséau. – Cass. 1re civ., 8 juin 1994 : *JCP* N 1996, n° 27, II, p. 1011, note Th. Sanséau). Mais des agents de change ne sont pas informés des détails de la réglementation administrative en matière d'urbanisme. Ils peuvent donc engager la responsabilité du notaire ne les ayant pas avertis de la nécessité d'obtenir une autorisation pour transformer des locaux d'habitation en bureaux (Cass. 1re civ., 6 déc. 1978 : *Defrénois* 1979, art. 32077, obs. J.-L. Aubert).

Cette jurisprudence est aujourd'hui remise en cause par l'affirmation du caractère absolu du devoir de conseil (V. *supra*, n° 240). Ainsi, la mise au point d'une convention complexe entre deux sociétés importantes avec le concours de spécialistes, ne dispense pas le notaire d'informer le vendeur des charges fiscales qui pèsent sur lui au titre de la TVA (Cass. 1re civ., 4 mars 2003 : *JurisData* n° 2003-018139. – Cass. com., 11 mars 2003 : site LexisNexis Juris-Classeur). La même solution est retenue pour une acquisition par un marchand de biens, assisté au surplus d'un conseil (CA Douai, 6 mars 2003 : *JurisData* n° 2003-212644). Plus généralement, les compétences ou connaissances personnelles du client ainsi que les informations ou avis donnés par des tiers ne sauraient dispenser le notaire de son devoir de conseil qui n'a pas un caractère relatif (Cass. 1re civ., 26 oct. 2004 : *JurisData* n° 2004-025402 ; *Defrénois* 2004, n° 24, art. 38073-107, p. 1739, obs. J.-L. Aubert). La faute du client peut seulement limiter la responsabilité du notaire (V. par ex., Cass.

1re civ., 29 févr. 2000 : *JurisData* n° 2000-000775, citée *supra*, n° 240. – V. aussi *infra*, n° 298).

B. – Assistance du client par un autre conseil

296. – On admettait que la responsabilité du notaire pouvait être écartée ou réduite lorsque le client est assisté d'une personne compétente. Le caractère absolu du devoir de conseil a remis en cause cette conception (Cass. 1re civ., 10 juill. 1995 : *JurisData* n° 1995-002115 ; *JCP* N 1995, II, p. 1822 ; *Defrénois* 1995, art. 36210-147, obs. J.-L. Aubert. – Cass. 1re civ., 9 janv. 2001 : *JurisData* n° 2001-009515. – Cass. 1re civ., 13 déc. 2005 : *JurisData* n° 2005-031270 ; *JCP* N 2006, n° 4, act. 151. – CA Douai, 6 mars 2003, citée *supra*, n° 295. – V. aussi *supra*, n° 240).

L'évolution de la jurisprudence doit conduire le notaire à conserver trace des conseils qu'il a donnés, même si le client est assisté par un conseil supposé compétent (V. *infra*, n° 300).

C. – Participation plus ou moins importante à la conclusion de la convention

297. – Il est évident que la responsabilité du notaire est plus ou moins engagée selon la manière dont il est intervenu dans l'élaboration de l'acte. En principe, le notaire est tenu du devoir de conseil même s'il ne fait qu'authentifier des conventions arrêtées sans son concours (Cass. 3e civ., 18 oct. 2005 : *JurisData* n° 2005-030336. – Cass. 1re civ., 3 avr. 2007 : *JurisData* n° 2007-038318). Mais son accomplissement dépend des circonstances. Ainsi, dans un arrêt du 6 avril 1965, la Cour de cassation affirme que :

> « La mesure et la portée du devoir de conseil doivent être appréciées selon les circonstances et selon notamment que le notaire a participé directement aux tractations relatives aux stipulations de la convention ou n'est intervenu que pour donner une forme authentique à des accords déjà conclus » (Cass. 1re civ., 6 avr. 1965 : *D.* 1965, jurispr. p. 448).

Le juge peut constater que le notaire a été tenu à l'écart des négociations ayant abouti à une cession d'actions et qu'il n'y a donc plus de place pour l'exercice du devoir de conseil ; on ne peut donc lui reprocher de ne pas avoir conseillé au cédant de demander un cautionnement que le cessionnaire était d'ailleurs incapable de fournir (Cass. 1re civ., 28 nov. 1995 : *JurisData* n° 1995-003311). Lorsque l'engagement est pris définitivement avant l'intervention du notaire, la responsabilité de celui-ci ne peut être mise en cause (Cass. 1re civ., 13 mars 2007 : *JurisData* n° 2007-038004). Le juge doit rechercher si le préjudice n'était pas réalisé avant l'intervention du notaire (Cass. 1re civ., 24 oct. 2006 : *JurisData* n° 2006-035589).

Néanmoins, le notaire reste tenu d'expliquer aux clients la portée de leurs engagements et garder trace de ce qu'il a dit au moyen de reconnaissances de conseils donnés (V. *infra*, nos 300 et 301. – Dans le même sens, CA Toulouse, 1re ch. 1, 8 sept. 1997 : *JurisData* n° 1997-049687).

D. – Faute du client

298. – La responsabilité du notaire est atténuée si le notaire n'a pas été complètement renseigné (Cass. 1re civ., 13 juin 1972 : *Defrénois* 1973, art. 30293-5, p. 449, obs. J.-L. Aubert. – Cass. 1re civ., 8 mars 1977 : *Defrénois* 1977, art. 31561-104, p. 1519, obs. J.-L. Aubert. – Pour le non-renouvellement d'une inscription, Cass. 1re civ., 19 mai 1999 : *JurisData* n° 1999-000101. – Pour un cautionnement nul en raison de la faute du client, Cass. 1re civ., 29 févr. 2000 : *JurisData* n° 2000-000775. – V. aussi Cass. 1re civ., 13 janv. 2004 : *JurisData* n° 2004-021771 et Cass. 1re civ., 6 avr. 2004 : *JurisData* n° 2004-023386 ; *Defrénois* 2004, n° 20, p. 1413, obs. J.-L. Aubert).

L'omission des chiffres d'affaires et bénéfices dans un acte de vente de fonds de commerce entraîne seulement un partage de responsabilité entre les vendeurs et le notaire (Cass. 1re civ., 17 mars 1993 : *JCP* N 1996, n° 29, II, p. 1089, note Th. Sanséau).

La faute du client peut conduire à atténuer la responsabilité du notaire (Cass. 1re civ., 12 juill. 2005 : *JurisData* n° 2005-029595). Mais il n'en est pas ainsi lorsque le manquement du notaire est caractérisé, par exemple le défaut d'inscription d'une hypothèque ; la responsabilité du notaire reste alors entière, au moins si la faute du client n'est pas dolosive (Cass. 1re civ., 6 avr. 2004 : *Defrénois* 2004, n° 20, art. 38035-84, obs. J.-L. Aubert). Si la faute du client ou celle d'un tiers est la cause exclusive du dommage, la responsabilité du notaire est écartée (Cass. 3e civ., 24 mai 1976 : *Defrénois* 1977, art. 31343-18, p. 406, obs. J.-L. Aubert). Dans le cas contraire, il y a partage de responsabilité (Cass. 1re civ., 12 juill. 2005 : *JurisData* n° 2005-029595).

Ainsi, le notaire n'est pas responsable de la perte de la possibilité d'exercer une activité secondaire dans un local commercial lorsque cette perte est, en réalité, la conséquence de la négligence des preneurs (Cass. 1re civ., 22 nov. 1994 : *JCP* N 1996, n° 36, II, p. 1213, note Th. Sanséau). On ne peut pas davantage reprocher à un notaire de ne pas avoir décelé les risques résultant de l'occupation d'un local que sa cliente lui avait volontairement dissimulée (Cass. 1re civ., 27 juin 1995 : *JurisData* n° 1995-004492 ; *JCP* N 1996, n° 36, II, p. 1213, note Th. Sanséau. – En matière de TVA immobilière, Cass. 1re civ., 5 mai 2004 : *JurisData* n° 2005-023574. – Pour le cas de dol du client, Cass. 1re civ., 16 janv. 2001 : *JurisData* n° 2001-007792 ; *Defrénois*, 2001, n° 11, p. 723, obs. J.-L. Aubert).

E. – Questions controversées

299. – La controverse en doctrine et en jurisprudence d'une question sur laquelle le notaire a pris parti dans tel ou tel sens n'exonère pas le notaire de toute responsabilité si, par la suite, les tribunaux tranchent en sens contraire de la solution adoptée. Le notaire doit avertir les clients du problème et des dangers qu'ils peuvent courir (V. à propos d'un problème d'indexation, Cass. 1re civ., 27 mars 1973 : *Defrénois* 15 mars 1974, art. 30547-8, obs. J.-L. Aubert. – Pour l'interprétation d'un texte fiscal, CA Paris, 1re ch. A, 11 juill. 1983 : *JurisData* n° 1983-026518. – Pour la publicité d'une institution contractuelle, CA Reims, ch. civ., sect. 1, 4 juill. 1983 : *JurisData* n° 1983-044544).

Un notaire ne peut se voir reprocher de n'avoir pas prévu un revirement de jurisprudence étendant le formalisme du cautionnement au mandat (Cass. 1re civ., 25 nov. 1997 : *JurisData* n° 1997-004652 ; *JCP* N 1998, n° 23, p. 893, note C. Géraud. – Pour une mention manuscrite non apposée sur le mandat de se porter caution alors que cette nécessité n'était pas admise à l'époque, Cass. 1re civ., 13 mai 2003 : *JurisData* n° 2003-014992). Toutefois, le notaire est tenu d'informer les parties de l'incertitude du régime fiscal applicable en Corse (Cass. 1re civ., 18 févr. 2003 : *JurisData* n° 2003-017792).

F. – Reconnaissance de conseils donnés

300. – Dans le cas précédent, comme dans celui où le client a tenu à passer acte contre l'avis de son notaire, ce dernier doit se réserver la preuve que c'est en pleine connaissance de cause et après avoir été entièrement averties des conditions, des conséquences et des risques que comporte le contrat que les parties ont donné leur consentement. Mais ces reconnaissances de conseils donnés doivent être pleinement circonstanciées. La jurisprudence a tendance, en effet, à considérer comme clauses de style et dépourvues d'efficacité juridique certaines déclarations insérées – peut-être pourrait-on dire glissées – dans leurs actes par les notaires (V. Cass. 1re civ., 9 févr. 1972 : *Journ. not.* 20 févr. 1974, art. 51596). Toutefois, lorsque la clause de l'acte est claire et précise, elle établit la preuve que le client a bien été averti (Cass. 1re civ., 3 févr. 1998 : *JurisData* n° 1998-000428 ; *JCP* N 1998, n° 19, p. 701, note J.-F. Pillebout ; *JCP* N 1998, n° 28, p. 1082, note Kuhn ; *Defrénois* 1998, art. 36815-71, obs. J.-L. Aubert). Il faut néanmoins être prudent car les juges considèrent parfois que la clause de l'acte, même claire et précise, ne suffit pas à établir que le client a compris le risque couru (Cass. 1re civ., 28 juin 2007 : *JurisData* n° 2007-039801). Il est conseillé de faire signer une reconnaissance de conseils donnés confirmant et explicitant la clause de l'acte.

301. – La reconnaissance de conseils donnés n'a pas d'autre objet que d'établir la preuve que le notaire a rempli son devoir de conseil. Elle n'est pas une décharge de responsabilité qui serait sans effet. C'est pourquoi l'expression ancienne de décharge de responsabilité est à proscrire (V. *JCl. Notarial Formulaire,* V° Responsabilité notariale, Fasc. 10).

Lorsque le notaire a rempli un rôle actif dans l'élaboration des conventions arrêtées par les parties, il est opportun qu'il fournisse à ses clients une consultation précisant les limites du choix retenu (Th. Sanséau, *Conventions relatives à la responsabilité notariale, Reconnaissances de conseils donnés* : *JCP* N 1988, p. 348. – J.-F. Pillebout, *De la décharge de responsabilité à la consultation* : *JCP* N 1993, I, p. 263).

De nombreux cadres de reconnaissance de conseils donnés et de consultation sont proposés dans le *JurisClasseur Notarial Formulaire* (V° Avant-contrat, Fasc. 67, 125. – V° Bail commercial, Fasc. 135, 137. – V° Bail d'habitation et à usage mixte, Fasc. 95. – V° Baux ruraux, Fasc. 55, 255, 425. – V° Partage, Fasc. 455. – V° Responsabilité notariale, Fasc. 35. – V° Vente d'immeuble, Fasc. 105, 109, 133, 135, 137, 235, 295, 425, 435, 515).

§ 3. – Action en responsabilité

A. – Compétence et prescription

302. – L'article 53 de la loi de *ventôse* attribuait compétence exclusive au tribunal de la résidence du notaire. Cette disposition a été abrogée par l'article 49 de l'ordonnance du 28 juin 1945. Le décret du 28 décembre 1973 dispose que l'action disciplinaire est exercée devant le tribunal de grande instance dans le ressort duquel est établi l'office (D. n° 73-1202, 28 déc. 1973, art. 3). Lorsque l'action en responsabilité est exercée indépendamment de l'action disciplinaire, la solution est longtemps restée incertaine. Depuis une décision de la Cour de cassation rendue en 1960, il semble que les règles de droit commun soient applicables (Cass. 1re civ., 31 mai 1960 : *D.* 1960, jurispr.

p. 55. – Dans le même sens, Cass. 1re civ., 15 févr. 1966 : *JCP* G 1966, II, 14615 ; *Journ. not.* 1966, art. 47889). Le tribunal compétent est celui du domicile du notaire ou celui du lieu où le dommage a été réalisé. En cas d'appel en garantie, l'action est exercée devant le tribunal où la demande d'origine a été faite.

L'action en responsabilité peut être exercée dans le cadre d'une procédure pénale ou d'une procédure disciplinaire. Elle se prescrit par cinq ans depuis la réforme de la prescription alors que le délai était de trente ans pour la responsabilité délictuelle (C. civ., art. 2224, réd. L. n° 2008-561, 17 juin 2008).

Le point de départ de la prescription qui est le « jour où le titulaire d'un droit a connu ou aurait dû connaître les faits lui permettant de l'exercer » est parfois difficile à établir. Pour une servitude de passage non révélée dans l'acte, la prescription part du jour où l'acquéreur a eu connaissance de son existence (Cass. 3e civ., 11 juill. 2007 : *JurisData* n° 2007-040190).

La transaction est possible en matière de responsabilité civile.

B. – Conditions requises pour le succès d'une action en responsabilité civile contre un notaire

303. – Les conditions requises par l'article 1382 doivent se retrouver, c'est-à-dire une faute, un dommage, une relation de cause à effet entre la faute et le dommage. Comme on l'a vu, ces trois éléments doivent être bien établis mais les tribunaux sont parfois assez indulgents pour en apprécier la preuve (V. *supra*, n° 292).

1° La faute

304. – Le notaire commet une faute chaque fois qu'il manque à l'une des obligations légales ou qu'il manque à son devoir de conseil ou qu'il ne remplit pas l'une des obligations conventionnelles résultant des mandats ou de la gestion des affaires dont il est chargé.

« Il ne suffit pas, pour rendre un notaire responsable des suites d'un mauvais placement, de prouver que c'est le notaire qui a indiqué et même négocié ce placement, il faut établir que le notaire a commis une faute dans la négociation » (T. Lyon, 13 juin 1903).

Cependant, écrit Espagno dans sa thèse :

« La faute consiste pour le notaire à ne pas avoir agi comme aurait dû le faire un officier public consciencieux et prudent » (*La responsabilité civile des notaires*, thèse, Toulouse, 1952).

Toute faute, même légère, engage la responsabilité du notaire. La faute intentionnelle n'est pas couverte par l'assurance et ne doit pas être confondue avec la faute lourde (Cass. 1re civ., 7 mai 1980 : *Journ. not.* 1981, art. 56034, obs. De La Marnierre ; *ibid.*, art. 56449, n° 1, obs. J. de Poulpiquet). Comme on l'a vu, la faute du client peut avoir pour effet d'atténuer la responsabilité du notaire ou même de l'exclure (V. *supra*, n° 298).

2° Le préjudice

305. – L'étendue de la responsabilité du notaire se détermine elle-même en fonction du préjudice subi, car s'il n'y a pas d'intérêt, il n'y a pas d'action. Il faut un préjudice certain et direct. Dans certains cas, la question est délicate. Citons, comme exemple, l'affaire soumise à la Cour de cassation il y a quelques années. Un notaire peut se voir condamner à réparer le préjudice subi par l'acquéreur d'un terrain qu'il n'avait pas averti de l'existence d'une servitude de pipe-line. Cet acquéreur risquait de se voir contraint de démolir la construction édifiée sur le terrain et il en résultait pour lui un préjudice certain même si la démolition n'avait pas été effectivement ordonnée (Cass. 1re civ., 3 avr. 1984 : *JCP* N 1985, prat. 9264, p. 31). Un créancier ne peut pas engager la responsabilité du notaire ayant remis le prix d'une vente immobilière alors qu'il n'a pas exercé le droit de suite lui permettant éventuellement de recouvrer sa créance (Cass. 1re civ., 1er avr. 2003 : *JurisData* n° 2003-018649).

3° Lien de causalité entre faute et préjudice

306. – Il faut que la faute ait causé le dommage. C'est ainsi qu'un arrêt de la Cour suprême du 25 novembre 1971, rejetant un pourvoi contre un arrêt de la cour de Lyon du 24 février 1970, a écarté la responsabilité du notaire qui avait omis de vérifier la situation hypothécaire à l'occasion d'une vente d'immeuble, car cette omission avait été sans influence sur la volonté de son client d'acquérir (V. aussi Cass. 1re civ., 28 janv. 1975 : *JCP* N 1975, II, 18161, note M. Dagot. – Cass. 1re civ., 11 mai 2000 : *JurisData* n° 2000-001861. – Cass. 1re civ., 25 mai 2005 : *JurisData* n° 2005-028575. – CA Paris, 1re ch. A, 11 janv. 2000 : *JurisData* n° 2000-105994. – V. J.-L. Aubert, chronique de jurisprudence : *Defrénois* 2000, n° 4, p. 245). De même, le défaut de certificat d'urbanisme qui, de toute façon, n'aurait pas révélé l'inaptitude administrative du terrain à la réalisation du projet à la date de la vente n'a pas d'incidence sur le dommage éprouvé par l'acquéreur (TGI Strasbourg, 3e ch. civ., 22 avr. 1983 : *JCP* N 1985, II, p. 145, note M. Dagot). Un créancier dont l'hypothèque judiciaire était irrégulière ne peut reprocher au notaire de s'être dessaisi des fonds avant la publication de l'acte de vente au bureau des hypothèques. Le préjudice subi par le créancier résultait, en effet, de l'irrégularité de l'hypothèque judiciaire (Cass. 1re civ., 27 mai 2003 : *JurisData* n° 2003-019174). De même, le prix d'une vente portant sur la chose d'autrui ayant été réglé avant la signature de l'acte authentique, le notaire n'est pas responsable du préjudice subi par l'acquéreur (Cass. 1re civ., 24 oct. 2006 : *JurisData* n° 2006-035589. – Cass. 1re civ., 7 mai 2008 : *JurisData* n° 2008-043814). La faute du notaire n'ayant pas signalé une servitude de canalisation, d'ailleurs connue de l'acquéreur et parfaitement signalée, n'est pas la cause du dommage porté à la canalisation ; le dommage résultait en fait des travaux effectués sans précaution par le propriétaire (Cass. 2e civ., 5 juill. 2006 : *JurisData* n° 2006-034684).

C. – Assurance responsabilité

307. – Les notaires sont obligatoirement assurés pour leur responsabilité civile (D. 20 mai 1955, art. 13). Cette assurance doit garantir la responsabilité de chaque notaire pour une somme au moins égale à deux fois la moyenne, par étude, des produits bruts réalisés par les notaires de la métropole pendant l'année précédant celle de l'échéance de la prime (A. 28 mai 1958, art. 9). Toutefois, les indemnités versées aux créanciers du notaire restent à la **charge du notaire** pour un dixième au moins, dans les limites d'un plafond.

308. – L'application des contrats d'assurance a provoqué quelques difficultés entre les notaires et leurs assureurs à propos des notions de faute lourde et de **risque bravé**, les assureurs refusant leur garantie lorsque le notaire avait commis de telles fautes.

Cependant, l'article L. 113-1 du Code des assurances prohibe ces exonérations. Seules ne sont pas couvertes les fautes intentionnelles et dolosives du notaire, c'est-à-dire celles que le notaire a commises délibérément en sachant bien qu'en agissant ainsi il allait provoquer le dommage dont on lui demande réparation (V. Cass. 1re civ., 12 juin 1974 : *Defrénois* 1975, art. 30882-7, obs. J.-L. Aubert. – V. aussi Cass. 1re civ., 7 mai 1980 : *Journ. not.* 1981, art. 56034, obs. De La Marnierre, art. 56449, n° 1, obs. J. de Poulpiquet, citée *supra,* n° 304). Le fait d'avoir fourni des renseignements inexacts à une banque n'a pas été considéré comme une faute intentionnelle (Cass. 1re civ., 2 févr. 1994 : *JurisData* n° 000334 ; *JCP* N 1994, n° 38, II, p. 269, note Bonneau).

Il convient de noter que les polices d'assurances ne couvrent pas les insuffisances de gage que la jurisprudence distingue, d'ailleurs, avec une certaine subtilité, de l'absence d'efficacité juridique de la garantie qui, elle, est couverte par l'assurance (Cass. 1re civ., 7 juill. 1976 : *Defrénois* 1977, art. 31522-82, obs. J.-L. Aubert). Il faut aussi faire observer que les notaires ne peuvent plus négocier des contrats de prêts sans que ceux-ci soient assortis d'une garantie bancaire de bonne fin. Le fait de recevoir des fonds à charge de verser des intérêts en dehors de tout acte authentique n'est pas couvert par l'assurance (CA Paris, 15e ch. B, 27 sept. 1996 : *JurisData* n° 024353. – Pour la garantie collective, V. *infra*, nos 316 à 318). D'autres polices d'assurances garantissent le notaire contre le risque de remise d'un prix de vente avant l'obtention de l'état sur formalités de publicité foncière.

Lorsque la faute d'un associé n'est pas couverte par l'assurance, la responsabilité de la société et des associés pour défaut de surveillance permet de recourir à l'assurance (Cass. 1re civ., 15 mars 2005 : *JurisData* n° 2005-027612 ; *JCP* N 2006, n° 12, 1134, note J. de Poulpiquet).

§ 4. – Causes de responsabilité notariale

309. – Il est impossible de citer ici tous les cas où un notaire peut être actionné en responsabilité. Il est renvoyé aux excellents ouvrages qui ont été publiés sur cette matière, notamment la thèse de Me Espagno, *La responsabilité civile des notaires,* thèse, Toulouse, 1952 ; l'ouvrage de Me Kuhn, *Manuel de la responsabilité notariale,* 1962, et son supplément ; l'ouvrage de M. J.-L. Aubert, *La responsabilité civile des notaires, Defrénois,* 4e éd. 2002 ; et l'importante thèse de J. de Poulpiquet, *La responsabilité civile et disciplinaire des notaires,* LGDJ, 1974 (V. aussi *JCl. Notarial Formulaire,* V° Responsabilité notariale).

Si l'on veut classer ces cas de responsabilité, on peut les placer sous diverses rubriques que nous allons examiner successivement.

A. – Notaire officier public

310. – Le notaire est responsable des vices de forme qui se trouvent dans les actes qu'il reçoit ; par exemple, actes signés hors de son ressort de compétence (lorsque celle-ci était limitée), absence de signature, absence de témoins lorsque leur présence est nécessaire, actes reçus pour des parents, actes ne respectant pas les règles de forme (surcharges, interlignes). Le notaire ayant oublié de faire signer un acte est responsable du préjudice qui peut en résulter (Cass. 1re civ., 28 nov. 1972 : *Defrénois* 1973, art. 30403, note G. Morin) ; il en est de même s'il a lui-même omis de signer l'acte (Pour un acte de donation entre époux, Cass. 1re civ., 29 nov. 1989 : *Defrénois* 1990, art. 34802-51, obs. J.-L. Aubert).

Le notaire doit rédiger correctement les actes qu'il reçoit, par exemple la désignation d'un fonds de commerce (Cass. 1re civ., 20 déc. 2007 : *JurisData* n° 2007-042033) et procéder aux vérifications nécessaires afin d'éviter, par exemple, une vente de parcelles appartenant à autrui (Cass. 1re civ., 3 avr. 2007 : *JurisData* n° 2007-038328).

Le notaire est responsable s'il n'a pas vérifié l'identité et la capacité des parties (Cass. 1re civ., 1er févr. 1979 : *Journ. not.* 1981, art. 56115. – CA Paris, 11 juin 1999 : *JurisData* n° 1999-102658), s'il n'a pas vérifié les procurations qui lui sont présentées, etc. Il est responsable de la conservation des minutes et, à l'occasion, de la délivrance des copies exécutoires et des copies authentiques sous réserve du secret professionnel (V. *supra*, nos 271 à 280). Une décision considère même que le notaire est responsable lorsqu'il n'a pas averti l'acquéreur des difficultés pouvant résulter de l'absence de connaissance de la future adresse du vendeur (Cass. 1re civ., 4 févr. 2003 : *JurisData* n° 2003-017458. – G. Rivière, *Dernier domicile connu* : *JCP* N 2003, n° 46, 1572, p. 1625).

B. - Notaire conseil

311. – Principe. Il est inutile de reprendre les formules déjà citées employées à ce sujet par la Cour de cassation. C'est à propos de ce devoir de conseil qu'il convient de se souvenir en particulier des motifs d'exonération ou d'atténuation de la responsabilité du notaire (V. *supra*, nos 294 à 300).

L'accomplissement du devoir de conseil entraîne de la part du notaire l'obligation d'effectuer un certain nombre de **recherches**. Le notaire doit vérifier si les conditions de fait nécessaires pour la validité et l'efficacité de l'acte sont réunies et aller jusqu'à contrôler les déclarations des parties.

« Attendu [dit le tribunal d'Auxerre dans un jugement du 20 décembre 1950] que l'officier public ne doit pas se fier aux apparences ni aux indications données, qu'il a le devoir impérieux de contrôler les renseignements fournis et de vérifier par lui-même les origines de propriété des immeubles dont il reçoit la vente » (V. aussi Cass. 1re civ., 12 févr. 1974 : *Bull. civ.* I, p. 44, n° 51 ; *Journ. not.* 5 févr. 1975, art. 52192, note J. de Poulpiquet. – Cass. 1re civ., 5 juill. 1989 : *JurisData* n° 1989-003796 ; *Defrénois* 30 juin 1990, n° 34802, note J.-L. Aubert. – Pour un acte de notoriété et des déclarations mensongères qui pouvaient être vérifiées, Cass. 1re civ., 11 mars 1997 : *JurisData* n° 1997-001259).

312. – Applications. Ces vérifications portent en matière de vente, par exemple, sur la consistance et la désignation du bien vendu, la propriété du disposant, les servitudes qui grèvent l'immeuble, la situation locative, la situation hypothécaire. Il convient de citer à ce sujet un arrêt de la Cour de cassation en date du 4 janvier 1966 (*D.* 1966, jurispr. p. 227, note J. Mazeaud) qui a particulièrement ému le notariat en faisant grief à un notaire de ne pas avoir, avant la signature d'un contrat de vente, levé un état hypothécaire qui lui aurait révélé qu'une procédure en annulation avait été introduite, concernant l'immeuble vendu, ce qui le rendait indisponible entre les mains de l'acquéreur (V. aussi *supra*, n° 264).

Cette jurisprudence, qui a surpris à l'époque, a influencé la pratique. Désormais, sauf exception, les notaires demandent un **état hypothécaire préalable** avant la signature de l'acte (V. aussi *supra*, n° 264). Il n'en est autrement que si, par souci de célérité, les parties requièrent au notaire de passer l'acte sans attendre l'état hypothécaire dont la délivrance demande plusieurs semaines, voire plus d'un mois suivant les conservations d'hypothèques (Cass. 1re civ., 28 mai 1974 : *JCP* N 1975, II, 17986, note Dagot ; *Journ. not.* 1975, art. 52991, note J. de Poulpiquet. – Cass. 1re civ., 28 janv. 1975 : *JCP* N 1975, II, 18161, note Dagot ; *Journ. not.* 1976, art. 52991, note J. de Poulpiquet). En principe, un état hypothécaire préalable ne s'impose pas lors de la signature de l'avant-contrat (Cass. 1re civ., 15 déc. 2004 : *JurisData* n° 2004-026189). Par une décision dont la portée est discutable, la Cour de cassation a considéré que le notaire pouvait se dessaisir des fonds avant l'obtention d'un état hypothécaire sur formalité (Cass. 1re civ., 23 nov. 2004 : *JurisData* n° 2004-025791 ; *JCP* N 2006, n° 2, 1012, p. 62, note J. de Poulpiquet ; *D.* 2005, n° 13, p. 874, note S. Piedelièvre).

Le bien vendu étant grevé d'une inscription au profit d'une caution, le notaire doit s'adresser à celle-ci pour obtenir éventuellement la mainlevée de l'inscription (Cass. 1re civ., 31 janv. 2008 : *JurisData* n° 2008-042552).

Le vendeur ayant procédé lui-même au mesurage de la loi Carrez et la superficie s'étant révélée insuffisante, le notaire est responsable s'il n'a pas remis le jour de la signature de l'acte authentique et contre récépissé ou émargement une copie de l'acte signé ou un certificat mentionnant la superficie du lot vendu ainsi que la copie des dispositions de l'article 46 de la loi du 10 juillet 1965 si elles ne figuraient pas dans ces documents (Cass. 3e civ., 5 juill. 2006 : *JurisData* n° 2006-034449 ; *JCP* N 2006, n° 35, act. 533 ; *Defrénois* 2007, art. 38553-25, p. 384, obs. C. Atias).

L'omission d'une servitude de cour commune est source de la responsabilité du notaire (Cass. 1re civ., 26 oct. 2004 : *JurisData* n° 2004-025396).

Le notaire doit s'inquiéter en particulier des **servitudes d'urbanisme**, si fréquentes à l'heure actuelle, et plus généralement de toutes restrictions au droit de disposer ou au droit d'utiliser le bien à des fins diverses (V. aussi *supra*, n° 264). Ainsi, un notaire s'est vu reprocher d'avoir reçu un acte de vente au mépris d'un pacte de préférence, le bénéficiaire du pacte pouvant engager sa responsabilité (Cass. 1re civ., 14 janv. 1981 : *JCP* N 1982, II, p. 169, obs. M. Dagot ; *Defrénois* 1983, art. 32984, p. 117, note Morin et art. 37333, obs. J.-L. Aubert). Dans une autre affaire, le notaire est responsable pour avoir manqué au devoir de conseil lors de la rédaction d'un cahier des charges d'un lotissement (Cass. 1re civ., 22 oct. 1985 : *JurisData* n° 1985-002638 ; *JCP* N 1986, II, p. 173, obs. Th. Sanséau) pour défaut de purge du droit de préemption (CA Paris, 2e ch. B, 12 janv. 1996 : *JurisData* n° 1996-020256) ou pour n'avoir pas averti du risque couru par l'acquéreur d'une vente en l'état futur d'achèvement dont le permis de construire était caduc (Cass. 3e civ., 7 mai 2008 : *JurisData* n° 2008-043797 : *JCP* N 2008, n° 21, act. 457), ou encore par l'acquéreur d'un terrain inondable qui s'est révélé inconstructible (Cass. 3e civ., 23 mai 2007 : *JurisData* n° 2007-038938 ; *JCP* N 2007, n° 24, act. 452). Par contre, il y a exonération ou atténuation de cette responsabilité si celui à qui le conseil devait être donné est lui-même un professionnel du droit ou un professionnel d'opérations immobilières (V. *supra*, n° 295. – V. toutefois l'évolution de la jurisprudence citée *supra*, n° 296).

Le conseil du notaire est recherché non seulement en matière civile, mais aussi sur les **problèmes fiscaux** posés par les actes qu'il reçoit. Il doit avertir les parties des droits et impôts qui devront être payés à la suite de l'acte (droits d'enregistrement, imposition des plus-values, etc.) et expliquer aux clients les inconvénients fiscaux des opérations envisagées. Par exemple, le notaire doit signaler les conséquences fiscales d'une donation consentie par une fille à son père entraînant une double mutation (CA Aix-en-Provence, 13 janv. 1975 : *JCP* N 1977, II, 1, obs. M. Dagot ; *Journ. not.* 1977, art. 53632, obs. J. de Poulpiquet. – Pour une cession de parts sociales avec remboursement de compte courant, CA Paris, 1re ch. A, 11 janv. 2000 : *JurisData* n° 2000-106018. – Pour le défaut d'information sur le régime fiscal d'une vente d'immeuble, CA Paris, 2e ch. B, 14 janv. 1999 : *JurisData* n° 1999-020188). Lors de l'établissement d'un contrat de mariage comportant adoption de la communauté universelle, le notaire doit informer ses clients de la possibilité de stipuler une clause d'attribution intégrale au survivant (Cass. 1re civ., 15 déc. 2005 : *JurisData* n° 2005-026997). Les conséquences d'un acte sur l'application de l'exonération de la loi Malraux doivent être expliquées par le notaire et non pas seulement par le promoteur (Cass. 1re civ., 13 déc. 2005 : *JurisData* n° 2005-031270).

En ce qui concerne les droits de succession, souvent payés tardivement pour des raisons diverses, le notaire doit prendre soin d'informer les héritiers ou légataires de leurs obligations et des pénalités dues en cas de retard. S'il n'a pas gardé trace de ce qu'il a expliqué, il peut être responsable (Cass. 1re civ., 14 juin 2007 : *JurisData* n° 2007-039511 ; *JCP* N 2007, n° 27, act. 296). Un cadre de lettre et une clause de l'acte de notoriété sont proposés dans le *JurisClasseur Notarial Formulaire* (V° Notoriété, Fasc. 15 et V° Déclaration de succession, Fasc. 15, form. 9).

C. - Notaire mandataire

313. – Le notaire est responsable comme mandataire car, recevant un acte, il doit lui assurer la pleine efficacité juridique ; il doit payer les droits d'enregistrement (sauf si les droits sont payables à terme, Cass. com., 16 juill. 1991 : *JurisData* n° 1991-001928 ; *Defrénois* 1992, art. 35315, obs. Honorat), accomplir les formalités de publicité foncière, de prise et renouvellement d'inscriptions, de publicité des cessions de fonds de commerce, de vérification de la situation hypothécaire ou des privilèges, de publicité des actes relatifs aux sociétés, accomplir toutes démarches relatives au registre du commerce, faire faire toutes significations, etc.

Lorsqu'il en a reçu mandat, le notaire doit assurer le renouvellement d'une inscription hypothécaire (CA Paris, 2e ch. B, 9 nov. 1988 : *JCP* N 1989, II, p. 129, obs. J.-F. Pillebout), mais la preuve du mandat doit être établie (Cass. 1re civ., 26 juin 1984 : *JCP* N 1986, II, p. 269, obs. M. Dagot. – Cass. 1re civ., 7 févr. 1990 : *JurisData* n° 1990-000364 ; *D.* 1990, inf. rap. p. 53 ; *Journ. not.* 1990, art. 59985-20, obs. De La Marnierre. – Cass. 1re civ., 28 mars 2000 : *JurisData* n° 2000-001221. – Cass. 1re civ., 22 janv. 2002 : *JurisData* n° 2002-012739. – CA Paris, 1re ch. A, 29 févr. 2000 : *JurisData* n° 107687. – CA Aix-en-Provence, 6 mai 2003 : *JurisData* n° 2003-223052. – V. F. Vauvillé, *Renouvellement des inscriptions : Quand et comment ?* : *Dr. et patrimoine* 2003, n° 112, p. 39). Toutefois, dans certains cas, le juge peut constater que le notaire avait un mandat tacite de renouveler l'inscription (Cass. 1re civ., 12 janv. 1999 : *Defrénois* 1999, n° 9, art. 36953-21, p. 382, obs. J.-L. Aubert).

D. - Notaire responsable du fait des clercs et des employés

314. – Le notaire est responsable des fautes de ses clercs à condition qu'il y ait une relation entre la faute du clerc et l'exercice des fonctions notariales. Lorsque le clerc agit en dehors des limites de ses fonctions, le notaire, en principe, n'est pas responsable. Pourtant, la notion **d'abus des fonctions** est interprétée de façon restrictive par les tribunaux. Ainsi, un notaire est jugé responsable des agissements du clerc qui avait placé les fonds d'un client dans des conditions contraires à la réglementation s'imposant aux notaires (V. *supra*, n° 137). La Cour de cassation a considéré que l'acte pouvait être rattaché à la fonction malgré son caractère illicite (Cass. 1re civ., 25 mai 1981 : *Defrénois* 1981, art. 32787-118, obs. J.-L. Aubert ; *Journ. not.* 1982, art. 56971, obs. J. de Poulpiquet. – Cass. 1re civ., 4 mars 1999 : *JurisData* n° 1999-000911).

Cette solution paraît d'ailleurs discutable car si le notaire lui-même avait eu recours à ce procédé, la caisse de garantie ne pourrait pas être mise en cause (V. *infra*, n°s 317 et 318).

Parfois, c'est la responsabilité du notaire qui est retenue quand le clerc a agi en vertu d'un mandat complété par l'indication de son nom comme mandataire mais qui, en réalité, avait été confié à l'étude. La représentation du vendeur par un clerc de l'étude peut renforcer le devoir d'investigation du notaire (Cass. 1re civ., 8 janv. 2009 : *JurisData* n° 2009-046447 ; *JCP* N 2009, n° 4, act. 138).

E. – Autres cas de responsabilité du notaire

315. – La responsabilité du notaire peut être recherchée même lorsqu'il n'agit que comme notaire en second, comme gérant ou administrateur d'une étude, comme substituant, comme successeur d'un autre notaire pour la délivrance de copies ou expéditions, comme inspecteur de comptabilité, comme organisateur de ventes publiques aux enchères, etc.

Il est évident qu'en cette matière de responsabilité civile notariale où les décisions judiciaires foisonnent, il convient à propos de chaque difficulté de se reporter aux ouvrages spécialisés précités, de rechercher les décisions jurisprudentielles et surtout de prendre garde de conclusions hâtives et définitives, la jurisprudence introduisant dans ses décisions de multiples nuances sur le degré de responsabilité retenu.

Le lecteur trouvera de nombreux exemples dans le *JurisClasseur Notarial Formulaire* (V° Responsabilité notariale, Fasc. 20 et 30).

Section 4

LA GARANTIE COLLECTIVE DE LA RESPONSABILITÉ PROFESSIONNELLE DES NOTAIRES

316. – Jusqu'à présent, il n'a été question que de la responsabilité incombant personnellement au notaire à laquelle il fait face s'il est condamné au moyen de la couverture qui lui est assurée par sa police d'assurances et par sa fortune personnelle. Mais le législateur a voulu aller plus loin et, pour assurer la sécurité de la clientèle, rendre l'ensemble de la profession notariale garante de l'indemnisation de cette clientèle.

C'est la garantie collective instituée par la loi du 25 janvier 1934, remplacée par les dispositions du décret-loi du 20 mai 1955 dont un décret n° 56-220 du 29 février 1956 portant règlement d'administration publique et un arrêté du 28 mai 1956 fixent les modalités d'application. Il faut ajouter qu'une profonde réforme du fonctionnement de la garantie collective résulte des dispositions du décret du 20 décembre 1971 qui ont été incorporées au décret du 26 février 1956.

§ 1. – Étendue de la garantie collective

317. – L'article 12 du décret-loi du 20 mai 1955 édicte que la garantie :

« s'applique au remboursement des sommes d'argent, à la restitution des titres et valeurs quelconques reçus par les notaires à l'occasion des actes de leur ministère ou des opérations dont ils sont chargés en raison de leurs fonctions.

Elle s'étend aux conséquences pécuniaires de la responsabilité civile encourue par les notaires dans l'exercice normal de leurs fonctions à raison de leur fait, de leur faute ou de leur négligence, ou du fait, de la faute ou de la négligence de leur personnel.

Elle ne couvre pas les pertes subies à raison de l'insuffisance des gages. »

Il convient de remarquer qu'à l'origine, la garantie collective se limitait aux cas prévus par le premier paragraphe de l'article 12 précité. Ce n'est qu'en 1955 que le législateur a étendu cette garantie aux conséquences pécuniaires de la responsabilité civile des notaires.

L'interprétation de ce texte a provoqué d'innombrables difficultés qui, dans beaucoup de cas, ont été soumises à l'appréciation des tribunaux. Qu'entendre en effet par cette expression « dans l'exercice normal de la fonction notariale » ? Une somme reçue à titre de dépôt pendant la durée des formalités hypothécaires, à l'occasion d'un acte de vente ou de prêt, et détournée par le notaire doit certainement être remboursée au titre de la garantie collective si le notaire est défaillant. Au contraire, si un notaire reçoit de l'argent sans destination précise, en sert personnellement l'intérêt, replace cet argent contre intérêt et réitère plusieurs fois ce genre d'opération, il n'exerce plus une activité notariale mais une activité bancaire qui lui est interdite. Dès lors, la garantie collective ne devrait plus jouer mais les tribunaux ont tendance à tenir compte de la bonne foi (parfois supposée) du client pour permettre le jeu de la garantie. La Cour de cassation exige même la preuve de la mauvaise foi du client (Cass. 1re civ., 18 juin 1985 : *JurisData* n° 1985-701806 ; *Defrénois* 1985, art. 33613, p. 1244, obs. J.-L. Aubert). La garantie est pourtant exclue lorsqu'il résulte des circonstances que le client a délibérément souscrit à des opérations financières réalisées par le notaire en dehors de ses fonctions notariales (Cass. 1re civ., 15 janv. 1985 : *JurisData* n° 1985-700085 ; *D.* 1985, jurispr. p. 377, note J.-L. Aubert).

Les **insuffisances de gage** ne sont pas couvertes, en principe, par la garantie collective, pas plus qu'elles ne le sont par l'assurance de responsabilité. Toutefois, les tribunaux considèrent que dans certains cas, qui sont d'ailleurs les plus graves (gage pratiquement inexistant), il y a manquement au devoir de conseil et le préjudice peut être couvert par la garantie collective comme par l'assurance (V. *supra*, n° 308).

La garantie collective concerne la responsabilité des notaires à l'égard de leur clientèle (D. 20 mai 1955, art. 11) et ne couvre pas le préjudice subi par un notaire cessionnaire d'un office ayant remis prématurément le prix au cédant. Ce dernier, en effet, n'avait pas encaissé les fonds comme officier public mais à titre personnel (Cass. 1re civ., 3 avr. 1979 : *Defrénois* 1979, art. 32077-53, p. 1181, obs. J.-L. Aubert. – V. aussi CA Montpellier, 12 nov. 2002 : *JurisData* n° 2002-223699).

318. – Incertitude de la jurisprudence. Il ne peut être question de reprendre ici toutes les décisions rendues en la matière. Cependant, il convient de signaler que si l'une des plus sévères est l'arrêt *Tripard c/ Caisse de garantie de Besançon* rendu par la première chambre de la Cour de cassation le 9 juin 1964, on constate une certaine évolution de la jurisprudence qui tient compte du degré de connaissances juridiques du réclamant (avoué, directeur de caisse agricole) pour exonérer les caisses de garantie (Cass. 1re civ., 21 juin 1966, *Bertrand c/ Caisse régionale de garantie de Lyon*. – Cass. 1re civ., 6 juill. 1971 : *JCP* G 1972, II, 17151, note Gavalda. – V. aussi Cass. 1re civ., 30 mai 1972 : *D.* 1973, jurispr. p. 37, note Ghestin. – Cass. 1re civ., 15 oct. 1970, *Garric*, également favorable aux caisses de garantie). Les opérations bancaires sont exclues de la garantie collective (Cass. 1re civ., 15 janv. 1974).

Malgré les efforts des caisses de garantie pour que dans les instances engagées soit retenu par les tribunaux un critère purement objectif pour déterminer si la garantie doit ou non jouer (circonstances de l'affaire, production du reçu réglementaire, irrégularités commises par le notaire), on constate que la jurisprudence s'infléchit parfois vers une conception subjective qui tient compte de la personnalité du réclamant, de sa bonne foi, de sa situation pécuniaire et sociale (Cass. 1re civ., 2 nov. 1977, 4 arrêts : *Defrénois* 1978, art. 31788-46, obs. J.-L. Aubert. – Cass. 2e civ., 3 mai 1979 : *Defrénois* 1980, art. 32236-12, obs. J.-L. Aubert).

Pourtant, le décret du 30 décembre 1971 imposant la délivrance d'un reçu peut justifier une analyse plus objective des limites de la garantie collective (Cass. 1re civ., 2 avr. 1973 : *JCP* G 1974, II, 17627, note Ghestin. – *Contra* au moins par la motivation, Cass. 1re civ., 5 janv. 1985 : *JurisData* n° 1985-700085 ; *D.* 1985, jurispr. p. 377, note J.-L. Aubert ; *Defrénois* 1985, p. 718, obs. J.-L. Aubert. – CA Paris, 2e ch. A, 20 oct. 1998 : *JurisData* n° 1998-023299. – CA Paris, 2e ch. A, 1er juill. 1997 : *JurisData* n° 1997-023180. – CA Bordeaux, 1re ch. A, 15 nov. 1993 : *JurisData* n° 1993-047283). L'affichage du modèle de reçu prévu par les textes peut avoir une incidence sur la bonne ou mauvaise foi du client (Pour la motivation, Cass. 1re civ., 4 oct. 2000 : *JurisData* n° 2000-006106 ; *Defrénois* 2000, n° 23, p. 1392, obs. J.-L. Aubert).

Lorsque l'opération illicite est réalisée avec le prix de vente régulièrement reçu par le notaire, la caisse de garantie peut être mise en cause (Cass. 1re civ., 12 juin 1990 : *JurisData* n° 1990-001702 ; *JCP* N 1991, n° 15, II, p. 79).

§ 2. – Organisation de la garantie collective

319. – Principes. La loi et les textes réglementaires ont créé, d'une part, les caisses régionales de garantie à raison d'une par cour d'appel et, d'autre part, une caisse centrale de garantie.

320. – Caisses régionales de garantie. Chaque caisse régionale a un conseil d'administration présidé par le président du conseil régional (D. n° 56-220, 29 févr. 1956, art. 5).

Les ressources, outre les récupérations et les intérêts produits par le patrimoine de la caisse, sont constituées essentiellement par une cotisation annuelle établie sur la moyenne des produits bruts des études des deux années antérieures à celle précédant le recouvrement ; les cotisations des études à faible produit sont assorties d'une décote ou même d'une exonération totale (D. 29 févr. 1956, art. 7). Les cotisations perçues sont majorées dans certaines cours d'appel :

1° de 1 % maximum, sur avis motivé du conseil d'administration de la Caisse centrale de garantie, lorsque le total annuel des dépenses par une caisse régionale au titre de la garantie dépasse deux fois la moyenne des sommes payées par l'ensemble des autres caisses régionales pour la même année ;

2° si la caisse n'est pas assurée, du taux de la prime d'assurance souscrite par la caisse régionale assurée dans les conditions les plus onéreuses.

321. – Cotisations variables. La grande innovation du décret du 30 décembre 1971 a été de substituer à la cotisation fixe qui existait précédemment une cotisation variable fixée chaque année par le garde des Sceaux en prévision des dépenses à venir, ce qui évitera dorénavant la procédure des appels de fonds adressés aux notaires, lorsque les caisses n'avaient plus suffisamment de fonds pour faire face aux réclamations.

322. – Caisse centrale de garantie. La Caisse centrale de garantie est placée sous le contrôle du Conseil supérieur du notariat. Elle a son siège à Paris (31, rue du Général-Foy). Elle est dotée de la personnalité civile (D. 20 mai 1955, art. 11 ; D. 29 févr. 1956, art. 13 à 23-1).

Elle est administrée par un conseil de neuf membres désignés par le Conseil supérieur du notariat pour six ans. Le conseil élit parmi ses membres un président, un vice-président et un secrétaire-trésorier.

La Caisse centrale de garantie a un double rôle de répartition d'une part, de coordination d'autre part.

• *Rôle de répartition.* Les cotisations annuelles encaissées par les caisses régionales sont centralisées à Paris, les caisses régionales ne conservant qu'un cinquième des fonds encaissés sans que leur actif puisse excéder 0,20 % des produits bruts des notaires du ressort pour l'année considérée. La Caisse centrale perçoit également, lors de l'entrée en fonctions d'un notaire, une cotisation de 1 % sur la moyenne des produits bruts de l'office cédé ; cette cotisation est remboursable au notaire à sa sortie de charge. Les sociétés titulaires d'un office sont soumises à la même obligation, la cotisation étant remboursée lors de la dissolution. Les caisses régionales font appel, pour le règlement des sinistres, à la Caisse centrale qui leur fait des avances remboursables seulement sur les récupérations effectuées par le notaire défaillant ou ses ayants droit.

• *Rôle de coordination.* La Caisse centrale met ses services à la disposition des caisses régionales qui ont des sinistres et les aide à résoudre les multiples problèmes qui se posent et à soutenir les procès qui naissent à cette occasion.

§ 3. – Mise en jeu de la garantie collective

323. – Le dernier alinéa de l'article 12 du décret du 20 mai 1955 édicte que la défaillance d'un notaire est établie par la production d'une lettre recommandée à lui adresser avec demande d'avis de réception afin d'obtenir l'exécution de ses obligations et demeurée plus d'un mois sans réponse.

La garantie est due par les caisses sans que puisse être opposé aux créanciers le bénéfice de discussion prévu par l'article 2021 du Code civil et sur la seule justification de l'exigibilité de la créance et de la défaillance du notaire. Toutefois, les réclamations ne sont admises, en ce qui concerne les sommes et valeurs remises au notaire défaillant, que sur la **production d'un reçu** délivré par ce dernier et conforme à la réglementation en vigueur (D. n° 56-220, 29 févr. 1956, art. 2, al. 2, ajouté D. n° 71-1114, 30 déc. 1971. – Pour une application, Cass. 1re civ., 14 juin 1972 : *JCP* G 1974, II, 17627, note J. Ghestin. – V. aussi, pour des prêts spéculatifs, CA Bordeaux, 1re ch. A, 15 nov. 1993 : *JurisData* n° 1993-047283 et *supra*, n° 318).

La prescription en matière de garantie collective est de deux années (V. en ce qui concerne le point de départ de cette prescription, CA Lyon, aud. sol., 11 avr. 1974 : *JCP* G 1974, II, 17737, note Ghestin ; *Journ. not.* 5 févr. 1975, art. 52192, note J. de Poulpiquet. – V. aussi Cass. 1re civ., 28 mai 1975 : *Bull. civ.* I, p. 180 ; *Journ. not.* 5 mai 1976, art. 52991, note J. de Poulpiquet).

324. – Grâce aux efforts de la profession, en matière d'inspections notamment, et à une meilleure gestion des dossiers, la charge financière de la garantie collective a diminué depuis vingt ans. Ainsi, alors que le taux global des cotisations payées à ce titre (cotisation nationale et prime d'assurance) atteignait 2,10 % en 1972, elle n'était plus que de 1 % en 1980, de 0,41 % en 2000 et 0,25 % en 2009 (taux s'appliquant aux produits bruts).

La cotisation d'assurance responsabilité civile professionnelle est longtemps restée à peu près stable autour de 1 % puis a progressé jusqu'à 1,55 % (taux pratiqué en 2008). Le nombre de dossiers a suivi une évolution spectaculaire, qui est un signe des temps : 4 000 environ en 2008, contre 2 500 en 1989 et 1 500 en 1981. Toutefois, rapportés au nombre d'actes dressés par les notaires, ces chiffres restent faibles : 0,1 %, soit une difficulté pour 1 000 actes rédigés. Ce chiffre diminue encore si l'on ne tient compte que des réclamations justifiées.

Il convient de noter le rôle important joué par les services de la Caisse centrale de garantie dans la défense des notaires dont la responsabilité est mise en cause, ainsi que dans les actions menées contre les caisses régionales de garantie à l'occasion des défaillances de membres de la profession notariale. Les comités de contentieux institués auprès des conseils régionaux contribuent à cette défense. En outre, comme prévenir vaut mieux que guérir, la Caisse centrale de garantie a développé un système d'assistance aux offices en difficulté.

Chapitre 5

LE NOTARIAT EN FRANCE ET DANS LE MONDE

325. – Après cet exposé d'ailleurs sommaire des règles d'organisation du notariat et de déontologie notariale, il paraît intéressant de situer le notaire dans la société française et, après une brève comparaison avec les notariats étrangers, de rechercher une définition du notaire français.

Section 1

RÔLE SOCIAL DU NOTAIRE

326. – À plusieurs reprises dans cet ouvrage, le double rôle du notaire a été défini : conseiller des parties et rédacteur de leurs conventions. Comme l'a fait remarquer le président Chaine lors du discours inaugural du 62e Congrès des notaires en 1964 à Perpignan :

« Le notaire a la charge des intérêts matériels et moraux des familles et si ce rôle tend, tout en conservant une grande importance, à diminuer en raison soit du resserrement dans le temps et l'espace de la notion de famille, soit de la diminution et de la précarité des patrimoines familiaux proprement dits, son rôle par contre comme conseil des intérêts économiques des personnes morales publiques ou privées s'est considérablement augmenté avec l'évolution vers une société de type industriel. »

Après avoir éclairé les parties, le notaire a pour rôle de leur donner une formulation juridique adéquate. Il établit l'instrument de preuve non sans avoir préalablement recueilli les renseignements indispensables, les avoir vérifiés, rempli les formalités préliminaires.

Lors du congrès de Lyon de 1998, le président du Conseil supérieur du notariat de l'époque, Alain Lambert, a clairement affirmé la fonction du notaire, officier public :

« Le notariat est une forme intelligente de l'État, un État qui nomme, un État qui décide le contenu de la mission du service public, en confie l'exécution à des officiers qui restent placés sous son contrôle et à qui il confère ses prérogatives de puissance publique, auxquels il impose les exigences du service public et auxquels il commande d'en assurer l'équilibre économique.

« Alors un État qui ne coûte rien, vous me direz, mais c'est un rêve. Ce n'est pas un rêve, c'est le notariat » (*Notaires. Vie professionnelle* 1998, n° 5, p. 47).

De son coté, Jean-Pierre Raffarin, alors Premier ministre venu saluer les notaires lors du 100e congrès tenu à Paris, en 2004, bicentenaire du Code civil, a déclaré :

« Vous êtes acteur du service public, puisque nous avons des exigences vis-à-vis de votre profession, en tant qu'État, et des intérêts en tant que Nation. Nous avons besoin de vous » (*Notaires. Vie professionnelle* juill.-août 2004, p. 45).

327. – Mise au point des conventions. Devant la complexité croissante de la législation et les dangers que peuvent courir les parties du fait d'une méconnaissance de notre système fiscal, le notaire, qui est l'accoucheur de la convention, dont les contours sont bien souvent très imprécis dans la pensée des clients, la met en forme, lui donne son vêtement juridique. C'est le notaire qui, dans l'exercice de sa fonction, donne aux parties la garantie que les obligations contractées sont conformes à la loi et pourront être remplies. Il est le gardien de la sécurité juridique. Il est le juriste qui humanise la règle de droit, qui interprète la volonté des parties pour la traduire dans la langue juridique. Le président Maigret disait : « Il est au point de rencontre du droit et des hommes » (IIIe Congrès du notariat latin, Paris, 1954, t. II, p. 168).

328. – Prévention des conflits. Sans être comme le juge qui rétablit l'ordre juridique quand celui-ci a été troublé par les conflits des particuliers entre eux ou avec les personnes morales, le notaire, en prévenant les litiges par ses judicieux conseils, en rédigeant les conventions conformément aux règles de droit, en assurant la sécurité dans les relations sociales, est un artisan de paix.

Le président Lapeyre disait : « Il a la charge du service public de la preuve » (IIIe Congrès du notariat latin, Paris, 1954, t. I, p. 157). Or, la vie sociale est impossible si les particuliers ne peuvent obtenir à tout instant la preuve de leurs accords.

De nombreux auteurs, après le conseiller Real, ont qualifié le notaire de magistrat de la juridiction volontaire, marquant ainsi le rôle éminent qu'il joue dans les relations sociales. Il convient de ne pas exagérer la portée de cette expression car l'acte juridictionnel est celui qui est accompli par un agent public suivant une procédure déterminée afin de trancher un litige en déclarant la loi applicable à la question débattue. Il y a des différences essentielles entre les actes notariés et les jugements, tant du point de vue matériel que du point de vue formel, et si la mission du juge est de juger, celle du notaire est d'assurer le service public de la preuve.

329. – Conservation des conventions. Après avoir rédigé les conventions, le notaire assure la conservation de l'instrument de preuve dont il délivre des copies qui ont la même valeur que l'original, ce qui est important à une époque où les risques de perte croissent par suite de l'intense circulation des personnes et des biens.

330. – Influence législative. Un autre aspect non négligeable du rôle social joué par le notaire est constitué par l'influence de la pratique notariale sur le droit lui-même. Le notaire, qui est en contact permanent avec les usagers du droit, est au courant de leurs besoins et de leurs désirs légitimes, et arrive ainsi à provoquer les modifications et adaptations nécessaires des règles de droit.

Cette action résulte tout d'abord des travaux des congrès nationaux des notaires dont les rapports et les débats sont à l'origine ou ont contribué à des réformes importantes de notre législation, que ce soit le droit des mineurs ou des majeurs protégés, les droits du conjoint survivant et la quotité disponible entre époux, le droit des fonds de commerce, le droit des sociétés et ce que l'on appelle maintenant le droit de l'entreprise, les régimes matrimoniaux, le droit rural, le droit de la consommation, le droit du crédit, la gestion de patrimoine, etc. Des notaires éminents collaborent avec les magistrats de la chancellerie à la mise au point de nouveaux textes de loi et des décrets d'application, textes qui ont été rapportés au Sénat et à l'Assemblée nationale par des notaires parlementaires.

Il est juste de signaler le rôle de Claude Thibierge qui a contribué à mettre au point la pratique de ce que l'on appelait les ventes sur plan, autrement dit les ventes d'immeuble à construire, ce qui a inspiré le législateur (C. civ., art. 1601-1 à 1601-4, réd. L. n° 67-3, 3 janv. 1967) et a imaginé le privilège de prêteur de deniers (C. civ., art. 2374, 2°, ancien art. 2103, 2°, réd. D. n° 55-22, 4 janv. 1955).

De son coté, Alain Lambert, notaire, sénateur, président du Conseil supérieur du notariat puis ministre du Budget, est à l'origine de diverses réformes pragmatiques et très utiles, parmi lesquelles nous retiendrons la réforme des plus-values immobilières, simplification et source d'économie pour l'État et la suppression du droit de timbre qui réduit le coût des « petits actes » au bénéfice des citoyens les plus modestes. Il a aussi contribué à l'amélioration des mesures fiscales favorables à la transmission d'entreprise.

331. – Rôle de la formule. Mais on peut dire aussi que, de même que la coutume est considérée comme une source de droit, le notariat, dans la rédaction des contrats, a été amené à mettre au point certaines formules qui, par leur répétition, se sont imposées. Comme l'indiquait De La Marnierre dans son rapport au IIIe Congrès du notariat latin, la formule constitue une réglementation contractuelle issue d'une longue expérience qui, mieux que la loi supplétive ou interprétative, se modèle sur le fait social et sur le fait économique avec plus de souplesse. La langue notariale, quoi que l'on en dise, conserve une exactitude de terminologie et une concision particulièrement utiles, et, pour chaque nature de contrat, les clauses rédigées d'une manière identique sont d'une interprétation plus facile et d'une portée depuis longtemps définie (J.-F. Pillebout, *Le style de l'acte notarié : JCP* N 2008, n° 18, 1190).

Il convient cependant de noter que les tribunaux interprètent différemment les clauses de style. Tantôt ils les considèrent comme sans efficacité parce que trop générales et ne correspondant pas au caractère particulier de tel contrat (CA Bordeaux, 10 déc. 1928 : *D.* 1929, 2, p. 81. – T. Seine, 22 févr. 1945 : *D.* 1945, 2, p. 297, note Lalou. – En sens contraire, Cass. 1re civ., 3 févr. 1998, citée *supra*, n° 300), tantôt ils assimilent la clause de style à l'usage, source de droit (V. R. Savatier, *Le bon et le mauvais usage des formulaires notariaux* : *Defrénois* 15 juin 1975, n° 30943. – J.-L. Sourioux, *Recherches sur le rôle de la formule notariale dans le droit positif*, thèse, Paris, 1965).

332. – Création de la pratique. Enfin, il convient de ne pas oublier que c'est la pratique notariale qui a créé certains types de contrat ou de clauses qui se sont ensuite imposés et ont été consacrés par le législateur. La liste en est particulièrement longue, que ce soit :

– dans le droit du contrat de mariage (clause d'attribution ou de partage inégal de communauté, clause d'imputation subsidiaire en matière de constitution de dot) ;

– dans le droit des donations-partages, les clauses de réversibilité d'usufruit et de rente viagère, les controverses sur leur validité ayant été tranchées par l'article 1973 du Code civil, résultant de la loi du 6 novembre 1963, et par l'abrogation, par la même loi, de l'article 1097, après que la cour de Rennes, dans un arrêt du 28 avril 1959, eut déclaré le Conseil supérieur du notariat :

> « recevable dans son intervention dans l'intérêt du notariat de voir rétablir la nature et les conséquences juridiques de la clause de réversibilité de rente viagère entre époux couramment pratiquée dans les actes de l'espèce » ;

– dans le droit des successions, c'est la pratique notariale qui a fait accepter l'acte de notoriété pour faciliter la preuve de la dévolution héréditaire ;
– le droit de la copropriété est issu de la pratique notariale de Grenoble et Paris ;
– les clauses pénales dans les testaments ont été imaginées par le notariat pour assurer l'efficacité de certaines dispositions qui auraient pu être contestées ;
– les contrats de vente en l'état futur d'achèvement et de vente d'immeubles à construire dont la réglementation s'est inspirée de la pratique notariale (V. *supra*, n° 330).

Tout cela n'est donné qu'à titre d'exemple mais suffit à démontrer que le notaire, élément vivifiant dans la société, a toujours su humaniser la règle de droit et adapter le contrat aux nécessités particulières.

Section 2

LE NOTARIAT À L'ÉTRANGER

333. – Malgré la grande diversité entre les types de notaire existant dans les pays étrangers, on peut les classer en deux catégories suivant qu'ils exercent dans des pays de droit continental et dans les pays de *common law*.

334. – Anciens pays collectivistes. En 1990, les notaires existaient aussi bien dans les pays de l'Est qu'à Cuba, mais leur rôle était assez réduit puisque la propriété individuelle était limitée à certains biens (mobilier, outils, terres de petite superficie), et que des restrictions très importantes existaient quant à la transmission des biens. Les notaires étaient des fonctionnaires.

335. – Libéralisation. L'évolution des pays de l'Est qui se sont orientés vers le libéralisme a modifié profondément les rapports juridiques entre les particuliers et les entreprises. Le rôle du notariat s'est accru dans le même temps. Certains pays, comme la Russie et la Pologne, se sont intéressés au notariat français.

D'autres pays socialistes se sont engagés dans la même voie et s'inspirent de l'organisation des notariats latins et spécialement du notariat français. Il en est ainsi, par exemple, de la Chine, de l'Algérie et du Vietnam.

§ 1. – Notaires « de type latin » ou « de droit civil »

336. – Ce sont les notaires qui exercent dans les pays qui ont subi l'influence du droit romain et ont, par suite, des conceptions juridiques semblables. Grâce à cette similitude, les notaires qui ont des modes d'exercice de leur profession comparables se sont groupés dans une Union internationale du notariat (UINL) qui réunit le notariat de nombreux pays (soixante-seize en 2009), parmi lesquels : États d'Amérique du Sud et d'Amérique centrale, France, Espagne, Portugal, Suisse, Belgique, Luxembourg, Pays-Bas, Allemagne, Italie, province du Québec au Canada, Japon, Vatican, Turquie, Suisse, Grèce, Côte d'Ivoire, Maroc, Sénégal, pays de l'Europe de l'Est, Estonie, Lettonie, Lituanie, Pologne, Russie, Slovaquie, Chine, etc. (www.uinl.org).

Ils remplissent dans leurs pays les mêmes fonctions que les notaires français. Des différences existent dans le mode de formation ou de nomination ou dans la possibilité ou non d'exercer la profession sous la forme de sociétés professionnelles. Les notaires de ces pays n'exercent aucune fonction dans les affaires contentieuses, et la représentation des parties en justice est assurée par des avocats.

337. – Présence du notariat en Europe. La mobilité des professionnels juridiques en Europe va modifier profondément les conditions d'exercice du droit dans les années à venir. Sans doute, la liberté d'installation ne concerne pas les notaires dans leur rôle d'officier public car l'article 45 du traité CE réserve les activités d'autorité publique qui s'exercent en vertu d'une délégation de l'État.

Le notariat est présent dans tous les pays de la Communauté européenne, à l'exception du Danemark, de la Suède, de la Finlande, de l'Irlande, du Royaume-Uni et de Chypre. En Angleterre, il existe bien des « *notaries* » parmi lesquels on distingue les « *scrivener notaries* » et les « *notaries publics* ». Les *notaries publics* sont des certificateurs de signature : les *scrivener notaries* sont en nombre réduit ; une vingtaine à Londres et quelques centaines dans le reste du pays, à comparer aux quelque 60 000 *solicitors* et *barristers*. Ils ont des fonctions particulières concernant essentiellement les relations internationales.

Le Conseil des notariats de l'Union européenne est sensiblement renforcé et compte aujourd'hui vingt et un membres à la suite de l'élargissement de l'Union, avec dix nouveaux notariats en 2004 et deux autres en 2007.

De son côté, le Conseil des notariats de l'Union européenne (CNUE), présidé en 2009 par Bernard Reynis, analyse en permanence les besoins et attentes des citoyens et des entreprises afin de définir précisément ses priorités et ses engagements, en vue de construire une Europe du droit garantissant la sécurité juridique des citoyens et des entreprises (site Notaires de France). Il poursuit ses efforts pour la reconnaissance d'un acte authentique européen (*Notaires. Vie professionnelle* janv.-mars 2009, p. 26. – www.cnue.eu). Citons aussi l'association du notariat francophone présidée par Laurent Dejoie (*Notaires. Vie professionnelle* juill.-août 2008, p. 54. – www.notariat-francophone.org).

Le premier Congrès des notaires de l'Union européenne s'est tenu à Rome en novembre 2005, sous la présidence d'un notaire français, Claude Jaquet, le second en 2008, à Varsovie, sous la présidence de Helmut Fessler, notaire allemand, en présence de Jean-Pierre Jouyet et de Jacques Barrot.

338. – Diversité des statuts. Les notaires sont des professionnels libéraux et des officiers publics. Ils sont nommés par l'autorité publique et ne peuvent céder leur office, ni le transmettre par succession sauf en France et, dans une certaine mesure, en Belgique. La transmission des minutes, dossiers et matériels, n'est pas toujours effectuée dans de bonnes conditions (au Luxembourg, une indemnisation pour travaux en cours est fixée sous le contrôle de la chambre). L'accès à la profession suppose des études juridiques de trois à cinq ans (le plus souvent, la licence ou diplôme équivalent, le doctorat en Italie), un stage de trois ans au minimum. Dans certains pays, un concours doit être passé (Espagne, Italie, Grèce, Portugal). Partout, l'organisation professionnelle est structurée avec des chambres et parfois un organisme national prévu par la loi (Italie) ou créé spontanément (Belgique, Pays-Bas). Les notaires peuvent s'associer en France, en Belgique, en Italie, aux Pays-Bas. En Espagne, ils peuvent s'associer mais seulement sous forme de sociétés de moyens. Le domaine de l'authenticité obligatoire concerne les ventes immobilières, les prêts hypothécaires, les contrats de mariage, les donations ; les déclarations de succession nécessitent l'intervention d'un notaire en Espagne, en Italie, aux Pays-Bas. La constitution de certaines sociétés doit être constatée par acte notarié dans tous les pays à l'exception de la France (Dir. CE n° 68/151, 9 mars 1968, en application de l'article 58 du traité de Rome). En Italie, l'intervention de notaires est imposée pour certains transferts de véhicules.

339. – Rôle des notaires. Le rôle effectif du notaire est plus ou moins large suivant les pays. En Espagne, où les notaires sont des juristes de très haut niveau, souvent enseignants à l'université, la mise au point des actes et les formalités sont assurées par d'autres conseils, généralement des avocats. En Grèce, l'activité du notaire se réduit à l'authentification. Dans certains pays, les notaires ont des activités importantes en dehors du champ légal de leur intervention. En France et dans une moindre mesure en Belgique, les notaires pratiquent l'expertise, la négociation immobilière. Les notaires des Pays-Bas ont un rôle important de conseil en matière de société.

Dans les secteurs qui ne relèvent pas de leur monopole, les notaires sont en concurrence avec les avocats, les experts-comptables, les conseillers fiscaux.

§ 2. – Notariat dans les pays anglo-saxons

340. – Au Royaume-Uni, le système de droit est différent de celui des pays de droit écrit. La preuve repose davantage sur le témoignage que sur l'écrit. L'acte authentique et le notariat sont inconnus. Comme on l'a vu, il existe quelques *notaries* en Angleterre mais leur nombre est limité et leurs fonctions peu comparables à celles des notaires de l'Europe continentale. Les prestations juridiques sont fournies par des *solicitors*, qui sont plus de 50 000 et ont une activité non contentieuse (conseil, rédaction d'actes) comme dans le domaine judiciaire (ils plaident devant les juridictions de premier degré). Les *barristers*, au nombre de 10 000 environ, sont des juristes généralement spécialisés et qui sont seuls habilités à représenter les parties devant les juridictions supérieures. Les *solicitors* exercent généralement en groupe sous forme de *partnership* qui est une sorte de société en participation. Certains groupements sont très importants, comptent plusieurs centaines d'associés et ont des succursales dans toute l'Europe, aux États-Unis d'Amérique et en Asie.

Bien que notre étude soit limitée aux pays de la Communauté européenne, il est utile de donner quelques indications sur les juristes des États-Unis d'Amérique dont l'influence se fait sentir en Europe. Les *lawyers*, qui sont les seuls juristes aux États-Unis, sont très nombreux, près de 700 000, soit environ 1 pour 500 habitants (1 pour 1 500 environ en France). Seuls les *lawyers* peuvent avoir une activité juridique et les limites de l'expertise comptable sont plus nettement marquées qu'en France ou en Allemagne. Les associations sous forme de *partnership* y sont nombreuses et certaines sont extrêmement importantes. Néanmoins, aux États-Unis, la majorité des *lawyers* exercent leur activité individuellement dans le cadre de cabinets de dimension réduite (trois à cinq associés). La vie juridique américaine est caractérisée par un nombre très important de procès qui s'expliquent peut-être en partie par la façon dont sont élaborés les contrats. Chaque cocontractant, assisté de son conseil, recherche le maximum d'avantages sans que personne ne se soucie vraiment de l'équité. Une telle évolution ne peut que conforter le notariat dans son rôle essentiel qui est précisément de veiller à la régularité du contrat et à l'équilibre de la convention. Depuis quelques années, certains États d'Amérique du Nord connaissent un nouveau notaire dont le statut et les fonctions le rapprocheraient des notaires des pays de droit romano-germanique (B. Reynis, *Des notaires sous la* common law *: les* civil law notaries *des USA : JCP* N 2003, n° 13, 1238).

La crise financière et économique de 2007, 2008, et notamment les excès du crédit immobilier aux États-Unis d'Amérique, pourrait provoquer une évolution du droit dans ce pays et la création de notaires analogues à ceux qui existent déjà dans certains États, comme l'explique Bernard Reynis dans l'article cité ci-dessus.

Conclusion

QU'EST-CE QU'UN NOTAIRE FRANÇAIS ?

341. – Cette brève incursion dans le notariat des pays étrangers permet de conclure cet ouvrage en précisant ce qu'est un notaire français. On a pu constater les différences qui existent entre, d'une part, le notaire simple certificateur ou enregistreur (*public notary* et notaire des pays de l'Est avant les évolutions récentes), d'autre part, le système juridique anglo-saxon, ou pour mieux dire anglo-américain, qui entend établir la sécurité juridique en accordant à des professions réglementées, soumises à la discipline d'un ordre mais sans aucune intervention du pouvoir exécutif de l'État, le monopole du service juridique (conseil, rédaction, contentieux) et enfin le système latin où le notariat est une profession libérale considérée comme un service public.

Chaque système présente des avantages et des inconvénients. Davantage de liberté dans l'organisation et l'exercice de la profession dans les pays anglo-américains, mais l'esprit latin souhaite que celui qui a été le rédacteur de la convention lorsque les parties étaient d'accord ne soit pas celui qui l'attaquera ou la défendra en cas de difficultés entre les cocontractants.

Si l'on veut dégager les caractères du notaire français, on peut dire qu'il est un juriste investi d'une fonction publique et l'exerçant dans le cadre d'une profession libérale.

Délégataire de la puissance publique, il donne l'authenticité aux conventions des parties et assure leur efficacité par la force exécutoire. Officier public de la preuve, il est préposé à la satisfaction de ce besoin essentiel et permanent, la sécurité des relations juridiques dans le domaine contractuel. Cette mission entraîne, d'une part, l'investiture donnée par le pouvoir public et, d'autre part, la surveillance et le contrôle de l'exercice de cette profession.

Mais le fait que le notaire exerce une profession libérale présente de multiples avantages : il humanise en quelque sorte l'exercice de la fonction publique par la liberté dans l'organisation du travail à l'intérieur de l'office, la rémunération proportionnelle à l'activité déployée, la possibilité de la concurrence, une conception du monopole et de la compétence assez souple pour permettre le libre choix du client, la patrimonialité de la clientèle acquise ou conservée par le notaire et surtout la responsabilité personnelle du notaire complétée par la responsabilité collective de la profession.

André Lapeyre a écrit que la marque essentielle du notariat français était l'utilisation de l'intérêt privé comme moyen de gestion d'un service public.

Dans la plaquette intitulée *Le notariat, profession d'avenir*, éditée par le Conseil supérieur du notariat, nous trouvons cette définition du notaire :

> « Le notaire est l'officier public établi pour recevoir tous actes et contrats se pratiquant ou susceptibles de se pratiquer en fonction de l'évolution juridique, économique et sociale et auxquelles les parties doivent ou veulent conférer le caractère d'authenticité attaché aux actes de l'autorité publique, assurer la sécurité de leurs conventions en toutes circonstances ; placé au point de rencontre des lois et des hommes, professionnel du droit le plus proche de la vie, sa mission est de mettre en œuvre la volonté de toute personne ou sujet économique aux fins de modification de leurs patrimoines par tous moyens compatibles avec les obligations et les possibilités attachées à sa charge et de consacrer la réalité des conventions et des modalités. Il doit aussi, dans le respect des réalités, conseiller l'individu ou sujet économique avec compétence et discrétion. »

Alain Lambert, notaire mais aussi homme politique averti, a su définir clairement le caractère d'officier public du notaire (V. *supra*, n° 326).

Pie XII, dans son discours aux congressistes du notariat latin à Rome en 1958, soulignait lui aussi que deux conditions étaient indispensables pour que soient valables les conseils donnés par le notaire : « Une compétence technique reconnue et une intégrité morale indiscutable. » La compétence postule l'amélioration de la formation professionnelle de base, la mise à jour continuelle et le perfectionnement constant des connaissances des praticiens. Mais l'intégrité morale est encore plus importante, elle réclame de la part du notaire, non seulement scrupuleuse honnêteté, mais aussi impartialité, strict respect des secrets qui lui sont confiés, courage pour assumer les responsabilités, impartialité et désintéressement.

Comment ne pas citer à la fin de ce modeste ouvrage destiné à faire connaître à ceux qui se destinent à la profession notariale, les devoirs qui vont leur incomber, cette définition que le président Maigret donnait du notaire, lors du congrès international de Paris en 1954 :

> « Être notaire n'exige pas, mais n'exclut pas pour autant des talents éclatants, des vertus transcendantes. Il y suffit d'un probe savoir, d'un jugement droit pour ce qui est de l'esprit, la fidélité et le désintéressement pour ce qui est du cœur avec de la modération dans les appétits et dans les mœurs, mais tout cela en union complète et sans défaillance.
>
> Ces qualités mesurées, un ferment les exalte et les transmute en vertus d'état, la conscience du devoir et de la dignité professionnelle. »

Bibliographie

OUVRAGES GÉNÉRAUX

Code notarial, publié par les Éditions LexisNexis JurisClasseur sous l'égide du Conseil supérieur du notariat.

JurisClasseur Notarial Formulaire, Répertoire et Code notarial, 70 vol.

Roulois, ouvrage de droit pratique publié par les Éditions LexisNexis JurisClasseur sous l'égide du Conseil supérieur du notariat.

Commentaire du tarif, publié par les Éditions LexisNexis JurisClasseur sous l'égide du Conseil supérieur du notariat.

REVUES

Conseil supérieur du notariat : Notaires. Vie professionnelle.

Droit et patrimoine, ancien *Journal des notaires et des avocats.*

JurisClasseur périodique (Semaine juridique), édition notariale et immobilière.

MJN, Mouvement Jeune Notariat.

Notariat 2000.

Répertoire du notariat Defrénois.

Ventôse, journal mensuel d'information notariale, bulletin du Syndicat national des notaires.

PUBLICATIONS ANNUELLES

Rapports de l'Assemblée de liaison des notaires de France

– *Les structures d'exercices* (session 2000).

– *Retraite et prévoyance des notaires* (session 2001).

– *Le notaire et le consommateur* (session 2002).

– *Le notaire dans l'ordre judiciaire* (session 2003).

– *La gestion des ressources humaines dans le notariat* (session 2004).

– *Les valeurs fondamentales du notariat* (session 2005).

– *Des outils et des hommes, Le consumérisme notarial* (session 2006).

– *Notaire, Proximité et mondialisation* (session 2007).

– *L'unité notariale, Les nouvelles solidarités* (session 2008).

Congrès des notaires de France

Discours d'ouverture et rapports :

89e Cannes, 1993, *Urbanisme et sécurité juridique.*

90e Nantes, 1994, *Protection de l'environnement : de la contrainte au contrat.*

91e Tours, 1995, *Le droit et l'enfant.*

92e Deauville, 1996, *Le monde associatif.*

93e Strasbourg, 1997, *L'investissement immobilier.*

94e Lyon, 1998, *Le contrat.*

95e Marseille, 1999, *Demain la famille.*

96e Lille, 2000, *Le patrimoine au XXIe siècle.*

97e Montpellier, 2001, *Les collectivités locales.*

98e Cannes, 2002, *Le patrimoine professionnel.*

99e Deauville, 2003, *La vente immobilière.*

100e Paris, 2004, *Code civil, les défis d'un nouveau siècle.*

101e Nantes, 2005, *Les familles sans frontières en Europe.*

102e Strasbourg, 2006, *Les personnes vulnérables.*

103e Lyon, 2007, *La division de l'immeuble.*

104e Nice, 2008, *Le développement durable.*

105e Lille, 2009, *Propriétés incorporelles de l'entreprise.*

Rencontres Notariat-Université

Créées par Jean-Louis Magnan, notaire à Paris, les rencontres Notariat-Université sont l'occasion à Paris et dans certaines villes de Province de réunions annuelles sur des thèmes intéressant la profession. Les travaux sont publiés par la *Gazette du Palais.*

Mouvement Jeune Notariat

Chaque année, le Mouvement Jeune Notariat créé par Louis Reillier en 1957 organise un congrès précédé de rapports intéressants. Les derniers thèmes choisis furent, en 2008, à Saint-Petersbourg, *La solitude* et en 2009, à Hammamet (Tunisie), *Avenir notaire.*

OUVRAGES SPÉCIAUX, RAPPORTS ET ARTICLES

J.-L. Aubert et R. Crône, *Responsabilité professionnelle des notaires,* Defrénois, 5e éd. 2008.

Ph. Caillé, *Un acte doit-il porter une ou plusieurs dates ? : Notaires. Vie professionnelle* nov. déc. 2008, p. IV.

Caisse centrale de garantie, *La pratique de la garantie collective du notariat*, 1980 ; *Guide de l'administrateur et du suppléant d'un office notarial*, 1989.

L. Chaine, *Le notariat et la sécurité juridique dans les rapports de droit privé*, Discours d'ouverture au 62e Congrès des notaires de France, Perpignan, 1964. Actes du congrès, t. II, p. 134 et s. ; *Notes sur l'évolution du notariat* : *JCP* N 1976, prat. p. 375 et 385 ; *L'authenticité et le notariat* : *JCP* N 1985, I, p. 125.

J.-P. Decorps, *Le devoir de conseil du notaire en matière d'urbanisme* : *JCP* N 1973, I, 2583 ; *Les enjeux du notariat en Europe* : *JCP* N 2003, n° 36, 1480, p. 1480 ; *La coopération notariale française en Chine* (entretien) : *JCP* N 2005, n° 50, 1494.

L. Dejoie, *L'application du droit communautaire de la concurrence aux réglementations notariales est contestable* (entretien) : *JCP* N 2005, n° 41, 1409.

E.-S. De La Marnierre, *La pratique notariale et la formation du droit positif français*, IIIe Congrès du notariat latin, Paris, 1954, p. 223.

Dewas, *La garantie collective de la responsabilité professionnelle des notaires*, thèse, Paris II, 1973.

Espagno, *La responsabilité civile des notaires*, thèse, Toulouse, 1952.

C. Félix, *Rappel sur la vente de fonds de commerce : Notaires. Vie professionnelle* mars.-avr. 2008, p. 31 ; *Le principe du libre choix du notaire par le client : Notaires. Vie professionnelle* mai-juin 2008, p. 44.

Floriot et Combaldieu, *Le secret professionnel*, Flammarion, 1973.

P.-G. Jobin, *Notariat Québecois* : *RTD civ.* 1999, n° 3, p. 746.

Laguerenne, *Comparaison des modes d'exercice de la profession notariale*, IIIe Congrès du notariat latin, Paris, 1954, t. I, p. 139.

Lapeyre, *La fonction sociale du notaire artisan du droit autonome de la forme*, IIIe Congrès du notariat latin, Paris, 1954, t. I, p. 157.

J. Lesourne, H. Mendras, P. Raynaud et J. Rivero, *Le notariat français, analyse et perspectives*, Rapport au Conseil supérieur du notariat, 1983.

L.-G. Lothe, *De la déontologie notariale*, thèse, Lille, 1958.

J.-L. Magnan, *Le notariat et le monde moderne*, thèse, Bordeaux, LGDJ, 1979.

H. Maigret, *Discours à la séance de clôture du IIIe Congrès du notariat latin*, Paris, 1954, t. II, p. 168.

J.-D. Mathias, *Réforme du statut du notariat : Notaires. Vie professionnelle* juill.-août 2004, p. 20 ; *Un code de bonne conduite règle les relations entre notaires et généalogistes : Notaires. Vie professionnelle* janv.-févr. 2005, p. 27 ; *La réforme de la discipline : Notaires. Vie professionnelle* janv.-févr. 2005, p. 24 ; *Le notaire salarié est un notaire comme les autres : Notaires. Vie professionnelle* mai-juin 2007, p. 28.

Michelez, *La responsabilité professionnelle du notaire*, IIIe Congrès du notariat latin, Paris, 1954, t. I, p. 241.

Moreau, *Les métamorphoses du scribe. Histoire du notariat français*, Socapress, 1989 ; *Le notaire dans la société française. D'hier à demain*, éd. Economica, coll. « Mieux connaître », 1999.

Nunez Lagos, *Les concepts schématiques de l'acte authentique*, traduit de l'espagnol par R. Deschamps-Maison, éd. Larcier, Bruxelles, 1954.

Pestourie et Vaccharezza, *L'apport du droit comparé dans la technique notariale*, extrait du Livre du centenaire de la Société de législation comparée, 1969.

J.-F. Pillebout, *Le notariat* : *JCl. Notarial Formulaire*, V° Notariat ; *Le « partnership » dans le notariat* : *JCP* N 1991, n° 41, prat. 1969, p. 511 ; *Les conflits entre associés. Prévention et remèdes* : *JCP* N 1994, prat. 2856, p. 41 ; *Le style de l'acte notarié* : *JCP* N 2008, n° 18, 1190.

J. de Poulpiquet, *La responsabilité notariale civile, disciplinaire, pénale*, Dalloz, 2003 ; *JCl. Notarial Formulaire*, V° Responsabilité notariale, Fasc. 1 à 7.

B. Reynis, *Le droit à l'épreuve des nouvelles technologies* : *JCP* N 2000, n° 36, p. 1264 ; *Signature électronique et acte authentique : le devoir d'inventer...* : *JCP* N 2001, n° 41, étude p. 1494 ; *Des notaires sous la common law. Les civil law notaries aux USA* : *JCP* N 2003, n° 13, 1238, p. 504 ; *La signature électronique transfrontalière des notaires : une réalité européenne* : *JCP* N 2004, n° 39, p. 1447.

J. Rioufol et F. Rico, *Le notariat*, PUF, coll. « Que sais-je ? », mars 2004.

G. Rouzet, *La déontologie notariale*, cours de maîtrise, université de Bordeaux I, 1991 ; *Précis de déontologie notariale*, PUF, Bordeaux, 3e éd. 1999 ; *Mémento sur le secret professionnel notarial*, PUF, Bordeaux, 2e éd. 1998.

Th. Sanseau, *JCl. Notarial Formulaire*, V° Responsabilité notariale.

Y. Sanseau, *Garantie de la responsabilité professionnelle des notaires*, Defrénois, 1976.

J.-L. Sourioux, *Recherches sur le rôle de la formule notariale dans le droit positif*, thèse, Paris, 1965.

J. Yaigre, *Codification du droit notarial*, IIIe Congrès du notariat latin, Paris, 1954, p. 421 et s. ; *Le notaire et la juridiction volontaire*, rapport au VIIIe Congrès du notariat latin, Mexico, 1965.

Index alphabétique

(Les chiffres renvoient aux numéros de paragraphes)

T

U

Table des matières

Photocomposition Nord Compo
59650 Villeneuve-d'Ascq

Cet ouvrage a été achevé d'imprimer en avril 2009
dans les ateliers de Normandie Roto Impression s.a.s.
61250 Lonrai (Orne)

N° d'impression : 091100
Dépôt légal : avril 2009

Imprimé en France